Sammlung Luchterhand 117

Sammlung proletarisch-revolutionärer Erzählungen

*Herausgegeben von
Walter Fähnders,
Helga Karrenbrock
und Martin Rector*

Luchterhand

Sammlung Luchterhand, Juli 1973
Lektorat: Klaus Ramm
Umschlagkonzeption von Hannes Jähn
Ausstattung von Barbara Hehn

Alle Rechte vorbehalten
© für diese Ausgabe 1973 by Hermann Luchterhand Verlag,
Darmstadt und Neuwied
Gesamtherstellung bei Ebner, Ulm
ISBN 3 472 61117 0

INHALT

Ludwig Renn:	Deutschland, Deutschland über alles	7
Hans Marchwitza:	Vor Verdun verlor ich Gott	10
Hans Lorbeer:	Die Matrosen sind da!	28
Theodor Plievier:	Eine Beichte	32
Albert Daudistel:	Der Parlamentär	43
Egon Erwin Kisch:	Rettungsgürtel an einer kleinen Brücke	46
Berta Lask:	Die Radfahrkolonne vom Unstruttal. Erzählung aus dem mitteldeutschen Aufstand im März 1921	51
Kurt Kläber:	Die Jungen	68
Ludwig Turek:	Leben und Tod meines Bruders Rudolf	78
Johannes R. Becher:	Zweierlei Väter	86
Walter Bauer:	Hiob wird Lehrling, das Werk nimmt ihn an	90
Karl Grünberg:	Ford Motor Company A.G.	96
Kurt Huhn:	Der Kalkulator	105
Hans Marchwitza:	Kumpel Woitek	108
Georg Glaser:	Die junge Alte	125
Anna Seghers:	Auf dem Wege zur amerikanischen Botschaft	129
Franz Jung:	Floyd David	153
Kurt Kläber:	Streik in Korea	171
Anna Seghers:	Der Führerschein	176

Andor Gábor:	Der Blutmai. Erster Mai 1929	178
Slang:	Maifeier erster Klasse	195
Bodo Uhse:	Worte und Waffen	198
Adam Scharrer:	Werkmeister Bohnenstroh und seine Erfahrungen	202
Bertolt Brecht:	Der Arbeitsplatz oder Im Schweiße deines Angesichts sollst du kein Brot essen	208
Karl Grünberg:	Spielmann schafft Arbeit	213
Rudolf Braune:	Der Kurier	218
Franz Carl Weiskopf:	Die Stärkeren	233
Jan Petersen:	Die Straße	237
Nachwort		239
Zu den Texten		251
Zu den Autoren		256
Literaturhinweise		270

LUDWIG RENN
Deutschland, Deutschland über alles

1914 stand im deutschen Heeresbericht: Kriegsfreiwilligenregimenter stürmten mit prachtvollem Schwung unter Gesang von »Deutschland, Deutschland über alles«. – Man kann sagen, bis heute leben die Völkischen von dieser Tatsache. Aber schon damals hatte ich meine Zweifel. Wenn man mal so einen Sturm mitgemacht hat, und da soll man sich vorstellen, daß die gesungen haben? Wie denn gesungen? Während sie vorrannten gegen ratternde Maschinengewehre? Außer Atem singen? Oder während sie auf dem Bauch lagen und schossen, mit dem Gefühl: wenn ich dich nicht totschieße, schießt du mich tot! Ich habe es ja erlebt, daß einer während eines Sturmes Veilchen gepflückt hat, – nämlich als die vorderste französische Linie überrannt war und sich gerade kein Gegner zeigte. Aber daß einer vaterländische Gefühle gehabt hätte während eines Sturmes, wo einem so viel greifbarere Dinge vor Augen kommen, – und vor allem während eines mißglückten Sturmes zu singen? Nein, das ist Lüge, ist eine bloße Phrase, und eine verflucht blutige! Zufällig habe ich später erfahren, wie es mit dem Gesang war. Man hatte uns als Reserve vorgezogen. Rechts vor uns krachte es. Auf einen Graben schossen sie. Die Granaten ließen Dreck auffliegen. Neben mir beobachtete einer. »Hunde!« knurrte er.
»Was meinst du?«
»Wir sind Hunde, daß wir uns das immer wieder gefallen lassen! Warum laufen wir nicht fort, hinter? Mögen doch mal die Offiziere die Stellung halten!«
»Nicht so laut!« sagte ich.
Er sah mich verächtlich an: »Ja, so seid ihr alle! Ich allein kann natürlich auch nichts machen! Und der Krieg geht immer noch weiter! Alle habt ihr es satt und wollt nach Hause, aber nichts tut ihr!«

Wir beobachteten wieder stumm die Einschläge. »Du mußt das verstehen«, sagte er nach einer Weile. »Ich war bei einem der Freiwilligenregimenter, die 1914 unter Gesang gestürmt haben sollen. Das zu verbreiten war nicht gefährlich, denn es sind nicht viel zurückgekommen, die die Wahrheit hätten sagen können.« Selbst war ich ja nicht Kriegsfreiwilliger. Ich war auch älter und begriff etwas mehr als diese unerfahrenen Jungen. Die kamen ja meistens gerade von der Schule. Da hatte man ihnen die große Hurrabegeisterung beigebracht. Vorgehalten hat sie gewöhnlich nicht. – Wir fuhren mit einem Transportzug hinaus nach Flandern. Auf der letzten Station, da hörten wir so was brummen, und auf dem Bahnhof liegen die Soldaten herum, als ob sie alle Stacheln im Arsch hätten. Das gefiel mir schon nicht! – Wir fuhren weiter, so ein, zwei Stunden. Plötzlich ein wüster Krach ganz nah. Wir ans Fenster. Neben dem Zug auf dem Felde steht so eine schwarze Wolke, rund und ziemlich hoch. – Ramms! Wieder steht so 'ne Wolke da. Der Zug bremst. Die Räder quietschen.

›Alles heraus! Ausschwärmen!‹ brüllt ein Offizier. Wir das Gepäck am Riemen genommen. Einem fiel dabei die Stiefelbürste aus dem Tornister; den hatte er in der Eile nicht zugeschnallt. Wie er sich bückt und die Bürste in die Tasche stecken will, erwischt's ihn. Was er für ' ne Verwundung gehabt hat, weiß ich ja nicht. Der Krankenträger Lehmann hat mir später erzählt, daß er ein paar Tage lang phantasiert hat und immer die Bürste in seine Tasche hat stecken wollen.

Am Nachmittag wurden wir dann eingesetzt. So, weißt du, in der gewöhnlichen Art: Sturm, in dieser Richtung, los! Wir haben nicht gewußt, wer uns gegenüberlag und wo wir sind. Und gesehen haben wir nur leere Felder. Da sind wir losgerannt. Um uns haben die Kugeln gepfiffen. Dann haben wir uns hingeschmissen und haben geschossen, wie wir das so gelernt hatten: geradeaus! Vielleicht trifft's einen. – Bis dahin hatte unsre Artillerie keinen Schuß abgegeben. Jetzt kam es von hinten vorgezischt und schlägt mit zwei Granaten dicht vor unsere Linie. Ich denke mir, jetzt werden sie das Feuer vorverlegen. Da kommen die nächsten Schüsse: dicht hinter die Linie. Verflucht! denke ich. Und gut haben sie geschossen!

›He, Sie!‹, höre ich jemand brüllen. ›Hinterrennen zur Artillerie! Sie schießt auf uns!‹

Über den weichen Acker stolpert einer in Todesangst hinter. Schuß auf Schuß setzte unsre Artillerie in unsere Schützenlinie.

›Spielmann!‹, brüllt die Stimme wieder. ›Ist kein Spielmann da? Blasen! Daß sie merken, daß wir's sind!‹

Ein paar Töne stockerten aus dem Horn.

Von vorn zirpten die feindlichen Kugeln. Von hinten stampfte unsre Artillerie.

›Singt!‹ brüllte die Stimme. ›Singt Deutschland, Deutschland über alles!‹

Zwei, drei Stimmen sangen dünn. Dann wurde es mehr. Wir sangen doch um unser Leben! Aber wir lagen auf dem Bauch und – Fatsch-bumm! – schlugen die Granaten ein. Da ging uns immer der Atem aus, wenn's einschlug. Gebrüllt habe ich, was ich konnte. Aber unsre Artillerie hatte nichts davon gehört. Die schoß und schoß. Die Verwundeten wimmerten. Da und dort tauchte der Gesang wieder auf, immer hoffnungsloser: Deutschland, Deutschland über alles. – Seitdem habe ich das nie mehr mitgesungen! – – und ein paar Tage später, – wir waren nur noch so wenig, daß unsere ganze Kompanie in einer Bauernstube lag, – da bringt einer einen Heeresbericht und liest vor: ›Mit prachtvollem Schwung stürmten deutsche Freiwilligenregimenter unter dem Gesang von »Deutschland, Deutschland über alles!«‹ – Wir haben ihn angesehen und haben es nicht geglaubt. Wir sind sogar wütend auf ihn gewesen. Bis wir es selbst gelesen haben. Keiner hat mehr davon gesprochen damals. Aber das hat in uns weitergefressen!«

HANS MARCHWITZA
Vor Verdun verlor ich Gott

1.
Die ruhige Stellung

Seit Tagen lag das Hintergelände unter starkem Störungsfeuer. Die Essenholer, die sich mit verzweifeltem Mut auf die Suche nach den Küchen hin machten, kamen nur selten zurück. Ohne Proviant die wenigen, denen es gelungen war, wieder heil zurückzukommen.
Wir waren siebenunddreißig Mann. Das war die ganze Kompanie. Die meisten in furchtbar verwahrlostem Zustande und halb verhungert.
Die entsetzliche Eintönigkeit der Drahtwüste, der Gestank der Leichen, das Warten auf etwas, das immer unheimlicher, unfaßbarer wurde, zermürbte uns körperlich und seelisch. Wir kamen uns wie Tiere vor. Einer beraubte den anderen der letzten Krümel Lebensmittel, um sich wieder ein paar Stunden länger am Leben zu erhalten.
In den Unterständen tobten häßliche Kämpfe um eine Handvoll Brot.
Kobut wälzte sich im Graben. Er hatte seit einigen Tagen blutigen Durchfall. Der Sanitätsunteroffizier hatte ihm Aspirin gegeben und schickte ihn wieder in die Stellung zurück.
Ich zitterte am ganzen Körper vor Erschöpfung. Wie einen kostbaren Schatz hatte ich mein letztes Stück Brot vor den hungrigen Blicken der anderen versteckt gehalten. Ich nahm jedesmal nur einen Biß und kaute unendlich lange daran, bildete mir ein, ich müßte so satt werden. Den winzigen Rest trug ich bei mir, in einem Leinensäckchen an der Brust unter der Uniform. Es war hart wie Stein geworden. Ich vermochte es nicht zu essen. Die Furcht, ohne Brot zu bleiben, überwand die Gier.

Heiß knallte die Sonne auf die Gräben, die vom Feuer verschont blieben. Ein leichter Wind trieb aus dem Drahtverhau den Gestank der verwesenden Marokkaner, die wir während ihres letzten Angriffs mit Maschinengewehren und Handgranaten hingeschlachtet hatten. Sie lagen wie mächtige, dick aufgedunsene Würmer vor uns im Gelände dahingesät.

Grauen schüttelte mich, als ich nach der Offensive wieder den Postenstand beziehen mußte und nichts anderes sah als Tote und die widerlichen Leichenreste, die im Drahtverhau knapp einige Meter vor mir herumhingen.

Kobut wollte nie allein Posten stehen. Aberglauben und Gespensterfurcht trieben ihn immer wieder vom Postenstand fort, und oft brüllte er uns des Nachts aus dem Unterstand, riß wie irrsinnig an der Alarmglocke, wenn wir nicht gleich herauskamen. Wir mußten unter Lebensgefahr eine Leiche, die kurz vor dem Postenstand herüberglotzte, entfernen, vor der Kobut unheimliche Angst hatte. Er beschwor, daß sie sich bewegt hätte und auf ihn zugekrochen wäre.

Ein Nachmittag. Hamroth hockte neben mir im Graben, kratzte seine verschorften Beine, bis das harte Ruppen in den Unterständen zu hören war. Ich konnte es nicht mehr mit ansehen, denn er riß sich mit den verschmutzten, langen Fingernägeln die eitrigen Krätzewunden auf, bis das Blut herunterfloß.

Jütte, der Westfale, döste eine Dreckpfütze an. Seine Lippen bewegten sich. Wir waren es bei ihm gewohnt, daß er so stundenlang vor sich hin stieren und für sich hin murmeln konnte.

Kobut kroch zu uns. »Ich glaube, ich komm hier nicht mehr raus!« klagte er. Sein Gesicht war eingefallen und fahl, wie die Gesichter der Toten im Drahtverhau. Dazu roch er entsetzlich.

»Meine Mutter hat eine Messe bezahlt«, erzählte er gequält, »damit ich Urlaub kriege!« Er zog ein Stück dreckiges Papier aus der Brusttasche hervor und hielt es uns hin. Wir wußten

alle von dem Brief, den er vor einigen Wochen erhalten und den schon jeder von uns gelesen hatte.
»Geh!« schrie Hamroth und stieß mit dem Fuß nach ihm hin. »Du Idiot!«
Kobut stöhnte auf, blieb danach eine Weile stumpfsinnig hocken und schleppte sich an Jütte näher heran. »Ich hab der Mutter geschrieben, daß ich mich erschieß, wenn ich hier nicht rauskomm!«
Hamroth glotzte ihn mit entzündeten Augen an. In seinen Blicken brannte der beginnende Wahnsinn.
»Ablösen!« kam es vom Postenstand.
Ich mußte hin. Während ich in den Unterstand ging, um mein Gewehr und den Stahlhelm zu holen, hörte ich im Graben ein wütendes Gekreisch. Hamroth hatte sich auf Kobut gestürzt und bearbeitete ihn mit Füßen und Fäusten. Ich hörte noch, wie er schrie: »Du Narr, du verfluchter! Du Betbruder! Du halbkrepierter Hund! Willst du endlich ruhig sein!«
Jütte warf sich dazwischen. Hamroth, den er beiseite gestoßen hatte, hockte wieder hin, ließ jedoch wie ein tückisches Tier seine Augen nicht von Kobut, der sich abseits in ein Loch geschleift hatte und dort wimmerte.
Jütte kam zu mir an den Postenstand. »Wenn's so weiter anhält«, sagte er trostlos, »dann müssen wir den Hamroth mit Gewalt aus dem Graben schaffen oder niederschießen!« –
Drüben in der Sappe stand ein Schwarzer. Der hatte es auf mich abgesehen. Sobald ich den Kopf ein wenig über den Grabenrand erhob, knallte ein Schuß. Die Kugeln saßen entweder vorne im Dreck, oder sie zischten knapp an meinem Gesicht vorüber in die gegenüberliegende Grabendeckung.
Ich versuchte, mich dem Schwarzen verständlich zu machen, damit er nicht mehr schießen sollte, erhob mein Taschentuch auf dem Gewehr und winkte. Ein Schuß krachte, und das Gewehr flog mir aus der Hand. Ich war ratlos und mußte die ganze Zeit krumm stehen, damit ich nicht eins durch den Kopf bekam.

Der Gefreite Weber kam. Ich erklärte ihm, was mich beunruhigte.

»Versuch ihn doch abzuknallen!« sagte Weber und lugte über die Deckung. Weil kein Schuß fiel, erhob er sich höher. »Ich sehe das dreckige Aas!« sagte er und legte hastig mit seinem Karabiner an.

Klack! – knallte etwas Hartes gegen seinen Stahltopf.

Jütte, der dahinter gestanden hatte, hatte plötzlich das ganze Gesicht voll Blut.

Weber sackte vom Postenstand in den Graben zurück und schlug der Länge nach hin. Seine Augen verdrehten sich und zitterten. Ehe wir uns von dem Schrecken erholt hatten, war Weber tot. Aus seinem Hinterkopf quoll es wie Brei.

Jütte nahm eine Zeltbahn und warf sie über den Toten.

Hamroth hatte zugesehen. Er stand schwerfällig auf und kam näher. Ein hämischer Ausdruck erschien in seinem schmutzigen, verwilderten Gesicht. Er riß mit kralligen Händen die Zeltbahn von Weber herunter, hockte neben der Leiche hin und untersuchte deren Taschen nach Brauchbarem.

Jütte stieß ihn fort. »Laß das, schäm dich!«

Hamroth sah tückisch auf und zeigte seine gelben Zähne. »Er braucht ja nichts mehr, ist hin!«

Jütte versuchte ihn gewaltsam von der Leiche fortzuzerren. Hamroth setzte sich verzweifelt zur Wehr und brüllte: »Ich hab Hunger!« Jütte schüttelte voll Abscheu den Kopf und ließ ihn gewähren. Ich sah Hamroth zu, der sich wieder über Webers Leiche gestürzt hatte. Seine Hände betasteten den Toten und bohrten sich in dessen Taschen und Brotbeutel hinein. Sie zogen ein verschmutztes Stück Brot und einen Rest Speck hervor.

Weber war ein Bauernjunge und hatte zuweilen ein Päckchen herübergeschickt bekommen.

Mit einem häßlichen Schmatzen vergruben sich Hamroths gelbe Zähne einmal in das Brot, dann in den Speck hinein. Er verschlang mit Gier das Vorgefundene und begann von neuem zu suchen.

»Du ekelhaftes Dreckschwein, wenn du's nicht sein läßt, dann knall ich dich über den Haufen!« schrie Jütte angewidert und griff nach seinem Gewehr.
Hamroth funkelte ihn mit bösen Augen an, ließ jedoch von der Leiche ab und kroch weiter in den Graben zurück ...
Nacht.
Wir lagen in dem engen Unterstand auf den Drahtpritschen und bewachten einander, denn wer noch ein Stück Brot besaß, der war seines Lebens nicht sicher.
Im Graben lag Kobut, der gegen Abend gestorben war.
»Hungertyphus!« hatte Jütte gesagt.
Hamroth versuchte auch Kobut zu räubern. Jütte und noch ein zweiter Infanterist hatten ihn überwältigt und gebunden.
Jemand polterte die Treppe herunter. Es war die Ordonnanz des Kompanieführers.
»Jungens, wir haben Glück, wir kriegen zu essen. Wir werden abgelöst!«
Geschrei erhob sich: »Ablösung!« –
Nach Mitternacht krochen wir aus dem Unterstand und ließen einen anderen Trupp Soldaten an uns vorüber hinein.
Dann schwankten wir durch ein Gewirr von Gräben. Das Hintergelände lag noch immer unter mächtigem Störungsfeuer.
Wir kamen in einem Hohlweg an. Der Hohlweg stand voll anderen Soldaten. Sie fluchten und überschrien sich in Angst, denn die eigene Artillerie, die das französische Feuer erwiderte, schoß zu kurz.
»Wenn wir durch die Feuerwelle hindurch sind, sind wir an den Küchen!« wurde uns durch die Ordonnanz mitgeteilt.
»Wenn die verfluchten Hunde das Feuer nicht verlegen, dann krepieren wir, bevor wir an die Küchen herankommen!« brummte Jütte.
Ein furchtbares Krachen. Wir flogen gegeneinander. Vorn in einer Kompanie hatte eine schwere Granate eingeschlagen. Wir stoben wie ein Fliegenschwarm auseinander. Das Ge-

schrei hatte die französische Artillerie aufmerksam gemacht. Sie verlegte ihr Feuer, und die Granaten schlugen mitten unter uns.
Ich und Jütte schleiften uns von Granatloch zu Granatloch. Verirrte und Halbverrückte brüllten im Gelände.
Im Morgengrauen schleiften wir uns mühsam auf einer zerschossenen Landstraße daher.
In einem Unterstand, der an dieser Straße lag, bekamen wir Essen. Wir stürzten uns darauf, fraßen mit einer wilden Gier und erbrachen sofort wieder.
Gegen Mittag hatte sich die Kompanie in einem zerschossenen Ort gesammelt. Dreizehn Mann!

II.
Sappe 5

Bevor wir wieder in Stellung rückten, wurde die Kompanie durch Ersatzleute aufgefüllt.
Mit dem Ersatz aus der Garnison kam auch der Reservist Hofer an. Hofer kam zum drittenmal an die Front und hatte zuweilen in seinen Augen den gleichen Ausdruck, wie ihn Hamroth gehabt hatte. Er erzählte uns, daß man ihn im Lazarett für einen Simulanten gehalten hätte und man hätte ihn mit Rizinusöl kurieren wollen. So wurde ihm der Aufenthalt in der Heimat verekelt, bis er sich eines Tages dem Revierarzt vorstellen ließ, um sich an die Front zu melden.
»Na, sehen Sie, Hofer«, hatte der Arzt zu ihm gesagt, »das ist das Gescheiteste, was Sie tun können. Den wilden Mann können Sie draußen viel besser markieren!«
Hofer kam mit einem welken Blumensträußchen und einem blöden Lächeln bei uns an.
»Mann, was ist mit Ihnen?« wurde der Feldwebel wütend, als er seiner ansichtig wurde. »Sie sehen ja aus wie einer, der aus der Klapsmühle kommt!«
Hofer lachte noch blöder. »Ich war auch drin!«

»Mensch, bist du ein Idiot!« sagte ein Feldgrauer. »Und wenn ich Pferdedreck fressen müßte, aber freiwillig hätte mich keiner mehr herausgekriegt!«
»Ich hab es nicht ausgehalten!« erzählte Hofer. »Ich hab mir bald den Magen ausgekotzt. Morgens Rizinusöl, mittags Rizinusöl und abends wieder. Dazu Bauchkriechen auf dem Kasernenhof, oder ich kam in die Gummizelle, wenn ich mich beschwerte!« ...
Wir schritten den Marsch zur Front, wo wir ablösen sollten. In der entsetzlichen Wüste, durch die wir stolperten, in der unsere Augen nichts anderem begegneten als wild durcheinandergeworfenen Mauertrümmern, zerbrochenen Baumriesen, Wagenüberresten, Soldatenleichen und Tierkadavern, empfanden wir es als eine Wohltat, wenn sich unsere Arme oder Hände trafen. Oft klammerten sich die Hände zitternd ineinander, wenn eine Ladung schwerer Granaten über unseren Köpfen nach dem verlassenen Stadtschutthaufen hinüberheulte, um dort mit erschütterndem Lärm zu krepieren. In der Mitte der Kompanie schritt Hofer. Ab und zu hob ihm der hinter ihm marschierende Gefreite Wolf den schweren Tornister an, damit Hofer Luft bekam, weil er immer krummer daherging und vor Anstrengung stöhnte.
Hofer grinste erfreut, wenn sich die Last auf seinem Rücken milderte, und sagte: »Dankschön, Kamerad!«
»Mann, wie konntest du nur so dämlich sein, dich wieder rauszumelden, du brichst ja ab!« brummte Jütte, der neben mir herging und immer wieder an Hamroth erinnerte, sobald in Hofers Gesicht das irre Lachen erschien.
»So 'ne Klapsmühle ist gemeiner wie der übelste Leichenbunker an der Front!« erklärte Hofer, der sich vernünftig unterhielt.
»Das wirst du schon sehen!«
»Dankschön, dann lieber hier kaputt als noch einmal dorthin. Ich hab genug drin gesessen!« Nach einer Weile wandte er sich zu Jütte um. »Kennst du Rizinusöl? Dann freß ich lieber Scheiße!«

Hofer bog sich unter der Tornisterlast. Seine mageren Beine knickten darunter ein wie die einer lahmen Ziege.
»Wirf den Affen ab, wenn du nicht mehr kannst!« riet ihm Wolf, der, nun selbst müde, nicht mehr so oft anheben konnte. »Los, abgehangen und rin in den Graben damit!«
Sie traten beide aus, rissen den Mantel und die Decke vom Tornister los, stopften die eiserne Portion in den Sandsack und warfen den lästigen Tornister fort.
Die Kompanie hielt nach einigen weiteren hundert Metern. Rechts und links ins Gelände schlugen Granaten ein und fegten mächtige Dreckwolken auf.
Wir murrten. Erwarteten jeden Moment eine Ladung, die uns alle hinmähte.
Auf der Straße brüllten getroffene Gäule, denen Granaten die Beine fort- und die Bäuche aufgerissen hatten und die sich im Todeskampf mit den Hufen in den herausquellenden Gedärmen verwickelten. Es wurde immer grauenhafter. Schon schrie hier und dort einer der Soldaten auf, den ein Stahlfetzen getroffen hatte. Wir fluchten und beteten, verneigten uns tief und demütig, wenn die sausenden Geschosse über uns dahinfuhren, fielen mit den Gesichtern in den Dreck, wenn sich ein paar der brüllenden Stahlriesen in unserer Nähe erbrachen. Wir verkrampften uns mit zuckenden Händen in dem schmutzigen Kot, der nach Verwesung und Blut stank.
So eine halbe Stunde.
Hofer tat nicht mit. Er hockte auf einem Straßengrabenrand und suchte auch dann keine Deckung auf, wenn die Dinger ganz in seiner Nähe auseinanderspritzten. Im Gegenteil, er wurde unheimlich, denn wir konnten im Feuerschein sehen, wie er seine Arme ausbreitete, und wir hörten ein wahnsinniges Gelächter.
»Hofer, such dir eine Deckung!« schrie Wolf hinüber, der sich voll Grauen an uns herangearbeitet hatte.
»Ich brauch keine Deckung!« rief Hofer zurück. »Mir tun die Dinger nichts! Paß auf!«, und er breitete mit einem wil-

den Geschrei wieder seine Arme aus.
Er verschwand in einem Feuer- und Dreckstrudel. Wir glaubten, er wäre in Fetzen gerissen worden. Als sich der Rauch verzogen hatte, sahen wir ihn an der alten Stelle sitzen und hörten sein Gelächter.
Es war gut, daß die Kompanie weiter mußte. Als Hofer mitten unter uns schritt, sprach er wieder vernünftig, so daß wir nicht wußten, ob er wirklich nur ein furchtbares Spiel trieb oder was mit ihm los war.
Ein zweiter Feuerüberfall trieb uns in die umliegenden Löcher. Hinter uns keuchte eine andere Kompanie her. Das Geklapper des Schanzzeugs und das Fluchen der erbosten und erschreckten Leute war laut zu hören.
»Wenn das gut geht, dann laß ich mich fressen!« sagte Wolf empört, und wir gruben uns tiefer in den Schlamm hinein, im Falle des bestimmt erwarteten Geschützfeuers.
Hofer kroch neben mir her. Er summte etwas vor sich hin. Ich erschauerte in der unheimlichen Nachbarschaft und suchte nach Jütte, der sich weiter rechts eingegraben hatte.
»Das ist der zweite Hamroth!« sagte ich und wies nach Hofer hin.
»Zum Kanonenfutter ist er gut genug!« sagte Jütte erbittert.
»Hä...!« brüllte jemand. »Hä...!... Fürchtet euch nicht! Ich bin allmächtig! Ich fang alle Granaten mit den Händen auf! Seht her!...« Hofer stand aufrecht und brüllte aus voller Lunge.
»Schieß ihn ab!« schrie einer. »Der Hund macht uns alle verrückt!«
Ein Sturm heulte über uns hinweg. Eine Granate nach der anderen. Auf der Straße, auf der die andere Kompanie gehalten hatte, erscholl Geschrei.
Die Soldaten stoben auseinander und krochen im Gelände herum.
Dann wurde es plötzlich still. Hofer hockte in einer Gruppe und erzählte dummes Zeug. Die Soldaten, die ihn nicht kannten, lachten.

Während sie lachten, kam eine Ladung Schrapnells und riß vier Mann die Köpfe ab. Ein halbes Dutzend wälzte sich arm- und beinlos.

Der Luftdruck schleuderte Hofer in ein Granatloch. Wie ein Klotz schlug er auf ein paar Menschenbündel, die sich in den Boden krallten.

Er schien zu begreifen, was passiert war, und begann sich einzuscharren.

Eine Stunde später, als sich das Feuer gelegt und das Schreien der Getroffenen verstummt war, kam der Befehl durch: »Auf der Straße sammeln!«

Wir krochen wie Schlammtiere, zitterten und lauschten mit gespannten Ohren nach den feindlichen Stellungen, ob nicht eine frische Sendung kam.

Dann trotteten wir zurück.

Wir waren einen falschen Weg gegangen und mußten kreuz und quer herumstolpern, bis wir die uns zugewiesene Stellung erreicht hatten.

Hofer verhielt sich ruhig und gab wieder vernünftige Antworten.

Er verhielt sich auch vernünftig, als wir den halbzusammengequetschten Unterstand in der Sappe fünf bezogen, der entsetzlich nach Leichenverwesung stank.

Die eine Hälfte des Unterstandes war durch Minen eingedrückt. Dort saß eine Infanteriegruppe, erstickt zwischen zerbrochenen Stollenhölzern und Lehmmassen.

Einen Arm, der immer hervorschaute, hatten die abgelösten Insassen des Stollens mit einem Beil abgehauen und den Stumpf mit einem Sandsack überhängt.

Der Gefreite Wolf, der den Sappenposten bekam, ließ seine Leute, so gut es ging, sich einrichten und teilte den Dienst ein.

Hofer ließ nichts mehr merken, daß er einen »Knacks« hatte. Er entwickelte eine seltene Fröhlichkeit und riß die anderen, die zu dösen anfingen, oft mit.

Er erzählte Schnurren und Geschichten aus der »Knacksmühle«, in die er ein paarmal zur Beobachtung geschickt worden war.

»Der Schwadenjupp war der Beste, er sah immer Dunst. War Gas am Abblasen und was sonst noch. Auch der Anstaltsarzt war für ihn Dunst. Die Anstaltsknechte und alle!« So erzählte Hofer: »Einmal begann Schwadenjupp zu schreien und hatte den Stabsarzt an der Kehle. Wie im Schraubstock saß der und zappelte. Als ihn Schwadenjupp losließ, da klappte der Kerl wie ein leerer Sack zusammen und sagte nichts mehr. Jupp hatte ihn erwürgt!

Und der Gräbe Jakob, der von der Artillerie, beschiß sich bis an den Hals und rief wie immer: ›Gold, reines Gold, Herrschaften, kommen Sie nur, ich zeichne Kriegsanleihe! Gold genug, meine Damen und Herren! Hurra!‹

Dann war noch ein kleiner Leutnant, dem die Syphilis in den Schädel stieg und der uns fortwährend Liebeserklärungen machte. Man sagte, er sei ungefährlich, trotzdem er auf offener Stube saß, die Augen verdrehte und onanierte. Dieser Leutnant hatte die ganze Brust voll Orden. Diese trug er sogar im Bett. ›Es lebe unsere glorreiche Heldenarmee hipp-hipp-hurra!‹ brüllte uns der Spinner oft aus dem schönsten Schlummer wach. Wir hauten ihm die Fresse voll und rauchten ihm die Zigaretten weg, die er massenhaft bekam. Dann gab es immer Drill, halbnackt im Frost die Steine schrubben!«

So erzählte Hofer.

Wir lösten uns alle zwei Stunden ab.

Gegen Morgen war Hofer an der Reihe. Er kniff die Augen und blinzelte durch die Schießscharte nach vorne.

Die vorbeikamen, hörten ihn summen. So summten oft auch die, die keine Anlagen zum »Knacks« hatten. Man fand an diesem Summen nichts Bedenkliches und ließ ihn gewähren. Dann hörte das Summen auf. Hofer erhob seinen Kopf über die Sandsäcke und stierte geradeaus ins Drahtverhau, wo ein Toter wie ein Sack über das Drahtgewirr geworfen lag.

Der Leichnam war vom Fleisch entblößt und bleckte durch

das morsche Kleiderzeug blanke Knochen gegen den Postenstand.
Doch dieses interessierte Hofer nicht. Etwas anderes war es. Eine Ratte, die in dem ausgetrockneten Schädel des toten Soldaten ihr Heim aufgeschlagen, lugte neugierig und abwechselnd aus den leeren Augenhöhlen nach dem Postenstand hinüber.
Dieses sah Hofer.
Sein Gesichtsausdruck verlor die Ruhe und wurde wieder unstet und nervös. Und in die grauen Augen des Freiwilligen kroch das Rätsel.
»Mit dem stimmt es wieder nicht!« berichtete ein Infanterist, der den Unterstand betrat. »Der Kerl steht mit halbem Leib über dem Postenstand, gafft ins Drahtverhau und kichert wie ein Idiot!«
»Das geht wieder vorüber!« beruhigte der Gefreite...
Der Leutnant kam gebückt an den Postenstand.
»Sie dürfen den Kopf nicht so rausstrecken, Mann! Sie kriegen eins drin!« warnte er.
»Die Ratte!« Hofer zeigte furchtsam hin. »Ein verfluchtes Vieh, sucht sich gerade den Kopf aus, um dort ihr Allotria zu treiben! Ein findiges Vieh, was sagen Sie, Herr Stabsarzt?«
Der Leutnant wurde ärgerlich. »Reden Sie kein Dreh!«
»Die Ratte!« blödete Hofer.
Der Leutnant rief in den Unterstand.
Wolf kam hervor.
»Was ist mit dem Kerl los?« fragte der Leutnant.
»Der hat 'n Klaps!« erklärte Wolf.
»Ja, wie kommt der Mann hierher?«
»Freiwillig!«
»Verrückt!«
»Ich hab es ja gesagt!« nickte Wolf.
»Sofort ablösen und bewachen!«
»Komm!« sagte Wolf zu Hofer. »Du wirst abgelöst!«
»Die Ratte, komm her, sieh, das Gehirn frißt sie ihm aus!«

lachte Hofer und wies, Wolf heranziehend, mit der Hand ins Drahtverhau. »Kiekes, kiekes, da ist sie wieder!«
»Gaaas!« brüllte jemand.
Irgendwo krepierten Granaten mit hohlem Knall. Wolf rannte in den Unterstand, um seine Maske zu holen. Der Leutnant stand mit kreideweißem Gesicht da und nestelte seine Maske vor.
»Gaas!« schrien mehrere Soldaten nacheinander.
»Die Ratte!« heulte Hofer.
Wir hatten schon alle die Masken vor und sahen, wie Hofer umfiel und sich zu winden begann.
»Besser so!« kam es neben mir wie aus einem hohlen Topf. Es war Jütte.
Vereinzelte Granaten fielen in die Sappe. Wir verkrochen uns in den Unterstand, denn nun schlugen auch die dicken Minen ein. Gas ist furchtbar. Vor allem, wenn man nicht weiß, ob die Maske dicht ist. So ging es dem Leutholt, einem Ersatzmann, der mit Hofer gekommen war.
Leutholt mußte an den Postenstand. Er wehrte sich verzweifelt dagegen und sagte, daß seine Maske nicht in Ordnung wäre.
Wolf beruhigte ihn.
»Die Maske ist nicht dicht!« beteuerte Leutholt. Er versuchte, sie herunterzureißen.
»Halt sie drauf, du verreckst!« schrie ihn Wolf an.
Leutholt polterte nach einigen Minuten die Treppe hinunter und kreischte. Wir sahen, wie er sich hinwarf und sich zu winden begann. Leutholt hatte im Graben die Maske vom Gesicht genommen, um nachzusehen, ob sie nicht beschädigt war. Er verröchelte unter uns. Meier, ein Landsturmmann, ächzte los.
Jütte riß ihm die Hände vom Gesicht, die nach der Maske gegriffen hatten.
»Ich ersticke!«
»Drauf lassen!«
Einige Soldaten warfen sich über Meier.

»Raus aus dem Loch!« brüllte jemand. »Es ist nicht auszuhalten!«
Panik.
Meier röchelte.
Wolf hielt die nach dem Ausgang Hindrängenden mit Gewalt zurück, denn auf den Graben prasselte ein rasendes Trommelfeuer.
»Ob es noch einen Gott gibt!« jammerte eine fremde Stimme.
»Gott...!« kicherte einer.
»Die Ratte!« kam es aus einer Ecke.
Trotz der Maske atmeten wir den stärker werdenden Leichengeruch, der aus dem zusammengebrochenen Teil hervorströmte.
Und immer hörten wir das dumpfe Sausen der Minen, die in der Nähe des Unterstandes einschlugen.
Einer bekam einen Lachkrampf.
»Die Ratte!« höhnte Krane.
»Das ist der nächste!« sagte ein zweiter.
Wolf stürzte sich auf den hüpfenden Soldaten, der noch immer lachte, preßte ihm den Mund zu. »Hör auf, oder ich drück dir die Gurgel ab, du Idiot!«
Wir verstummten. Einer nach dem anderen. Stierten vor uns hin durch die verschwitzten Maskengläser. Belauschten, in uns zusammengefallen, die Einschläge der schweren Minen und Granaten, warteten die Nacht, den nächsten Tag und wieder die nächste Nacht hindurch.
Zweiundsiebzig Stunden hielt das Trommelfeuer an.
Wir warteten immer noch, in Gesellschaft der beiden Toten mit den blaugrauen Gesichtern; einmal die Rüssel auf, dann ohne diese.
Unsere Augen wurden hohle, graue Rätsel wie die des Freiwilligen Hofer.

III.
Der Sturmangriff

»Wolf!« rief jemand in das Loch hinein, in dem wir eine Ewigkeit gekauert hatten. »Los, raus, zum Kompanieführer!« Wolf, der stumpfsinnig dagesessen hatte, fuhr auf. »Was will der von mir?«
»Eil dich!« rief oben die Stimme.
Wolf zwängte sich zwischen uns hindurch und kroch aus dem Unterstand heraus. Wir glotzten ihm nach, ahnten, daß nun was Neues folgen werde. Das Trommelfeuer hatte ein wenig nachgelassen, und wir hörten draußen im Graben Stimmenlärm, Trappen von vielen Stiefeln und hastiges Scharren von Spaten.
Wolf kam nach einer Viertelstunde zurück.
»Was gibt's denn?« fragten wir.
»Wir werden angreifen!« erklärte Wolf.
Wir erbebten.
»Los, alles raus!« kam nach einigen Minuten eine scharfe Stimme von oben.
»Nun geht es erst recht los!« zitterte ein Knabengesicht neben mir. »Ich dachte schon, es wäre vorüber ... mein Gott!« Ich faßte seine Hände. Sein ganzer Körper zitterte wie im Frost.
Wir schoben uns nacheinander aus dem eingedrückten Loch ins Freie. Ein grauenhafter Anblick. Ein paar Tote lagen direkt vor dem Eingang unseres Unterstandes. Vergast und von Granaten getötet. Große Blutlachen schwammen dort, wo Vertiefungen waren.
Krane kehrte um und wollte in den Unterstand zurück kriechen.
»Hierbleiben!« schrie ihn ein Leutnant an.
Im Graben klebten überall Soldaten, in die zerschossenen Grabenwände eingebuddelt. Wir sollten uns, wie sie, ebenso einbuddeln, um zur Stelle zu sein, wenn der Befehl zum Angriff kam.

Irgendwo wimmerte jemand.
Ich scharrte mich in eine Grabenwand. Der junge Ersatzmann, der neben mir im Unterstand gehockt hatte, buddelte sich neben mir ein. Drüben und bei uns war eine Feuerpause eingetreten, die ebenso furchtbar und niederdrückend war wie das voraufgegangene Feuer, weil wir wußten, daß das nachfolgende Feuer den Sturm vorbereiten sollte.
Neben mir scharrte der Junge. Nach einer Weile hörte ich ihn leise beten. Ich mußte an Hofer denken. An Wolfs Worte: Heute der, morgen jener, übermorgen ich . . .!
Rechts im Graben, in dem eine Anzahl Soldaten einer fremden Kompanie hockte, war ein großer Granattrichter. Dort fluchte einer. Ein anderer scharrte und weinte.
»Meine Mutter, die hat mir einen Hirtenbrief mitgegeben!« meldete sich neben mir der Junge. »Sie sagte, es wird mir nichts zustoßen! Glaubst du, daß es was hilft?« fragte er mit großen, blauen Augen, in denen unsagbare Furcht saß.
»Es wird dir schon nichts geschehen!« sagte ich, denn der junge Soldat wäre gestorben, wenn ich es nicht gesagt hätte. Daraufhin hörte ich ihn wieder beten. Er betete laut, so daß ihn die anderen hören konnten.
»Hör auf, du Narr!« schrie einer. »Ich hau dir den Spaten in die Fresse!«
»Es passiert mir doch nichts, nicht wahr?« flehte der Junge.
»Nein!« beruhigte ich ihn.
»Ich habe ja den Hirtenbrief, und meine Mutter sagte es auch . . .«
»Es geschieht dir nichts«, sagte ich und meinte mich selbst, denn der Anblick der grauenhaften Leichen, die einige Schritt neben uns im Graben lagen, entsetzte mich; mein Schädel brannte vor Aufregung, und ich fühlte, wie ich zitterte.
Dann brauste es über uns her. Wie ein krachender Sturm. Vor uns, hinter uns, zerrissen die Granaten. Hochauf wirbelte Erde mit Leibern empor. Entsetzlich hoch flogen von dem Strudel erfaßte Soldaten, die in der rauchgefüllten Luft wie

große Vögel mit gespreizten Flügeln schwebten, auseinander rissen und herunterschlugen.
Es wurde Nachmittag. Es folgte die Nacht. Wir hatten uns so tief, wie es nur möglich war, in den Dreck eingebuddelt und warteten. Wir hörten vor Krachen und Prasseln nicht das eigene Wort. Es flammte und rauschte, vor, hinter, über uns.
Zuweilen brüllte hier und dort einer auf. Dann wandte man sich bebend um und sah Soldaten, die sich vor Schmerz wälzten.
Es dämmerte der Tag.
Ich versuchte, mich ein wenig aus der Hockstellung aufzurichten, und mußte sofort wieder in Deckung. Eine Mine heulte heran und sauste in unser Grabenstück. Ich dachte, mein Kopf riß ab. Eine mächtige Wolke von Dreck stob auf. Dazwischen erscholl ein tierischer Schrei. Die Mine hatte in eine Gruppe eingehauen. Ich sah nur Gliedmaßen, die aus dem aufgewühlten Dreck hervorsteckten. Und Blut.
»Mein Gott ...!« ächzte der junge Soldat neben mir und krallte sich schmerzhaft in meine Beine. »Was war das?«
Ich beruhigte ihn, obwohl mir vor Grauen die Zähne aufeinanderknallten.
Eine zweite Mine heulte heran. Der Junge schrie auf und preßte sich in mich hinein. Wir flogen, von einer furchtbaren Macht geschleudert, weit aus der Grabenwand. Der Junge hatte mich so fest umkrallt, daß ich mich aus seinen Händen nicht frei machen konnte. Ich sah in seine Augen, die mich wie erstarrt ansahen. »Was war das?« –
Ich schleifte ihn mit in eine andere Deckung, denn eine dritte Mine heulte heran. Die schlug oberhalb des Grabens ein. Wir drückten uns in den Boden, hielten den Atem an ... klatsch!, schlug ein schnurrendes Eisenstück dicht neben mir auf.
»Ääährr ...!« hörte ich den Jungen in meinen Armen krächzen. Über meine Hände floß was Feuchtes. Ich sah hin – Blut – ich sah auf den immer schwerer werdenden Körper in meinen Armen – ein aufgespaltener Schädel –. Ich zerrte

mich frei und rannte von Grauen geschüttelt in den Graben. Vor mir schoß eine Dreckfontäne hoch. Krachen. Ich sprang auf, rannte weiter. Wieder eine Mine. Ich flog in eine jammernde Gruppe. Tote und Verwundete. Ich begann, in dem Lehmboden mit den Händen zu wühlen ... Bruch! ... Bruch! Bruch! Eine Mine auf die andere. Gebrüll.
»Achtung! ... Gaas!«
Ich nestelte nach der Gasmaske hin. Brüllte laut auf: »Verloren!«
»Gaas!«
Ein Gong wimmerte irgendwo. Und wieder Schreie: »Achtung, Gaas!«
Ich entriß einem Toten die Gasmaske, schob sie mit fliegenden Händen übers Gesicht. Bruch! ... Brach! ... Bruch! ... Brach ... Granaten und Minen.
»Fertigmachen!« schrie jemand zu mir herüber. Es erstickte im Krachen der Granaten.
»Raus, wir greifen an!«
Ich stierte einen Lehmklumpen an. Es war der Gefreite Wolf. »Komm, hier krepierst du doch!« schrie er ... Bruch! Bruch! ... er warf sich neben mich hin. »Komm!« kreischte er und zerrte mich aus dem Loch. »Hier bleibt keiner leben!« Aus dem Graben krochen Soldaten. Die Erde bebte im Aufschlagen von Granaten. Wir krochen halb irrsinnig mit auf die Deckung und rannten mitten in die feuerspeiende Garbe, die sich vor uns breitete.
Wo ich hinsah, Tote und Sterbende. Das fünfzig Meter breite Drahtverhau war wie besät mit toten und hilfeschreienden Solaten.
Wo ich hintrat – Blut.
Alles um mich herum eine aufgewühlte, grauenvolle Wüste, aus der sich Menschenhände reckten: »Erbarmen!«
»Mon Dieu! Mon Dieu!« bettelte ein blutjunger, französischer Soldat. Beide Beine ab.
»Mutter!« schrillte ein Schrei ...
Eine grauenhafte Ernte.

Wofür?
Wie sagte doch der Feldgeistliche, als wir ausrückten: »Gebraucht eure Waffen mit Gott!« ...
Als ich mit vielen todwunden und verhungerten Soldaten im Lazarett lag, erhielt ich eine Zeitung.
»Der unerschütterliche Glaube unserer tapferen Heere hat uns wieder einen glänzenden Sieg beschert!«
Mein Gott verjammerte vor Verdun im Drahtverhau.

HANS LORBEER
Die Matrosen sind da!
Erzählung

Am Abend des achten Novembers Neunzehnhundertundachtzehn standen sie vorm Werkbahnhof und verteilten Flugblätter an die heimziehenden Arbeiter, Mädchen und Jungens. Sie lachten und sagten, daß es bald einen Krach geben würde, wie er noch nie dagewesen sei. Aber dann hatten die Herren davon Wind gekriegt und riefen sofort den Herrn Oberst, Kommandant der Munitionsfabrik, an. Der Gewaltige der bewaffneten Macht begriff im Moment und schickte eilig eine Gruppe alter Soldaten zum Schauplatz der Gesetzlosigkeit und Unordnung. Ein Unteroffizier übernahm aus seinem eigenen Munde den Befehl, die Matrosen allesamt zu verhaften und im Falle der Flucht ohne Pardon zu erschießen.
Der Unteroffizier mit seinen acht Landsturmleuten marschierte ab. Die Männer wußten nicht, was sie eigentlich am Bahnhof finden würden; der Unteroffizier hatte nur gesagt, daß dort eine Reihe Aufrührer zu verhaften wären. Dann war befohlen worden, die Gewehre scharf zu laden. Also wurde es ernst. Aber wer waren die Aufrührer? – Schließ-

lich kam diesen alten Männern auch noch die Frage: Was war ein Aufrührer?!

»Ein Aufrührer ist ein gesetzloser, gesellschaftsschädlicher Mensch«, sagte der Landsturmmann Kulpe zu sich selbst.

Der Landsturmmann Krach aber kam zu dem Schluß, daß ein Aufrührer ein Mensch mit gesundem Menschenverstand sein müsse, da er ja gegen bestimmte Schwächen der menschlichen Gesellschaftsordnung in Aufruhr kam, also sehr gut sehen und fühlen können mußte. Es fragte sich nun nur noch: was war eine Schwäche der Gesellschaft? Da kam er dann in Gedanken auf den Krieg, den Massenmord an der Front und im Lande, er lief auf den großen Hunger auf, auf Kindersterben, Hindenburgspende, Schieberei und Berge von Ungerechtigkeiten. Und er kam nicht weiter. Eine Wut packte ihn da, daß er sofort wußte: er war auch ein Aufrührer, ein richtiger, vollendeter Aufrührer!

So wie er dachten und waren auch die anderen sieben Kameraden; nur der Kulpe und der Unteroffizier waren keine Aufrührer und hatten einen tiefen Haß gegen das Gesindel, das sie nun verhaften würden.

Der Werkbahnhof war in Sicht. Ein großer Menschenwall wogte da. Und zwischendurch tauchten blaue Marinemützen auf, waren ohne Bänder und S. M. Schiff – – –. In der gelben Beleuchtung des Bahnhofs sah man es ganz genau.

Als die Landstürmer erschienen, gingen die Arbeiter zur Seite, und es war eine mächtige Spannung. Die Matrosen, es waren sechzehn an der Zahl, standen von der Masse im Halbkreis umgeben, wie auf einer gut belebten Bühne.

Da trat der Unteroffizier vor sie hin und sagte, sie sollten keine Geschichten machen und unverzüglich die Waffen niederlegen. Die Matrosen sahen ihn lächelnd an und dann sich selbst. Und ein kupferbrauner Jung trat auf ihn zu und klopfte ihm freundlich auf die Schultern.

»Langsam, langsam Männeken. Erst müssen wir uns ein wenig unterhalten und uns kennenlernen. Nachher wird Rat –.«

Der Unteroffizier war baff. Er sah sich hilflos um. Dann aber kam ihm der Mut wieder, und er trat einen Schritt zurück.
»Ich fordere euch auf, die Waffen niederzulegen!«
Jetzt lachten die Matrosen.
Da verlor der kleine Befehlshaber den Kopf und schrie mit seiner ganzen Lungenkraft:
»Platz da! Straße frei! Straße frei!«
Die Arbeiter traten zur Seite. Und einige bekamen sogar Angst. Sie liefen hastig durch die Bahnhofssperre und flüchteten in die Wagen. – Aber die Matrosen standen und lachten. Sie hatten nicht einmal die Gewehre in der Hand, sondern trugen sie über die Schulter gehängt. Sogar die Hände hatten sie in den Taschen. Sie mußten sich ihres Sieges sehr sicher sein. Es schien als wollten sie hier einmal ohne Kugeln sprechen und sich allein auf ihren guten Ruf verlassen.
Der Unteroffizier kam in Wut. Aber man sah ihm an, daß ihm langsam die Courage schwand. Etwas aber mußte er noch tun. Und er tat etwas. Er gab einem jungen Arbeiter, der in seiner Nähe stand, einen tüchtigen Stoß, daß der gleich in die Reihe der Matrosen kollerte, wo ihn der eine zärtlich aufhob. Der junge Arbeiter – – – das war ich – – –.
Ich begann nun fürchterlich zu schimpfen. Aber der kupferbraune Jung beruhigte mich sogleich väterlich:
»Laß' man stecken, Kleener. Nich' errejen – – –!«
So stand ich denn unter den Blauen wie einer der ihren, ganz ruhig, nur, daß ich nicht lachte wie sie.
Als der Unteroffizier sah, daß von allein kein Ende dieser Komödie kommen würde, wurde er aktiv.
»Ich fordere euch auf, die Waffen niederzulegen!«
Die Matrosen lachten.
»Wenn wir doch aber nicht wollen«, sagte der Kupferbraune trocken und zündete sich eine Zigarette an.
Jetzt lachten auch einige Arbeiter.
Da wurde der Unteroffizier wild und ließ seine Truppe aufmarschieren. Sie standen in einer Reihe quer über der Stra-

ße und hielten das Gewehr im Arm. Die Arbeiter drückten sich erwartungsvoll noch mehr seitwärts.
Da kommandierte der Herr Unteroffizier:
»Legt an!«
Ein Gewehr ging hoch; die anderen sieben blieben liegen im Arm, als gälte der Befehl ihnen nicht. Der Unteroffizier war entsetzt. Aber dann schrie er noch einmal ganz laut:
»Legt an!«
Doch die sieben Gewehre blieben in Friedlichkeit liegen, schauten aus kalter Mündung müde auf das Pflaster hinab. Es war ein riesengroßes Schweigen.
Da sank auch das vaterlandstreue Gewehr herab –.
Die Arbeiter lachten wieder. Und auch ich lachte, denn es war mir ein lästiges Gefühl, in einen hohlen Gewehrschlund schauen zu müssen. Nun war die Luft wieder rein, und man konnte erlöst mit den anderen lachen.
Unerklärlich, einige Zeit sogar unheimlich, blieb mir nur das ruhige Verhalten der Matrosen. Wollten sie sich wirklich straflos belästigen und beleidigen lassen? – Meine Unruhe bekam bald einen Riß. Der Kupferbraune trat plötzlich vor und kommandierte ganz kurz und bündig:
»Legt an!«
Sechzehn Gewehre zuckten auf. Und sechzehn peinliche Mündungen stierten auf den Unteroffizier und Landsturmmann Kulpe. Beide verfärbten sich wie auf Kommando.
»Halt! – nicht schießen!« schrie einer von den passiven Neun. »Nicht schießen; das können wir nicht –.«
»Dann kommt ihr auch dran.«
Die Gewehre richteten sich auch auf die passiven Sieben.
»Waffen nieder!« schreit der Kupferbraune.
Acht Gewehre und eine Pistole liegen auf dem Pflaster.
Dann spricht der Kupferbraune noch einmal:
»Kameraden, nichts für ungut, daß es so kam. Ihr könnt nichts mehr verlieren, es kann auch nichts mehr passieren. Die Schinderei ist zu Ende. Der Krieg ist fertig! – – – War eine tolle Sache. Und wir haben so lange mitgemacht. Glaub's

euch, auch ihr habt hier die Nase voll; – weiß der Teufel, Pulver machen möchte ich auch nicht, so Tag und Nacht. – Aber nun wird das anders. Wir krempeln den ganzen Kram um. – Braucht keine Angst mehr zu haben, alte Kameraden, – Soldatenschinderei ist vorbei. Sagt eurem Vorgesetzten, daß es schlecht geht, sechzehn bewaffnete Matrosen zu überrennen, – daß es überhaupt nicht geht, weil wir wissen, was wir wollen. – Und dann könnt ihr ihm noch sagen, daß er seine Koffer packen soll, – morgen wird er wahrscheinlich ›reisen‹, denn wenn nicht alles trügt, fährt morgen in aller Frühe sein Zug. Morgen wird überhaupt manches Herren Zug fahren, – sie kriegen alle Freibilletts. Und nun geht nach Hause. Wünsch' gute Rebellion!«

Dann treten die Matrosen an. Und die Arbeiter stürzen sich auf die Gewehre. Und der Kupferbraune gibt mir die Pistole. Das kalte Ding liegt schwer in meiner Hand; zum ersten Male so ein Ding, das sehr heiß werden kann.

Und ich begann mit den Matrosen meinen Marsch durch die Revolution.

THEODOR PLIEVIER
Eine Beichte

Es klingelt.
An den Berliner Türen wird den ganzen Tag über von allen möglichen Leuten geklingelt. Einer will ein Abonnement auf eine Familienzeitschrift loswerden, ein anderer empfiehlt einen patentierten Gassparbrenner, ein mittelloser Akademiker wünscht eine Unterstützung, ein Maler bietet selbstangefertigte Postkartenbilder an, ein sonnverbrannter kroatischer Händler ganz billige Bettvorleger, dann die Taubstummenanstalt, die Heilsarmee, die Arbeitslosen...

Nachdem es dreimal geklingelt hat, öffne ich. Ein Mann steht mir gegenüber, den ich nicht gleich einordnen kann.
»Ich habe Ihr Buch gelesen, ich muß mit Ihnen sprechen, ich muß unbedingt mit Ihnen sprechen«, sagt er.
Dann sitzt er mir gegenüber.
»Also Ihr Buch ... im dritten Kapitel schildern Sie den Matrosenaufstand. Ich bin mit dabei gewesen, damals im November 1918 in Kiel.«
Er macht eine Pause. Sein Blick gleitet von der hellen Fläche der Wand zum Fenster hin, als ob das Licht ihn störe. Ich habe Zeit, ihn zu betrachten. 1918 in Kiel, – er kann damals alles gewesen sein, ein Matrose, ein Kadett, ein junger Offizier?
»Mit dem Gedächtnis ist es eine furchtbare Sache. Ich sagte Ihnen wohl schon; ich wollte eigentlich gleich kommen, schon vor ein paar Wochen. Aber heute habe ich den Stahlhelmaufmarsch gesehn.
180 000 Mann. Und die Bevölkerung an den Fenstern, – keine Hand hat sich gerührt. Auch die Arbeiter auf dem Bürgersteig, ganz still standen sie da.
Wie ein Einzug in eine feindliche Stadt!
Eigentlich war es erschütternd.
An der Spitze die Offiziere ... dann die Kolonnen, und zuletzt der Nachwuchs; junge Gesichter, Schüler von siebzehn oder achtzehn Jahren.
So jung war ich damals auch!
Aus der Obersekunda hatte ich mich freiwillig zur Marine gemeldet, achtzehn Jahre war ich gerade ...«
Mein Besucher starrt wieder durchs Fenster. Was er wohl will? Schlecht zu gehen scheint es ihm nicht. Er sieht gepflegt aus, hat einen weichen, sauber gestutzten Bart, die Krawatte paßt zu seinem hellen Anzug.
»Ja, die Gesichter heute, die Soldaten in den alten Felduniformen und die eisig dastehenden Arbeiterreihen. Vierzehn Jahre ist das nun her. Dieser Sonntag damals, der 3. November in Kiel. Wissen Sie, ich war einer von den Rekruten, die

den Zugang zum Arresthaus abgeriegelt haben ...«
»Abgeriegelt nennen Sie das?«
»Hören Sie. Ich ...« Er steht auf, als wolle er weg. »Sie erinnern sich doch, die Matrosen vom 4. Geschwader, die die Feuer rausgerissen hatten und nachher ganz Kiel auf den Kopf stellten, sollten wieder auf die Schiffe.
Der Gouverneur hatte Alarm blasen lassen.
Als dem Befehl nicht Folge geleistet wurde und die Matrosen zum Viehburger Gehölz zogen, ließ der Gouverneur sein Dienstgebäude von einer Kompanie Seesoldaten umstellen. Die Bewachung der Arrestgebäude, die die Kulis stürmen wollten, übertrug er dem Kapitän z. See Bartels. Der Kapitän überwies die Aufgabe einem Hauptmann. Aber der Hauptmann hielt sich mit seiner Kompanie in Reserve. Nach vorn, gegen die Demonstranten, schickte er einen Leutnant mit einer Abteilung Rekruten. Das waren wir; unser Leutnant hieß Steinhäuser, er war von der Infanterie strafversetzt. Ich sage dies nicht, um ihn zu verkleinern, – er war der Schlechteste nicht. Und seit dem Sonntag damals ist er tot.
Leutnant Steinhäuser hatte uns ausgebildet. Dann war noch der Hauptmann auf dem Kasernenhof, ein dicker Kerl, der immer mächtig rumschnauzte. Den Kapitän Bartels haben wir nur bei der Vereidigung zu sehen bekommen. Und dann noch einmal, bei einer großen Parade, die S. M. abnahm ...«
Es fällt meinem Besucher offenbar schwer, über die Sache zu sprechen, die ihn eigentlich hergeführt hat.
»Sie müssen meine Einstellung damals verstehen. Wie alle bei uns glaubte ich an das System. Je mehr goldene Ärmelstreifen ich sah, um so strammer stand ich da. Als der Kaiser die Front abschritt, fühlte ich meinen Körper kaum noch. Aber lachen mußte ich doch, innerlich natürlich nur, über unseren Hauptmann nämlich. Der war so aufgeregt, daß ihm beim Kommandieren die Stimme überschnappte.
Nachher gab es gutes Essen und wir hatten dienstfrei. Ich lief in der Kaserne herum und war eigentlich enttäuscht.

Ich hatte geglaubt, daß ich einen erhebenden Augenblick erleben sollte. Aber der piepsende Hauptmann, und dann das erste Wort des Kaisers. ›Leute‹ hatte er gesagt. Warum ›Leute‹, warum nicht Kameraden?! Nicht meinetwegen, ich war ja ein junger Rekrut und sollte erst ein Soldat werden. Aber neben mir standen U-Bootsmatrosen und Torpedobootsfahrer mit Orden.«

Alles will er mir erzählen, – die Vereidigung auf die Kriegsflagge, ein Signalkurs auf der »Amazone«, erste Eindrücke von den Kieler Kneipen. Dabei spricht er durchaus nicht unkonzentriert, – es liegt ihm daran, daß ich seine damalige Lage verstehe: seine patriotische Beeinflussung von der Schule her, die monatelange Internierung als Rekrut, die völlige Verbindungslosigkeit mit der wachsenden Bewegung gegen den Krieg.

Endlich kommt er auf den entscheidenden Sonntag zu sprechen.

»Also der Sonntag, der 3. November! Beim Appell stehen wir auf dem Kasernenhof. Unser Feldwebel liest den Tagesbefehl vor. Wir verstehen nur eins: es gibt keinen Stadturlaub. Nachher hingen wir stundenlang in den Fenstern. Über die Ziegelmauer weg konnten wir in die Stadt sehen, in der wir uns so gerne herumgetrieben hätten.

Mittags gab es Klopse mit Kartoffeln. Nachher kloppten wir einen Skat und es gab Krach. Meinem Freund, Jackel Gleich, hatte einer in die Karten geschaut. Ein Bremer, er war etwas älter als wir anderen. Wir konnten ihn nicht leiden, weil er auf uns Jüngere herabsah, und weil er sich mit einem Tripper großtat und auch sonst ein Schwein war.

Dann wird ein Befehl ausgerufen:

›Erster Zug, Anzug blau, Handwaffen!‹

Und etwas später:

›Antreten vor dem Divisionsgebäude!‹

Wir bauen uns vor dem Gebäude des Divisionskommandeurs auf, die Belegschaft aus vier Stuben, alles frisch ausgebildete Rekruten.

Leutnant Steinhäuser läßt abzählen.
32 Mann sind wir.
Dann heißt es, scharfe Munition empfangen.
Wir erhalten soviel Patronen, daß wir sie gar nicht in den Koppeltaschen unterbringen können und uns auch noch die Hosentaschen voll stopfen.
Der Leutnant läßt rumschließen.
›Noch dichter‹ sagt er und späht über den Hof, ob keiner der älteren Matrosen sich in der Nähe befindet. Mir fällt der Ernst und der fast traurige Gesichtsausdruck unseres Leutnants auf. Er hielt so eine Art Ansprache, daß wir vom Divisionskommandeur die Aufgabe erhalten hätten, verhaftete Meuterer gegen Befreiungsversuche zu sichern. ›Wenn es sein muß‹, sagt er, ›werden wir die Abriegelung der Straße zum Arresthaus auch mit Waffengewalt durchführen. Was sich auch ereignet, auf jeden Fall habt ihr meinen Befehlen nachzukommen!‹
Dann las er aus den Kriegsartikeln vor.
Wir brauchten gar nicht zuhören. Vom Instruktionsunterricht wußten wir ja Bescheid: Mittelarrest, strenger Arrest, Festung, Zuchthaus, Erschießen und so weiter. Wir denken überhaupt nicht an die entsetzliche Aufgabe, nur an die schweren Strafen, die uns bedrohen.
Beim Ausrichten sehe ich das Gesicht von Jackel Gleich und die Gesichter der anderen. Erst später wurde mir klar, was alle diese Gesichter so gleichmäßig ausdrückten. Es war die Frage, ob wir nicht vielleicht mißbraucht werden sollten. Unterwegs habe ich diesen Gedanken ganz bestimmt gehabt. Ich weiß noch, wie ich den Blick des Leutnants gesucht habe, und das hat mich dann beschwichtigt. Leutnant Steinhäuser wird nicht zulassen, daß wir mißbraucht werden, sagte ich mir. Er tut weiter nichts als seine Pflicht. Und schließlich verteidigst du ja auch hier dein Vaterland.
Ja, so dachte ich damals.
Wir laden und sichern und setzen uns dann in Marsch. Auf der Straße kommen wir an Matrosentrupps vorbei. Jeder

einzelne sah uns an, das glaubten wir wenigstens. In unserer Kolonne herrschte eine gedrückte Stimmung.
›Hoffentlich kommt es zu nichts‹, sagt Jackel.
Das war der Moment, als ich den Blick des neben der Kolonne marschierenden Leutnants auffing, und ich gab Jackel zur Antwort: ›Wenn es doch zu etwas kommt, dann verteidigen wir eben auch hier unser Vaterland.‹
Der Bremer hinter mir sagte ganz laut: ›Was andere sich eingebrockt haben, das werden doch wir nicht auslöffeln, natürlich wird geschossen.‹
Ich glaube, daß sonst niemand so gedacht hat wie er.
An der ›Hoffnung‹ kommandiert der Leutnant Halt. Sie kennen doch die ›Hoffnung‹, dieses große Bumslokal an der Karlstraße. Fünf Straßen stoßen dort zusammen. Vor der ›Hoffnung‹ bauen wir uns also auf, von der Litfaßsäule quer über den Damm hinüber bis zur anderen Häuserfront. Ein paar Neugierige sammeln sich an.
Unser Leutnant schickt sie weg.
Sie gehen aber nur zur anderen Ecke, dort bleiben sie stehen.
Aus dem Kaiserkaffee schauen ein paar Matrosen heraus und verschwinden wieder.
Die vom Hafen heraufführende Straße macht einen Bogen, und wir können noch immer nichts sehen. Aber wir hören es näher kommen, die anmarschierende Menge singt.
Der Leutnant zieht seinen Degen und gibt Befehl:
›Taschen auf – Pistolen an – vorderes Glied kniet!‹
Das erste Glied macht einen Schritt vorwärts und kniet nieder, das zweite tritt auf Lücke. Vorschriftsmäßig, wie wir es gelernt haben, halten wir die Pistolen gerichtet. Es waren die langen Parabellumpistolen 04, mit langem Lauf und Schulterstück.
Plötzlich sind alle Straßenzugänge verstopft.
Es ist ganz still geworden.
Die Menge ist da, sie singt nicht mehr. Ich höre ein Rouleau krachend herunterfallen. Auf dem Bürgersteig steht der Leutnant. Hinter ihm an der Litfaßsäule klebt ein Plakat.

Ich starre die großen Buchstaben an und lese:

Zauberkünstler
Bellachini
Endgültig letzte Vorstellung
im Gewerkschaftshaus

Zwischen uns und der Demonstration blieb ein freier Raum, und ich glaubte schon, aufatmen zu können. Doch da ging ein Schieben los, die hinten drängten nach. Ganz vorn ein Flandernmann und eine junge Frau; sie war groß und hatte ein schwarzes Kleid an.

›So sehen doch keine Verbrecher aus!‹ sagte ich mir.

Langsam kommt der Flandernmann näher.

Ich kann doch auf ihn nicht schießen und auf die junge Frau. Und dann diese Rufe.

›Kameraden!‹ ruft der Flandernmann.

›Brüder!‹ ruft die Frau.

Und gleich hinterher:

›Nicht schießen!‹

›Kommt zu uns!‹

Dazwischen unser Leutnant:

›Zurück, ich habe Befehl, ich lasse feuern . . .‹

›Hochhalten!‹ flüstert Jackel mir in diesem Augenblick zu.

›Hochhalten‹, sagte ich zu meinem rechten Nebenmann, und der gibt es leise weiter. Die Pistolenläufe heben sich merklich, und ich werde ganz ruhig. Das Gesicht unseres Leutnants ist grau und verzerrt; man sieht ihm an, daß er denkt wie wir.

›Fertig machen!‹ ruft er und fügt hinzu:

›Wenn ich kommandiere, müßt ihr schießen . . .‹

Da wußte ich, daß er sich mit seinen Worten nur Mut machen wollte.

Auf zwanzig Schritte ist die Demonstration herangekommen. ›Feuer!‹ kommandiert der Leutnant.

Ein Höllengeknatter geht bei uns los.

Mir ist furchtbar heiß und ich sehe nichts mehr. Ich weiß nur, daß ich einen Schuß nach dem anderen löse. Nach dem fünf-

ten oder sechsten Schuß höre ich auf und frage mich, ob ich auch wirklich hochgehalten habe. Ich will aufstehen, um dem hinter mir stehenden Bremer eine runterzuhauen. Der knallt immer noch an meinem Ohr vorbei, ich muß den Kopf wegbiegen. ›Verdammter Kerl, der schießt mir noch von hinten in den Kopf!‹ denke ich.
Alles ist auseinandergerannt.
Die Straßen sind nicht weit genug für die vielen Menschen. Die Schaufenster gehen kaputt. Und die Frauen schreien. Dicht vor uns liegt eine und wimmert. Ganz plötzlich hören wir es. Sie stützt sich auf die Arme und kriecht von uns weg. Nur ein Stück, dann bricht sie wieder zusammen. Ich muß an die junge Frau in dem schwarzen Kleid denken; sie ist nirgends mehr zu sehen...«

Während der ganzen Zeit habe ich den Besucher nicht unterbrochen. Aber jetzt, wo er auch die eigentliche Tat in viele Einzelheiten und Nebenumstände zerlegt, dabei aber für sein eigenes Verhalten nur unbestimmte Ausdrücke findet, scheint es mir an der Zeit, einzugreifen.
Ich richte die Frage an ihn:
»Sie haben also immer hochgeschossen?«
»Ich habe immer hochgeschossen«, wiederholt er und blickt mir in die Augen. Ich glaube ihm nicht. Wir schweigen und blicken uns unverwandt an.
Und dann bricht es aus ihm hervor:
»Das ist es ja, um diese Frage habe ich mich herumgelogen. Vierzehn Jahre, und jetzt wieder. Und es ist wahr, ich habe hineingeschossen!
Da war ein Matrose, deshalb bin ich ja hergekommen, der mit dem schwarzen Wuschelkopf. In Ihrem Buch habe ich gelesen, daß er Schorsch hieß und was er auf dem Schiff gesagt hat. Und er hatte recht, er hatte ganz recht. Sie schreiben, daß er klein war, aber ich sehe ihn riesengroß, ohne Mütze mit seinem schwarzen Kopf. Er war ohne Waffen, wäre er nur langsam herangekommen und nicht gleich auf uns losge-

sprungen. Mir wurde kalt, ich weiß noch, wie mir die Zähne klapperten.
Da drücke ich ab, zweimal hintereinander.
Er läuft noch, aber dann bleibt er stehen. Er sieht mich an und bewegt den Mund; ich denke, er will sprechen, doch er sieht mich nur an.
Ein Mensch wie ich, ein Matrose, in der gleichen Uniform. Und ich knie da, mit der rauchenden Pistole in der Hand, und sehe, wie er seine Arme in die Luft wirft, und mit dem ganzen Oberkörper eine Bewegung macht. Dann fiel er um, nach hinten.
Ich verstehe das nicht: Es wurde geschrien, es knallte; der ganze Platz tobte ... dabei hörte ich ganz deutlich, wie er aufs Pflaster hinschlug.
Das Geräusch vergesse ich nie.
Das war der Augenblick, wo ich aufspringen wollte und dem Bremer eine runterhauen. Ja, das muß ich ebenfalls sagen, das fing schon damals an, das Vertuschen meiner Schuld: der Bremer muß reingehalten haben. Wie hätten seine Schüsse sonst so nahe an meinem Kopf vorbeigehen können ...
›Du Hund!‹ sage ich zu ihm.
Und alle sehen ihn an.
Ich weiß nicht, ob noch viele aus dem gleichen Grund wütend auf ihn waren. Aber ich glaube es nicht, – fast 300 Schuß haben wir abgegeben, aber nur acht Tote und neunundzwanzig Verwundete blieben auf dem Platz.
Die meisten haben wohl in die Luft gefeuert.
Der Leutnant hat von dem Zwischenfall mit dem Bremer nichts bemerkt. Er befiehlt, einen neuen Ladestreifen einzuschieben und die Pistolen fertigzumachen.
Die Menge hat sich wieder gesammelt.
Aus allen Seitenstraßen drängen sie heran, aber wie vorher, nur zögernd und mehr von hinten geschoben.
Vor mir auf dem Pflaster liegt der Matrose.
Du schießt nicht mehr, sage ich zu mir, – sollen sie dich auf Festung schicken, sollen sie dich an die Wand stellen!

Und so fühlen auch die anderen.
Wieder kommandiert der Leutnant: ›Feuer‹!
In unseren Reihen knallt es nur noch vereinzelt.
Dieses Knien mit der angelegten Waffe, dieses Hineinstarren in die Masse, die näher kommt, – ich weiß nicht, wie lange das alles dauerte, ich hatte vergessen, daß ich mich mitten auf einem Platze befand, ich war wie ein Stein.
Und plötzlich sehe ich: der Leutnant ist vollständig verdeckt von Fäusten und Stöcken, dazwischen ein Gewehrkolben. Nur sein Degen schwankt über der Menge. Ich springe auf und laufe zum Bürgersteig, um ihm beizustehen. Die von uns Niedergeknallten hatte ich vergessen; nur ein Kameradschaftsgefühl zum Leutnant, der noch zu uns gehörte, trieb mich.
Sie haben ihn nicht geprügelt; sie haben ihn einfach niedergetreten und erschlagen. Und die Matrosen haben das allein getan, – ein Werftarbeiter bekam einen Stoß, daß er umfiel.
Da kommt ein alter Obermaat auf mich zu.
›Junge, schmeiß das weg!‹ sagt er zu mir.
Wie ein Vater sagt er das.
Ich greife nach dem Koppelschloß, es springt auf und fällt samt Seitengewehr und Patronentasche in den Rinnstein. Die Pistole werfe ich hinterher.
Jetzt erst fallen mir meine Kameraden ein.
Aber sie waren alle getürmt.
Ganz allein stehe ich unter den vielen Menschen auf dem Platz. Ich sehe einen Verwundeten, der seine Arme über die Schultern von zwei Matrosen gelegt hat und sich mühsam weiterschleppt. Eine Gruppe trägt einen Toten vorbei. Mir ist, als müsse ich helfen oder wenigstens hinter dem Zug hergehen.
Aber dann erfaßte mich die Angst.
Vorher hatte ich gar keine Zeit, an Angst zu denken. Und jetzt fing ich zu laufen an, – nur weg von dem Platz. Bis ich plötzlich vor einem Offizier stehe, vor unserm dicken Hauptmann.

Ich reiße die Knochen zusammen.
Doch da sehe ich, daß er vor mir, ich muß wild ausgesehen haben, einen wahren Schreck bekommen. Er starrt mich an – mein aufgelöstes Halstuch, meinen offenen Überzieher, die Stelle wo das Koppelzeug fehlt. Da bin ich wie umgewandelt und brülle ihn an: ›Leutnant Steinhäuser ist totgeschlagen worden! Von den Matrosen, 5000 oder 10 000 Mann, ich weiß nicht...‹
Ich denke, jetzt geht er die in Reserve liegende Kompanie alarmieren, die ›alten Leute‹, die er noch tags zuvor geschliffen hat. Aber er sagt nur: ›Kommen Sie‹, läuft neben mir her und legt gar keinen Wert mehr darauf, daß ich die vorschriftsmäßigen fünf Schritte hinter ihm bleibe. Ich fange recht zu laufen an, damit er noch mehr außer Atem kommt. Er kann vor Angst gar nicht rasch genug zur Kaserne kommen.
›Totgeschlagen?‹ keucht er immer wieder.
›Ja‹, sage ich, beinahe schadenfroh, ›totgetreten, ich habe es selber gesehen!‹
Ich freue mich plötzlich, daß die Volksmenge den Platz behauptet hat. Zum ersten Male fühle ich, daß ich eigentlich dazu gehöre. Aber zugleich quält mich der Gedanke: ich bin ja für immer ausgeschlossen, die Kameraden müssen mich ja wie Auswurf betrachten, wenn erst bekannt wird, was ich getan habe.
Ich wußte noch nichts von der Großmut des Volkes. Wir wurden zwar am nächsten Tag vom Soldatenrat auf die ›Nymphe‹ versetzt, aber dort waren die Kameraden alle gut zu uns, und wir freuten uns alle, daß es endlich soweit war.
Damals war ich natürlich noch lange kein Roter, das kam erst später, aber die Offiziere hatten bei mir ausgespielt, der blinde Glaube an die Autorität war tot.
Als wir in der Kaserne angekommen waren und der Hauptmann mich in das Zimmer des Kommandeurs hineinrief, habe ich diesen Mann mit dem kleinen grauen Spitzbart und

den vielen goldenen Ärmelstreifen angesehen und bei mir gedacht: der ist schuld, daß ich auf Kameraden geschossen habe.
Zuerst habe ich ihm noch gar nicht richtig geantwortet und den Hergang erzählt, aber dann habe ich nicht mehr an mich halten können und ihn angeschrien:
›Wenn die alten Leute nicht gehen wollten, da hätten Sie uns erst recht nicht schicken dürfen! Hätten Sie doch Offiziere hingestellt!‹
Mehr wollte er nicht hören. Er hat mich sofort hinausgeschickt.
Aber das eine weiß ich, nie hätte ich den Mut aufgebracht, so mit ihm zu sprechen ohne die Toten an der ›Hoffnung‹, ohne dieses Gesicht, dieses Gesicht von ...«
Er zögert, den Namen auszusprechen.
»Schorsch«, füge ich ein.
»Ich werde es nie gut machen können.«
Es bleibt eine Weile still.
»Aber wenn ich einmal an derselben Stelle stehe, wenn ich einmal dasselbe tun kann, wie er ...«
»Dann hast du getan, was du kannst, Genosse.«

ALBERT DAUDISTEL
Der Parlamentär
Skizze

Schnee fiel. Knatternde Geschäftsautos übereilten bepackte Radfahrer und überladene Postwagen. Auf Bürgersteigen keuchten schleppende Menschen. Laternen flammten. Die illuminierten Schaufenster lachten. Es war ein Winter-Sonnabendabend.
Die Kanalbaukolonne vorm Dom atmete auf. Bald waren

die Geräte verstaut. Hast verrauschte im Schneesturm.
Aber der offene Koksofen vorm Dom brannte weiter. Straße und Platz lagen öde. Wind heulte. Ununterbrochen riefen die Domglocken.
Einsame Schritte patschten näher. Der Hund an der Leine wimmerte. Heiser lallte der Mensch: »Brennt hier Feuer??«
Das Kirchentor öffnete sich. Kerzen flimmerten.
»Wo ist Feuer?«
Schweigsam tappte schwarze Masse vorbei. Matsch glänzte im Schein. Die Gesichter strahlten.
Auch die Greisin auf der Domtreppe rief umsonst: »Veilchen – Veilchen – Veilchen!«

Die Kirchenorgel rauscht. Der Hund vor dem Domportal heult mit dem Wind. Gebeugt, immer noch mit zerschlissener Matrosenmütze, tastet ein Mensch im Dunkel nach Wärme. Vorsichtig fühlt er mit zerrissenen Schuhen im Schneeschlamm. Sein Kamerad zittert an der Leine. Koksbrocken liegen wie Klippen im Finstern. Der Arme stolpert, fällt, stöhnt.
Die Alte auf der Domtreppe erschrickt, kommt und führt den Hilflosen zum glühenden Koksofen. Sie bedauert.
Seine Lumpen sind schlammig. Die Hand blutet. Lächelnd setzt er sich vor die Glut: »Ha – 's ist kalt!«
Wieder läuten die Domglocken. Schnell wirft die Greisin den Koksofen voll. Gottesdienst ist zu Ende. Sie eilt nach der Domtreppe. Schein und Menschen fluten heraus.
Still ist die Nacht.

Mensch und Hund teilen Wärme und Brot. Düster schaut der Dom. Asche zischt. Das Tier wird unruhig. Aus schneeigem Schleier humpelt ein Krüppel nach dem Feuer. Neue Soldatenmütze. Glitzernde Totenkopfkokarde.
Der mit dem Totenkopf bittet. Der Hockende richtet das Gesicht hoch: »Ist jemand hier?«
Das Feuer beleuchtet die rote Kokarde der Matrosenmütze.

Und erhellt die leeren Augenhöhlen ohne Lider. Der Ankömmling starrt entsetzt.
Die abgezehrte Hand des Kameraden fühlt und faßt einen Arm: »Laßt mich am Feuer!«
Da begreift der Krüppel: »Ach! – Ich dachte, du seist der Wachmann!«
Er setzt sich neben den ohne Augen. Und flucht über Welt und Menschen. Dabei schmeichelt er dem Feuer mit einem Tannenzweig. Der mit dem Hund schnüffelt: »Es riecht nach – nach? Nach Tannen riecht's, ja, nach Tannen!«
Wie Blei sank sein Kopf.
Der Ankömmling freute sich der Wärme und schwieg.
Der Matrose stöhnte: »Drei Jahre bin ich schon im dunklen Kerker!«
Ergriffen frug der Krüppel: »Wo hast du deine Augen verloren, Kamerad?«
Achtlos sprach der ohne Augen an der Frage vorbei und strich über das verwahrloste Fell des Hundes: »Wir hatten achtzig Ausfälle. Trotzdem hielten wir den Block. Da fingen die Weihnachtsglocken an zu läuten. Und sie beschossen das Schloß mit Gas. Meine toten Kameraden zwangen mich, die rote mit der weißen Flagge zu wechseln!«
Der Ankömmling murmelte: »Der redet irre!«
Der Matrose nickte: »Aber ... Ich wurde bestimmt, mit der Garde zu verhandeln!«
Der mit dem glitzernden Totenkopf räusperte.
Die rauhe Stimme des Blinden klang weh: »Auf der Mitte des großen Kampfplatzes sah ich einen die Handgranate abziehen. Das war mein letzter Blick. Es krachte und zerriß mir die Augen. Seitdem sah ich nichts mehr von unserer Revolution!«
Entsetzen packte den mit dem Totenkopf: »Das bist du??«
Er floh.

Schnee lag bereits fußhoch. Der Einsame saß versunken. Die unteren Schlacken am Koksofen wurden schon dunkel.

Irgendwo rief es. Der Parlamentär nickte ...
Der Koksofen war erloschen.
Ein großer Palast aus schwarzem Marmor mit vielen Säulen und Statuen erhob sich aus der Nacht: der Dom.
Der Blinde flüchtete vor der Kälte in eine Nische des großen Palastes, in welcher eine Gestalt lehnte. Zähneklappernd bat er um Platz. Vergebens. Zaghaft fühlte der Matrose nach dem Kirchenmenschen. Er zuckte zurück: »Das ist ja Stein!«

EGON ERWIN KISCH
Rettungsgürtel an einer kleinen Brücke

Über die Brüstung der Lichtensteinbrücke, einer kleinen Brücke, die vom hintern Eingang des Zoologischen Gartens zum Tiergarten führt, ist ein Rettungsring gehängt. Ein Seil, das sich nicht verfitzen kann, ermöglicht es, den tragfähigen Gürtel weithin in den Landwehrkanal zu schleudern, zu einer Stelle, wo jemand gegen den Ertrinkungstod kämpft. Die Gegend ist, man kann es nicht anders sagen, idyllisch.
Der Kandelaber, der den Rettungsring darbietet, hält gleichzeitig eine Papptafel mit illustrierten Anweisungen zur Wiederbelebung Ertrinkender. Ferner verkündet ein Schild, daß sich die nächste Rettungsstelle im Hause Nr. 9 der Budapester Straße befindet.
Bedenkt man, daß die Lebensmüden sich für einen ernstgemeinten Selbstmord eine Stunde aussuchen, da niemand in der Nähe ist, und daß sie nicht um Hilfe rufen, bedenkt man, daß die Aussicht, hier unversehens ins Wasser zu fallen, selbst für einen Bezechten gering, und die Aussicht, sich von selbst wieder ans Land zu paddeln, durchaus günstig ist, bedenkt man ferner, daß nächtlicherweile in Berlin, in der Tiergartengegend, die freiwilligen Samariter besonders dünn

gesät sind, auch im Falle einer Hilfsbereitschaft sich kaum jemand des Rettungsgürtels erinnert, und daß der Ertrinkende während der Loslösungs- und Wurfvorbereitungen bereits entkräftet ist und einen in seine Nähe geschleuderten Gegenstand nicht mehr zu erreichen vermag – – –
Bedenkt man also all das, so wird man annehmen können, daß der Gürtel des stillen Brückleins am Lichtensteinportal des Zoos noch keinem das Leben gerettet hat.
Aber da immerhin die Möglichkeit besteht, daß jemand im Kanal umkommt (ein Füsilier, der 1904 bei einer Rettungstat ertrank, hat hier ein Denkmal aus Bronze, Stein, Efeu und Baum), so besteht auch die Möglichkeit, daß einmal in Jahrzehnten der Gürtel einen Menschen dem Wasser entreißen kann, der Wiederbelebungsversuch laut Anweisung auf dem Pappkarton Erfolg hat, die Rettungsstelle Budapester Straße Nr. 9 rechtzeitig benachrichtigt wird und rechtzeitig an Ort und Stelle ist. Für Staat und Gesellschaft Grund genug zu einer Maßnahme öffentlicher Fürsorge.
Ein Menschenleben kann nicht hoch genug bewertet werden.

Von dem Rettungsgürtel auf Wurfweite entfernt ist die Stelle, wo uniformierte Männer einen Frauenkörper ins Wasser warfen.
Irgendwelche Bürger von der Einwohnerwehr hatten sich Rosa Luxemburgs in dem Hause bemächtigt, in dem sie wohnte, und aus irgendwelchen Gründen grade ins Eden-Hotel gebracht, wo der Stab der Gardekavallerie-Schützendivision hauste, forsche Herren, monokelnd und näselnd, die nun kurzerhand übereinkamen, »die Galizierin« um die Ecke zu bringen.
Um die Ecke zu bringen – – –, sie machten die sprachliche Wendung wahr.
Das Haus muß rein bleiben, das ist der Grundsatz jedes biedern Ehemanns, etwas andres ist es draußen, das Haus muß rein bleiben, jedoch in der Sekunde, da Rosa Luxemburg, vom herbeigeholten Mordkommando begleitet, den

Fuß aus dem Hotelportal setzte, zertrümmerten ihr die Helden mit Gewehrkolben von hinten das Schädeldach und legten sie aufs Auto. Herr Leutnant Vogel fuhr mit, er saß verkehrt neben dem Führersitz, preßte seines Revolvers Mündung auf die Stirn der halbtoten Rosa und drückte ab. Der Schuß versagte, denn die Waffe war nicht entsichert, – nun, so entsicherte er sie eben, preßte von neuem seines Revolvers Mündung auf die Stirn der halbtoten Rosa und drückte von neuem ab.

Das Auto fuhr inzwischen die Straße gradeaus, die damals noch Alter Kurfürstendamm hieß und jetzt Budapester Straße heißt, während statt dessen die Budapester Straße nach Friedrich Ebert genannt wird, so daß sowohl Horthys Budapest wie Deutschlands Ebert die ihrer würdige Ehrung haben. Aber es fuhr nicht gradeaus über die Corneliusbrücke, sondern bog links ein, – – – man hatte ja Rosa Luxemburg um die Ecke zu bringen.

Um die Ecke zu bringen, – – – an der ersten Ecke, links vom Alten Kurfürstendamm ist die Gegend finster. Auf der einen Seite die Wirtschaftsgebäude vom Zoo, auf der andern Seite der Landwehrkanal. Nahe der Lichtensteinbrücke wächst sogar noch Gebüsch zwischen Weg und Wasser, hier hält das Auto. Kein Mensch kommt zu so später Stunde hierher, es ist auch heute keiner da, wohl aber Gardeoffiziere mit Maschinengewehren; sie bewachen die Brücke, auf der der Rettungsring hängt. »Halt, wer da?« – – – »Um Gottes willen, nicht schießen!« – Oberleutnant Vogel (zum herankommenden Offizier): »Bitte veranlassen Sie nichts! Ich habe die Leiche der Luxemburg.« – – Der Offizier: »Gott sei Dank!« Dann wurde Rosa Luxemburg ins Wasser geworfen. Da der Körper, tot oder halbtot, auf der Oberfläche schwamm, soll er (gewiß weiß man es nicht, denn die des Meuchelmords angeklagte Gardedivision stellte selbst den Gerichtshof) wieder herausgefischt worden sein, mit Draht umwickelt und mit Steinen beschwert. Woher nahm man so eilig den Draht? Wahrscheinlich vom Rettungsgürtel.

Vorsitzender: Erinnern Sie sich nicht, daß Leutnant Röpke, die Hand an die Mütze legend, Ihnen gemeldet hat: ›Die Leiche Rosa Luxemburgs ist soeben ins Wasser geworfen worden, wenn Herr Hauptmann sie sehen will, dort schwimmt sie!‹?
Hauptmann Weller: Als ich auf der Brücke stand, sah ich einen dunklen Gegenstand im Wasser treiben. Da kann vielleicht jemand gesagt haben: ›Da schwimmt sie.‹
Er stand auf der Brücke neben dem Rettungsgürtel. Etwas treibt im Wasser. Ein dunkler Gegenstand.
Dieser dunkle Gegenstand ist Rosa Luxemburg. Ist die große Gelehrte, Verfasserin soziologischer Werke, eine wunderbare deutsche Stilistin, eine Frau, unsagbar gütig gegen Mensch und Tier, zeit ihres Lebens persönlich tapfere Kämpferin für eine bessere Zukunft.
Dort schwimmt sie, ein dunkler Gegenstand. Die lichten Helden, die sie um die Ecke gebracht haben, fahren um die Ecke zurück, rühmen (zueinander) ihre Tat, zahlen Belohnungen aus, lassen Wein auffahren, sich im Gruppenbild aufnehmen, der Jäger Runge, der den ersten Kolbenhieb drosch, darf mit den Herren Offizieren auf dasselbe Photo. Großer Sieg.
Ein Menschenleben kann nicht hoch genug bewertet werden.

Auf der einen Seite der kleinen Brücke, auf der fürsorglich der Rettungsgürtel hängt, ist das Lichtensteinportal des Zoologischen Gartens, auf der andern Seite beginnt der Neue See. Dort haben zwölf Minuten früher die Kameraden des Leutnants Vogel den Kameraden Rosa Luxemburgs um die Ecke gebracht.
Um die nächste Ecke, erst im Tiergarten, wo vor hundert Jahren die hohen Herren das Wild zu erlegen geruhten. An der ersten Stelle, die dunkel war, ein Seitenweg zweigte ab, zerrte man den beim Ausgang des Eden-Hotels gleichfalls halberschlagenen Karl Liebknecht aus dem Auto und forderte ihn auf, zu Fuß zu gehen. Nach links, trotzdem man

angeblich nach Moabit wollte, also schnurstracks gradeaus. Man mußte ihn eben um die Ecke bringen.
Sechs Offiziere, Kapitänleutnant Horst von Pflugk-Harttung, Leutnant Stiege, Leutnant von Ritgen, Leutnant z. S. Schulze, Hauptmann Heinz von Pflugk-Harttung und der Leutnant i. d. R. Liepmann, cand. phil., Sohn eines charlottenburger Justizrates, ein Judensöhnchen, das sich von keinem Gardeoffizier einen Mangel an schneidiger Bestialität nachsagen lassen wollte, sowie der Jäger zu Pferd Clemens Friedrich führten oder schleppten Karl Liebknecht, den Abgeordneten, der als Einziger während des ganzen Krieges laut den Frieden gewollt, mutig für die Rettung von Hunderttausenden von Deutschen eingetreten war...
Kapitänleutnant Horst von Pflugk-Harttung feuerte von hinten den ersten Schuß ab, Signal zu dem Bombardement auf Liebknecht. Als dieser tot zusammenbrach, totsicher tot, konnte er auf die Unfallstation gebracht werden, deren Adresse neben dem Rettungsgürtel auf der kleinen Brücke angegeben ist.
Es sei ein »unbekannter Spartakist«, sagten sie, wollten zunächst beide Meuchelmorde verheimlichen, gaben dann eine Erklärung heraus, Herr Doktor Liebknecht sei von der vor dem Hotel angesammelten Menschenmenge schwer verletzt worden, habe im Tiergarten flüchten wollen, auf mehrfaches Anrufen nicht haltgemacht und einem Verfolger einen Messerstich versetzt, worauf man ihm nachschoß. Wo Frau Doktor Luxemburg sei, wisse man nicht, verlautbarten ihre Mörder amtlich; eine spartakistische Menge habe sie mit dem Ruf »Das ist die Rosa« an der Corneliusbrücke (also nicht um die Ecke, versteht Ihr!) vom Wagen geholt und sei mit ihr in der Dunkelheit verschwunden.
All diese Behauptungen wurden selbst von dem Kameradschaftsgerichtshof nicht mehr aufrechterhalten, sie hatten sich längst als Lügen herausgestellt, vor dem Hotel waren weder Zivilisten, die Karl Liebknecht aus antispartakistischen Gründen tödlich verwundet hatten, noch Zivilisten, die aus

spartakistischen Gründen Rosa Luxemburg bei der Corneliusbrücke in die Dunkelheit retteten, kein Zivilist wußte von der Festnahme und gar vom Abtransport der beiden, kein Zivilist war dem Auto begegnet.

Obwohl die Gardekavallerie-Schützendivision aus dem Eden-Hotel das Divisionsgericht stellte, also keinem der Herren Mörder etwas passieren konnte, muß anerkannt werden: alle verleugneten tapfer ihre Mannespflicht, drückten sich, verlangten keinerlei öffentliche Anerkennung von ihrem Chef Noske und ihrem Oberchef Ebert dafür, daß sie, sieben Mann, Liebknecht überwältigt hatten, und verzichteten auf alle Orden und Ehren, damit im Interesse von Staat und Gesellschaft die Wahrheit über seinen Tod verschwiegen werde.

Ein Menschenleben kann nicht hoch genug bewertet werden.

Das alles fällt einem so ein, wenn man auf dem idyllischen Brücklein steht, auf dem fürsorglich ein Rettungsgürtel hängt.

BERTA LASK
Die Radfahrkolonne vom Unstruttal.
Erzählung aus dem mitteldeutschen Aufstand im März 1921

Es war der 24. März 1921. Im Kalischacht wurde gearbeitet. Der Bergarbeiter Peter Mölle war nicht eingefahren. Die Luft war dick. Drohende Nachrichten kamen von Halle, Merseburg und aus anderen Teilen des Reichs. Vor acht Tagen hatten sie einen Aktionsausschuß gebildet. Der war dauernd auf dem Posten. Peter Mölle saß in der kleinen Gastwirtschaft und wartete auf Nachricht. Zwischen acht und neun Uhr fuhr ein junger Bursche sehr eilig auf seinem

Rad durchs Dorf. Er schwitzte trotz der kühlen Märzluft. Er ging in die Wirtschaft und zog einen Zettel aus der Tasche.
»Meldung aus Helbra.«
Peter Mölle las: »Liege im Kampf mit Eislebener und Hettstedter Sipo. Schickt Verstärkung! Hoelz.«
»Von Hoelz Max selber? Hast ihn gesprochen?«
»Ja, von Hoelz Max selbst. Rasch, Peter, mach dich auf die Strümpfe! Dort oben brennt's. Alles grün von Sipo. Aber die Arbeiter kämpfen.« Peter Mölle springt auf. Seine braunen Haarborsten stechen drohend in die Luft. Die untersetzte Gestalt scheint sich mit elektrischer Kraft zu laden. Die hellen, etwas schläfrigen Augen sind plötzlich wach und leuchtend. Er springt auf den Kurier zu, packt ihn mit beiden Händen an den Schultern und schüttelt ihn wie toll.
»Es geht los, Fritz, es geht los.«
»Mensch, hast du Pranken. Ich bin doch kein Sipo.«
»Zum Schachte!«
Sie werfen sich auf die Räder und jagen zum Kalischacht.
»Alle Mann aus der Grube! Versammlung auf dem Werkshof! Gebt Signal mit Sirene!«
Die Sirene ertönt. Die Meldung wird weitergegeben durch den ganzen Kalischacht. »Was ist los? Ist ein Unglück geschehen?«
»Versammlung auf dem Werkshof. Mölle Peter spricht.«
Sie hatten die Macht damals. Wenn der Betriebsrat die Belegschaft zur Versammlung rief, wagte die Werksleitung nicht einzuschreiten. Bald war der Werkshof mit Arbeitern gefüllt. Peter stand auf einem Steinhaufen.
»Kameraden, der Oberpräsident Hörsing hat das Mansfelder Land mit Schupo überschwemmt.«
»Der Bluthund! Der Schuft!«
»Was sagt ihr da? Bluthund? Er ist doch unser Genosse. Er ist Sozialdemokrat.«
»Schöner Genosse! Ein Bluthund, ein Noske. – Still! Laßt Mölle Peter sprechen!«
»Ihr habt den Aufruf gelesen. Die Schupo ist nicht gekom-

men, um die Arbeiter niederzuschlagen. Wie könnte unser Genosse Hörsing so etwas wollen!«

»Wozu denn sonst?«

»Die Schupo ist nur gekommen wegen der vielen Felddiebstähle.«

»Ja, wenn man nichts zu fressen hat bei dem Hungerlohn, dann holt man sich eben Kartoffeln und Rüben vom Felde. Der Hörsing braucht nicht nachts aufs Feld zu geh'n. Dem fahren sie die Keller voll. – Aber jetzt im März – was kann man denn im März vom Felde holen? Jetzt steht doch nichts auf den Feldern. Soll die Schupo den kahlen Acker bewachen? Das ist ja Unsinn.«

»Vielleicht ist es also doch nicht wegen der Kartoffeln und Rüben, daß Hörsing die Schupo schickt«, fuhr Peter fort. »Es kommen auch in den Schächten und Hütten so große Diebstähle vor. Da nehmen die Arbeiter altes Grubenholz mit und auch mal neues Holz zum Feuern.«

»Wenn sie kein Geld für Kohlen haben und keine Feuerung, warum sollen sie nicht altes Grubenholz mitnehmen? Womit sollen sie ihre Kohlrüben kochen und ihre müden Glieder wärmen? Die Werksleitung, ja die hat Holz und Kohlen genug, braucht kein Jackenfutter aus dem Schachte zu schleppen.«

»Was kümmert es den Arbeiterführer, Genossen Hörsing, ob die Kumpel hungern und frieren! Der hört nur auf die Herren Direktoren. Nach deren Pfeife tanzt er. Wir wollen nicht viele Worte machen, Kameraden. Ihr müßt wissen, worum es geht. Es geht nicht um die Kartoffeln und Rüben und nicht um das Abfallholz aus dem Schachte, es geht um unsere Rechte. Es geht um die Macht. Sie wollen die Macht der Arbeiter brechen. Sie wollen die Macht der Betriebsräte brechen. Das ist ihnen ein Dorn im Auge, daß der Betriebsrat der Arbeiterschaft herumgeht und kontrolliert und Beschwerden vorbringt. Sie wollen machen, wozu die Willkür sie treibt, den Arbeiter niederringen. Und sie wollen uns den Achtstundentag rauben.«

»Die Blutsauger! Wir lassen nicht vom Achtstundentag. Wir lassen nicht vom Betriebsrat. Das soll hier nicht wieder werden, wie's früher war: schuften und einen Maulkorb vorgebunden, und wer streikt, wird entlassen.«

»Sie wollen uns das Streikrecht nehmen, Kameraden. Darum muß die Schupo ins Land. Mit Gewehren wollen sie uns in die Schächte treiben, wenn wir streiken. Maschinengewehre wollen sie draußen aufpflanzen, wie sie's 1908 beim großen Streik im Mansfeldischen gemacht haben.«

»Sollen nur kommen. Wir hau'n sie raus. Wir warten auf sie. Wer sich hierher wagt, der fliegt in den Schacht. Der soll unten kosten, wie's Kali schmeckt.«

»Genossen, jetzt gilt's nicht zu warten, sondern zu handeln. In Hettstedt sind drei Hundertschaften Sipo einmarschiert, in Eisleben zwei Hundertschaften mit Maschinengewehren und Handgranaten wie zum Krieg. Im Mansfeldischen bewaffnet sich die Arbeiterschaft. In Eisleben und Hettstedt wird gekämpft. Hoelz Max aus dem Vogtland ist dort. Er hat einen Kurier geschickt, wir sollen ihm helfen.«

»Hoelz Max! Das wird was!« Die Gesichter strahlten. »Wir müssen hier in Streik treten. Wer für Streik ist, Hände hoch!« Fast alle Hände gingen hoch. »Jetzt Waffen hergeschafft. Ein Teil bleibt zur Sicherung gegen Erfurt hier. In Nebra müssen wir schanzen. Und die anderen mit mir zu Hoelz Max. Alle Mann unter fünfundzwanzig Jahren melden sich beim Aktionsausschuß.«

Ein alter Arbeiter sprang auf den Steinhaufen! »Kameraden, Genossen, wir kämpfen hier nicht zum erstenmal. Wir haben 1919 gekämpft. Wir haben im März 1920 beim Kapp-Putsch gekämpft. Mein Sohn liegt in Halle begraben. Die Sozialdemokraten haben uns verraten. Die Ruhrkumpel mußten verbluten. Jetzt ist wieder März. Diesmal müssen wir's ausfechten.«

»Ja, diesmal müssen wir's ausfechten«, rief Peter. »Paßt auf! Die SPD- und USP-Leithammel schmieren die Zeitung voll gegen uns. Sie arbeiten mit Flugblättern gegen uns, für's

Kapital. Laßt euch nicht fangen! Und jetzt angetreten!«
»Hol mich der Teufel! Wie die Kerls von der Entwaffnungskommission hier waren, hab ich ihnen im vorigen Sommer meine Knarre gegeben«, jammerte ein Arbeiter und kratzte sich wütend den Kopf.
»Und meine Maschinengewehrteile sind auch weg«, sagte ein Breiter mit strohgelben Haaren.
Aber es fand sich noch allerhand zusammen. Der Aktionsausschuß arbeitete. In Nebra waren die Hälfte der Bewohner Kommunisten. Die zerklüfteten Steinbrüche bilden eine natürliche Festung. Die Steinbrüche wurden besetzt. Am Nachmittag kam ein Kurier aus Halle, aber man wußte schon alles und war in voller Arbeit, und Peter mit seiner Kolonne war fort.
Dreißig Mann zu Rad mit neunundzwanzig Gewehren und einem leichten Maschinengewehr fuhren von Roßleben an der Unstrut ins Mansfeldische. Zwei unbewaffnete Jungarbeiter hatten sie für den Kurierdienst mit. Es ging auf der Landstraße Querfurt zu. Die Bauern in den Dörfern verhielten sich still. Sie wußten nicht recht, mit wem sie es halten sollten. Schupo war auch schon durchmarschiert. Es war eine schwierige Sache. In einem Dorfe stiegen fünf Mann von der Kolonne ab, gingen in die größeren Gehöfte und fragten nach Waffen. Die Bauern, die zur Einwohnerwehr gehörten, wagten nicht, die Gewehre zu verleugnen, und lieferten sie ab. Vergnügt radelte die Kolonne weiter. Auch etwas Munition trieben sie auf.
Vor Leimbach trafen sie Gutsarbeiter auf dem Acker, die pflügten. »Was tut ihr da, Kameraden?« rief Peter. »Die Schupo marschiert durchs Land. Die Orgesch macht in Bayern mobil. Die ganze Gegenrevolution fängt an loszuschlagen. Im Mansfeldischen liegen die Schächte still. In Leuna haben sie den Streik beschlossen. Die Kalikumpel kriechen aus ihrem Bau. Und ihr pflügt hier für die Junker? Spannt aus, Kameraden! Bringt die Pferde zu Hoelz Max, der kann sie gebrauchen. Und tretet in Streik!«

Ein Leimbacher Gutsknecht, ein großer braunhäutiger Bursche, riß begeistert die Mütze vom Kopf und schwenkte sie: »Los! Gleich los! Der Paul Müller aus Klostermansfeld war schon vorige Woche hier, der, auf den die Gutsherren die Hunde hetzten, der hat schon gemeldet, daß es bald losgeht.«
Sie fragten noch allerlei, wie es stand und was zu tun wäre, und diskutierten hin und her. Peter gab ihnen Plakate. »Hier dies Plakat ›Aufruf zum Generalstreik‹ macht ihr die Nacht am Gutshof an und am Schulzenamt und eins an der großen Scheune. Und hier sind Plakate zur Aushebung.«
»Zur Aushebung für die rote Armee? Ist's wirklich so weit?«
»Wenn ihr nicht schlaft, dann ist es so weit. Bildet einen Aktionsausschuß noch diese Nacht und macht die Plakate an und sorgt, daß ihr Anschluß bekommt. Wir schicken euch später einen her. Aber jetzt müsen wir weiter nach Eisleben.«
»Wer seid ihr denn und wo kommt ihr her?«
»Aus Roßleben und aus Nebra. Kalikumpel.«
»Ich komme gleich mit«, sagte der braune Gutsknecht, zog sich die Jacke an, holte sein Fahrrad, das er in der Nähe untergestellt hatte, hing sich das Jagdgewehr eines Orgesch-Bauern um und schloß sich an. »Der kann morgen selber pflügen, der da oben auf dem Gut. Hab' lang' genug für ihn gepflügt.«
In Querfurt fanden sie schon Plakate, die zum Generalstreik aufforderten, angeschlagen. Sie hielten sich nicht lange auf und fuhren weiter. Bei Oberfarnstedt hielten sie wieder Gutsarbeiter an. Still lag im Talkessel das Dorf Rothenschirmbach. Sie fuhren durch. Steil ging es die Landstraße nach Bischofsrode hinauf. Die mächtigen alten Buchen standen kahl, aber hinter den Stämmen konnten sich Angreifer verbergen. Unsicherer noch wurde es oben auf dem Roten Berg, wo im Nadelwald das Unterholz dicht stand. Aber nichts von Sipo zu sehen. Nur die Landstraße wurde immer belebter. Radfahrer sausten hin und her. Gleich hinter Bischofsrode empfing sie eine Patrouille. Sie sagten das Stichwort und wurden mit großer Freude begrüßt und nach Wolferode gebracht. Hier war die Kurier- und Verpflegungs-

station. Hier bezog die Radfahrkolonne vom Unstruttal Standquartier. Die Verpflegungskommission mußte beschaffen, was die Arbeitersoldaten brauchten. Hoelz hatte Stadtkassen und Banken in mehreren Ortschaften beschlagnahmt, um die Verpflegung der Truppen zu sichern.
»Eßt euch satt, Genossen«, sagte der Mann an der Feldküche. »Wer weiß, wann ihr wieder was Warmes bekommt.«
»Wir sind nicht zum Fressen gekommen, sondern zum Kämpfen«, sagten die von Roßleben. Aber sie hatten Hunger und aßen.
»Bei uns geht's scharf her. Kämpfe Tag und Nacht. Wenig Schlaf, keine Ablösung. Es sind immer dieselben Sturmkolonnen, die ran müssen. Wir sind noch zuwenig.«
»Kommt kein Zuzug?«
»Zuzug kommt schon, aber alles noch zuwenig. Und Verbindung mit Halle ist auch schlecht. Manchmal kommt Meldung durch, manchmal nicht. In allen Nestern liegt Sipo.«
»Wir werden schon Zuzug bekommen«, rief ein rothaariger, junger Bursche mit hellem Gesicht, der an seinem Gewehr herumputzte.
»Wenn die erst aus Halle kommen und die Leuna-Arbeiter, die zwanzigtausend vom Leuna-Werk, dann jagen wir dem Hörsing seine Grünen wie die Hasen. Beim Kapp-Putsch habe ich vor Halle gelegen. Das war ein guter Kampf. Was war das für eine Armee! Und die Verpflegung von Leuna, wie das alles klappte. Wir hätten's geschafft damals, wenn uns die Bonzen nicht verraten hätten.«
»Ja«, sagte ein Bergarbeiter aus Bischofsrode, »noch zwei Tage, da hätten wir uns mit der roten Armee vom Ruhrgebiet vereinigt. Aber die Judasse haben uns abgewürgt. Diesmal wird's ihnen nicht gelingen. Diesmal müssen wir's schaffen.«
Diesmal müssen wir's schaffen – das war die Stimmung bei den meisten. Nur ein paar Kerls liefen da rum mit Galgengesichtern, denen man nicht trauen konnte.
Der Gutsknecht von Leimbach, finster aufgerichtet, stieß mit

dem Jagdgewehr wütend auf den Boden: »Vier Jahre bei der Infanterie, habe zwei Offiziere erschossen. Wir müssen's schaffen.«
Er warf sich ins Stroh und schlief ein.
Peter Mölle befühlte sein Maschinengewehr. Es war hier nicht alles, wie man's erwartet hatte. Das war kein Sturm; das war kein gewaltiger Massenaufstand. Die falschen Bonzen hatten schon wieder ihr Spiel getrieben, hatten ihren Giftgeifer für die Suppe gespuckt. Da stand mancher davor und war schwankend geworden. Man hörte auch nichts vom Reich. War es überall still oder war die Verbindung abgeschnitten? Aber man war ja erst am Anfang. Man konnte sich eine Weile allein halten. Hier oben zwischen den Halden war gutes Kampfgelände. Da hatte man Deckung, konnte sich ohne zu große Verluste gegen eine Übermacht halten, bis die anderen losschlagen. Sie mußten doch losschlagen. Das war klar. Diesmal ging's ums Ganze. Das mußte jeder Arbeiter begreifen. Der Achtstundentag sollte genommen werden, die Rechte der Betriebsräte sollten geraubt werden. Das neue Betriebsrätegesetz war doch glatter Verrat. Und die Massenarbeitslosigkeit überall. Worauf warteten die Arbeitlosen noch? Was hatten sie denn zu verlieren? Und im Westen waren die Franzosen einmarschiert, hatten Düsseldorf und Duisburg besetzt, und in Oberschlesien standen die deutschen und polnischen Faschisten bis an die Zähne bewaffnet. Und drüben wartet das junge Sowjetrußland auf uns. Und hier bewaffnet man die Zeitfreiwilligen gegen die Arbeiterschaft. In Bayern halten sie Parade ab. Ja, da müssen dem schlafmützigsten Arbeiter die Augen aufgehen, daß man kämpfen muß. »Wir werden's schaffen, Fritz.«
»Ja, wir werden's schaffen, Peter.«
Dann schliefen sie ein. Ein paar Stunden unruhiger Schlaf. Menschen kamen und gingen. Einzelne und kleine Trupps von Bewaffneten aus den umliegenden Ortschaften, die sich zur Verfügung stellten, Kuriere von den Aktionsausschüssen. Beim Morgengrauen machte sich die Radfahrkolonne aus

dem Unstruttal auf, um zu Hoelz zu stoßen. Hoelz hatte am Tage vorher mit der Hettstedter Sipo gekämpft. Im stundenlangen Feuergefecht hatten sie die Sipo ins Zentrum der Stadt zurückgedrängt, wo sie sich in ihrem festen Bau verschanzte. Dann war er abgerückt, weil ein Sturm zuviel Opfer gefordert hätte.
Indessen hielt ein anderer kleiner Trupp unter Josef Schneider die Eisleber Sipo in Schach. Die Hoelz-Truppen ruhten ein paar Stunden in Helbra.
Die Radfahrkolonne fuhr an den schlafenden Schächten vorbei nach Helbra. Wachtposten mit Gewehren an den Ausgängen. Das langgestreckte ärmliche Bergdorf mit den niedrigen Häusern lag schweigend geduckt. Im Gasthof zur Sonne das Hauptquartier. Dort ruhte Max Hoelz für wenige Stunden. Den Pfarrer hatte er als Geisel mit hinaufgenommen. Sie sprachen zusammen wie Mensch zu Mensch. Der Pfarrer zeugte später für die reine Gesinnung des »Räubers« und »Erpressers«.
»Hoelz Max, wir sind von den Kalischächten gekommen, dreißig Mann mit Waffen aus dem Unstruttal. Wir wollen mit dir kämpfen. Stell uns ein, wo's nötig ist. Ich bin Peter Mölle von der KPD. Du hast doch Verbindung mit Halle. Hast du dich der Partei unterstellt?«
»Willst du kämpfen oder schwatzen? Partei, Partei! Jetzt gehts auf Eisleben. Dort haben die Schupos massig Verstärkung bekommen. Wir müssens ihnen heut noch mal geben.«
»Wir gehn alle mit gegen Eisleben. Wir kämpfen, wo du uns hinstellst. Aber nicht planlos, sondern wie die Partei –«
»Daß ich dir nicht die Fresse zerschlage. Partei – hörst du schießen?«
Kuriermeldung: An der Kochhütte wird gekämpft. Dreißig bewaffnete Kämpfer vom Unstruttal jagen nach der Kochhütte. Sie liegen bald mit der Sipo im Kampf. Die Sipo wußte nie, wie klein die Arbeitertrupps waren, mit denen sie kämpfte. Bald war die Pumpstation in der Hand der Arbeiter. Später ging es mit Hoelz nach Wimmelburg. Hier lag

eine Arbeiterkompanie unter Josef Schneider. Sie stießen weiter vor nach dem langgedehnten Ottoschacht und besetzten ihn. Als es dunkelte, wurde nach Eisleben vorgefühlt.
In Eisleben hatte sich die Sipo festgesetzt. Am dreiundzwanzigsten hatten die Arbeiter sie eingeschlossen. Dann kam Verstärkung, Hundertschaft auf Hundertschaft. Achthundert Grüne saßen schon in dem verdammten Nest trotz Schienensprengung, trotz unerwarteter Überfälle. Regt sich noch nichts im Reich? Wo bleiben die Arbeiterbataillone? Wo bleiben die Truppen vom Leuna-Werk? Wir müssen noch einmal hinein. Wir stürmen noch einmal hinein. Sie dürfen nicht zur Ruhe kommen. Sie sollen denken, wir haben Verstärkung. Los nach Eisleben!
Da kommt eine Kuriermeldung aus Teutschenthal. Lemck und Bowitzki unterwegs. Lemck hält Musterung in Wentzels Burg. Nachts werden 250 Bewaffnete zu Hoelz stoßen. Endlich! Ein Anfang. Wann kommen die anderen? Wann kommen die 20 000 vom Leuna-Werk? Wie haben doch die Herren von der KAPD das Maul dort aufgesperrt und jetzt hört man nichts. Zum Kotzen! Aber sie werden noch kommen. Ob sie in Bitterfeld streiken und in Wittenberg? Vielleicht haben sie in Berlin kein elektrisches Licht mehr. Verdammt, daß kein Kurier wiederkommt. Man ist bald wie auf einer Insel. Auch keine Zeitung zu sehen, nichts. Es geht auf der dunklen Straße nach Eisleben. Dort fühlt sich der Sipomajor schon als Herr mit seinen acht Hundertschaften. Sie haben die Stadt befriedet, und der Zivilkommissar – ein früherer SPD-Mann, Buchdrucker – läuft durch die Straßen und ruft: »Regen Sie sich nicht auf, regen Sie sich nicht auf, es passiert nichts weiter!« Man durchsucht die Häuser nach Waffen. Das Gefängnis ist überfüllt.
Trotzdem – die Sipo sitzt lieber im Bau, wenns dunkel wird. Wir werden gelöhnt und verpflegt, ja, aber das Leben gibt uns niemand wieder. Die Aufrührerkanaille, ja, die hat nichts zu verlieren, aber wir.
Also trotzdem – auf einmal sind sie in Eisleben. Sie stehen

auf dem Marktplatz. Sipo wird alarmiert. Schüsse fallen, Gefecht. Die Hoelz-Kolonne und die Kalikumpels sind auch dabei. Was ist das? Die Erde bebt. Ein furchtbares Getöse. Eine Ecke vom Rathaus fliegt in die Luft. Das ist die Sprengkolonne. Die Aufrührer ins Rathaus hinein und halten es besetzt. Es ist verdammt dunkel in Eisleben, sehr unheimlich, und mit Dynamit kann man die saubersten grünen Uniformen zerstören. Da ist schon wieder das Donnern und Beben. Die Villa des Generaldirektors Heinehold von der Mansfelder Gewerkschaft fliegt in die Luft. Und es waren doch soviel Kunstwerke darin und herrliche Teppiche. Die Mansfelder Kumpels haben wirklich allen Respekt verloren. Es ist nicht zu begreifen, diese stillen Leute, immer im Reichsdeutschen Verein, haben alle ihren Ackerstreifen, vom Schacht auf den Acker, dann ein bißchen Schlaf und wieder zum Schacht und dann wieder auf den Acker, so gings immer. Und jetzt –, aber jetzt geht wohl ganz Eisleben in die Luft. Das hört ja gar nicht auf; das knattert immerzu. Zum Teufel, sie haben die Villa des Faschistenführers Dr. Evers in die Luft gesprengt. Dort lag der ganze Keller voller Orgesch-Munition, die geht jetzt in die Luft. Woher kannten die Kerls nur das Waffenlager? Unerhört. Das ganze Haus geradeswegs in die Luft. Man müßte jetzt das Rathaus angreifen und die Aufrührer vertreiben. Aber keine Hundertschaft verspürt große Lust dazu. Die werden mit Handgranaten aus den Fenstern schmeißen. Man wartet lieber, bis es heller wird. Schließlich wird doch angegriffen. Es gibt einen heißen Kampf. Das Rathaus ist umstellt, aber sie brechen durch und entkommen. Die Maschinengewehre der Arbeiter bestreichen den breiten Weg und halten die Sipo zurück. Es ist nur eine kleine Kolonne. Die Stadt zu halten, ist unmöglich. Erst wenn der große Zuzug kommt, ja dann. Peter Mölle ist auf der dunklen Straße nach Wimmelburg. Sein Gesicht ist schwarz von Rauch und Ruß. Sein Kopf dröhnt vom Getöse der Sprengungen und Schüsse. Zurück? Schon zurück? Am Morgen geht es von frischem los. Und morgen kommt

der Zuzug.
Der 26. März. Mit 10 Lastautos, Bauernwagen und Mannschaften zu Fuß rückte die Hoelz-Truppe ab nach Sangerhausen. Die Radfahrkolonne vom Unstruttal blieb im Mansfeldischen, die Mansfelder Kumpels vor dem Terror zu schützen und mit den erwarteten Arbeiterbataillonen zu neuen größeren Aktionen vorzugehen. In Wimmelburg ging es lebhaft zu. Dort war die Samariterkolonne aus Halle eingetroffen. Es wurde ein Lazarett eingerichtet. Mit Ruhe und Begeisterung schaffte die leitende Genossin alles herbei, was gebraucht wurde. Also, man richtete sich auf längeren Kampf ein. Aus Teutschenthal und aus anderen Dörfern kam neuer Zuzug. Auch Landarbeiter waren dabei.
»Die Gutsbesitzer machen auch mit. Die fahren als Zeitfreiwillige mit der Sipo«, sagten die Landarbeiter. »Also machen wir mit euch mit. Wir wissen, um was es geht. Uns geht's schlimmer als euch. An Müller Paul aus Klostermansfeld, an den halten wir uns. Der hat uns helle gemacht.«
Immer neue Sipoverstärkungen wurden gemeldet. Aus dem Rheinland war Sipo unterwegs, die nach dem Kapp-Putsch mit den Ruhrkumpels gekämpft hatte und besonders scharf sein sollte. »Es kommen welche vom Unstruttal. Man muß sie aufhalten.«
Die Radfahrkolonne vom Unstruttal machte sich kampfbereit. Sie fuhr denselben Weg zurück, den sie vor zwei Tagen gekommen war, wieder an den kahlen Stämmen des Bischofsroder Waldes vorbei und durch den stillen Talkessel von Rothenschirmbach.
Auf der Eselswiese bei Querfurt wurden sie von Sipo überrascht. Die Sipo war in der Überzahl, gut ausgerüstet, tatdurstig. Die Kumpels schlugen sich tapfer, aber sie mußten langsam weichen. Die Querfurter Genossen halfen, aber es langte nicht, waren zu wenige und zu schlechte Waffen. Die Unstrutkolonne wurde nach Oberfarnstädt zurückgetrieben. Machten trotzdem zwei Sipoleute zu Gefangenen. Man brachte die Gefangenen zu Peter. »Was sollen wir mit ihnen

machen?«

Peter sah sie an und sagte mit seiner ruhigen Stimme: »Warum kämpft ihr gegen uns? Seid doch auch nur Proleten wie wir. Seid doch nicht mit der Uniform auf die Welt gekommen.«

Die Sipos waren still, sagten kein Wort. Es waren Düsseldorfer, hatten nichts Gutes im Sinn, wollten ihr Mütchen an den Arbeitern kühlen.

»Gebt ihnen eins hinter die Ohren und laßt sie laufen«, sagte Peter. »Erschießen mag ich sie nicht, und mitschleppen können wir sie nicht.«

Die Grünen bekamen ein paar hinter die Ohren. Dann ließ man sie laufen.

Es wurde dunkel. An Schlaf war nicht zu denken. Man mußte wachsam sein. Sie zogen sich in den Wald bei Rothenschirmbach zurück und hielten den Roten Berg besetzt. Das war eine gute Stellung, ein Schutzwall für Helfta-Eisleben. Im dichten Unterholz des Kiefernwaldes lagen die Vorposten versteckt.

Ostersonntag. Von Helfta hörten sie die Osterglocken läuten. Die Sipo drückte von Querfurt nach. Eine Patrouille von fünfzehn Mann schlich den Berg hinauf. »Nicht schießen!« Sie kommen näher. Hundert Meter Entfernung. »Gebt Feuer!« hallt Peters Stimme laut durch die Waldesstille. Tak-tak-tak läuten die Osterglocken. Vier Grüne liegen tot auf der Märzflur. Die anderen fliehen.

Sie drangen weiter durch die Wälder und sicherten nach Bornstedt zu, aber die größere Gefahr kam vom Mansfelder Grund. Nachts saßen sie in ihren Schlupfwinkeln und lauerten.

»Schläfst du, Kamerad?«

»Bin wohl einen Augenblick eingenickt, bin wieder wach. Hörst du's rascheln? Wer da?«

»Stichwort: Max bezahlt's.«

»Genosse, von wo kommst du?« Der Fragende starrt angestrengt ins Dunkel.

»Wir sind drei, kommen von Helbra, haben uns durchgeschlichen. Die Grünen drücken von überall heran.«
»Wie stehts denn anderswo? Ist Verbindung mit Halle? Was tun sie im Leuna-Werk? Wo ist Hoelz? Wo sind Lemck und Bowitzki?«
»Wir gehen seit vierundzwanzig Stunden im Kreise herum, haben uns mit Patrouillen herumgeschlagen, wissen von nichts. Die Munition ist auch gleich zu Ende. Habt ihr Brot?«
– Sie hielten sich den zweiten Ostertag auf den Bergen. Dort saßen sie wie auf einem Felsen im Meer. Immer näher spülte die Flut heran. Die Siegeshoffnung schwand. Aber man sprach nicht davon. Man sprach vom Schuß und Ziel und vergeudete keine Kugel.
Am dritten Ostertag früh meldeten Versprengte, daß Wolferode verloren sei. »Jetzt ist kein Stützpunkt im Mansfeldischen mehr«, sagte Peter. »Wir müssen uns nach Leuna durchschlagen. Dort holen wir die Genossen heraus und sehen, daß wir etwas gegen Merseburg unternehmen.«
»Wollen sehn, wenn dort nicht schon alles tot ist. Es liegt so was Unheimliches in der Luft.«
»Nach Querfurt könnt ihr nicht«, sagte einer von den Neuen. »Da ist alles grün.«
»Dann nach Erdeborn zu!«
Sie sammelten sich. Es waren nur noch fünfzehn. Wo die anderen waren, wußte man nicht. Ob tot oder versprengt, das wußte man nicht. Das leichte Maschinengewehr wurde auf der Lenkstange von Peters Rad befestigt. Das Maschinengewehr fuhr voran. So schlugen sie sich durch die Wälder nach Erdeborn. Dort war's still. Sie konnten weiter nach Schraplau.
In Müllers Gasthof abgestiegen. Jetzt merkt man erst, wie der Hunger fraß. Gastwirt Müller war treu. Der brachte das Beste, was er hatte, und steckte ihnen die Taschen voll. Dann sagte er: »Nun macht weiter nach Schafstädt. Hier ist dicke Luft.«

»Aufgesessen! Nach Leuna!« kommandiert Peter.
Kurz vor Schafstädt kommt ein Bauernwagen. Neben dem Bauern sitzt ein Genosse aus Stedten.
»Wo wollt ihr hin?« fragt der Genosse.
»Wollen nach Leuna.«
»Leuna haben sie heute morgen mit Artillerie beschossen und mit Sipo gestürmt.«
Das war, wie wenn dir ein Stein auf den Kopf fällt. Das war, wie wenn dir einer mit einem Messer ins Herz sticht. Leuna gefallen –
»Wollen sehen, daß wir uns in die Heimat durchschlagen«, sagte Peter langsam. »Los, nach Nebra über Schafstädt!«
Unheimliche Ruhe in Schafstädt. Fenster und Türen sind zu. Kurz hinter Schafstädt zwei Autos in Sicht. Grüne. Flach ist das Schußfeld. Die ersten Schüsse werden gewechselt. Peters Maschinengewehr schickt eine Feuergarbe mitten ins erste Auto. Schreie der Getroffenen. Die Grünen springen ab. Sie können sich nicht entwickeln. Die Kolonne geht vor. Das erste Auto nimmt Feldweg. Das zweite hat schon gedreht. Jeder Schuß sitzt. »Mördergesindel! Ihr seid gekommen, Arbeiter zu morden im Auftrag der Dickbäuche. Da habt ihr euren Lohn.«
Zwölf Grüne am Wege. Wir müssen weiter. Los! Aufgesessen nach dem Unstruttal! In sausender Fahrt gehts talwärts.
Die Radfahrkolonne vom Unstruttal fuhr nach Nebra zurück, nicht als Sieger und doch nicht besiegt. Eine Woche lang hatten sie unerschrocken, heldenmütig gegen einen übermächtigen Gegner gekämpft. Jetzt werden sie wieder in den Kalischacht gehen oder ins Zuchthaus, und das nächstemal werden sie wieder zur Stelle sein, erfahrener und besser vorbereitet. Da fahren sie, voran das Maschinengewehr. Die beschmutzten übernächtigten Gesichter sind wach und gespannt. Durch, und weiter der einzige Gedanke. Sie reden nicht viel. Mitunter ein Witzwort und ein helles Lachen.

»Du, Peter, da hinterm Busche sitzt einer; der brennt dir eins auf.«
»Brennt er mir eins, so brenn ich ihm zwei. Es läßt sich auch im Fahren schießen und treffen.«
Durch, weiter – Es fängt an zu dunkeln. Dort liegt schon Nebra. In Nebra ist es still. Aber auf der Straße von Querfurt her Gerassel wie von schweren Autos. Ist das Sipo? Es waren keine Patrouillen zu sehen. Jetzt kommen zwei Radfahrer, und schon ist das erste Auto da – bewaffnete Arbeiter. Neuer Mut flammt auf. Eine ganze Autokolonne bewaffneter Arbeiter. Die Autos halten. Es sind die Bewaffneten vom Leuna-Werk, die vor der Einnahme des Werks den verlorenen Posten verlassen haben, um sich nach Thüringen durchzuschlagen. In Thüringen flammt der Generalstreik auf. Dort hoffen sie ihre Kräfte zu sammeln.
Die Radfahrkolonne schließt sich der Autokolonne an. Es geht weiter nach dem Dorfe Großwangen. Die zitternde Wirtin muß Quartier schaffen. Bald beruhigt sie sich. Die todmüden Arbeiter sinken ins Stroh.
Am nächsten Morgen weiter. Bei Roßleben werden Bahnschienen gesprengt, um Sipozuzug zu verhindern. Die Telegrafenapparate werden unbrauchbar gemacht. Dann geht es weiter nach Wiehe zu. Kaliarbeiter aus der Umgegend schließen sich an. Die Landarbeiter dort leben in größter Armut. Auch die Kaliarbeiter haben die ganzen Jahre durch den Hungerriemen immer enger schnallen müssen. Sie sollen einmal einen guten Tag haben. Sie sollen die rote Kolonne nicht vergessen.
Warum steht das Schloß des Grafen so protzig da? Man sagt, die Speisekammern sind bis oben gefüllt. Man soll nichts so obenhin glauben. Man soll selber nachsehen. Nun heran, Dorfarme und hungernde Kumpels! Schinken, Butter, Würste, alles ist da. Auch eine Flasche Wein kann euch nicht schaden. Und einen geschlachteten Hammel werdet ihr noch bewältigen können. Etwas nehmen wir mit für unsere Kolonne.
Nun weiter. Es ist schon ganz dunkel, aber wir dürfen nicht

Rast machen, sonst sind sie uns gleich auf den Fersen. Weiter! Richtung Kölleda. Ist der Weg brauchbar? Kommen wir mit den schweren Wagen durch? Ja, wir kommen durch. Eine Stunde geht es mühsam, stockend vorwärts. Dann bleibt das erste Auto stecken. Der Weg ist unfahrbar. Man muß zurück. Unter größter Mühe wird gewendet, wieder eine Stunde zurückgefahren. Viel kostbare Zeit ist versäumt. Jetzt werden wir überall gemeldet sein. Auf der anderen Straße geht es besser. Vorwärts, vorwärts! Sind alle da, Radfahrer, Autos, Fußgänger? Alle da. Weiter. Die dunkle Märznacht zerreißt ein heller Schein. Was ist das? Lichtsignal? Nach einer Stunde wieder der helle Schein. Größte Vorsicht ist geboten.
Ein Uhr nachts. Wir sind in Bachra. Es geht nicht weiter. Alle Wege um den Ort werden gesichert, überall Wachen aufgestellt. Aber die Anstrengungen der letzten Woche waren zu groß. Ein paar Arbeiter werden vom Schlaf überwältigt.
Noch in der Nacht wurde das Dorf umzingelt. Ein schreckliches Schießen begann. Bei Morgengrauen lagen Tote und Verwundete auf der Dorfstraße und zwischen den Gehöften. Die durch Lügen und Schauergeschichten aufgehetzten Bauern fielen mit Mistgabeln und Hacken über die Verwundeten und Toten her.
Erschossen, erschlagen, mißhandelt, versprengt. Peter Mölles Maschinengewehr lag irgendwo auf der Flur. Ein Teil der Radfahrkolonne fand den Weg in die Heimat zurück. Am 4. April umstellten Sicherheitspolizisten die Ortschaft Roßleben, um den Rädelsführer festzunehmen. Sie fanden ihn nicht.
Die Radfahrkolonne vom Unstruttal lebt und arbeitet. Und wenn einmal das Signal ertönt, wird sie wieder zur Stelle sein.

KURT KLÄBER
Die Jungen

Die Jungen saßen hinten an der Schutthalde. Der lange Hermann hatte die Beine an den Leib gezogen und hockte wie ein Türke auf den Steinen. Der magere Kollokovski saß über ihm und schlug mit seinen Füßen gleichmäßig gegen den Boden. Das kleine Karlchen, der Dritte auf dieser Seite, schielte in den Himmel und sog mit hastigen Zügen an seiner ausgegangenen Pfeife.
Gegenüber lehnte der junge Pole, ein schwärzliches, dürres Kerlchen, mit stachligen, nach oben gerichteten Haaren und einem gelben Gesicht. Das Dickerchen, der Sohn eines Fahrhauers, kauerte unter ihm, und daneben lag der große Berger, ein schlanker, nicht zu starker Bursche. Er hatte sein Gesicht etwas erhoben und drehte an seinem kleinen, strohgelben Bärtchen.
Sie saßen seit acht Tagen jeden Nachmittag hier. Sie sprachen über den Streik und die Aussichten auf Gewinn. Sie wurden nur aber jeden Tag bedrückter und schweigsamer.
Der große Berger begann heute. Er verschob sein Gesicht zu seiner ernsthaftesten Grimasse und sagte langsam: »Es steht schlecht.«
Sie nickten ihm zu und verzogen ihre Gesichter auch. Das Dickerchen spuckte sogar aus und knurrte: »Es ist eine Schweinerei.« Danach war es wieder still.
Der große Berger sprach nach einer Weile weiter. »Drüben«, er nickte mit seinem Kopf nach hinten, »wollen morgen schon welche einfahren.«
»Ein paar Christliche«, zischte der lange Hermann. »Denen hat es sicher ihr Pfarrer geraten.«
»Da werden wir bald nachstolpern«, näselte das kleine Karlchen und sog lauter an seiner Pfeife.
»Was tun wir sonst auch«, stichelte der große Berger und sah sie alle giftig an. »Wir warten doch nur darauf.«

Der lange Hermann blitzte ihn an. »Auf was?« rief er ihm zu und bog seinen schmächtigen Körper nach vorn. »Dir ist wohl das Fasten in das Hirn gefahren.«
»Das Fasten!« antwortete der große Berger und sein Gesicht wurde finster. »Wenn es nur das Fasten wäre. Aber da sitzen wir schon den achten Tag, stumm wie die Fische. Machen das Maul auf und zu und rühren uns nicht.«
»Ja«, seufzte das kleine Karlchen, »stumm wie die Fische. Unterdessen steigt uns das Fasten in das Hirn und wir vergessen uns überhaupt zu bewegen.«
»Was fehlt euch denn!« schrie der magere Kollokovski, der sich erhoben hatte.
»Was uns fehlt«, gab der große Berger zurück und er umfaßte den Mageren mit einem giftigen Blick, »wir sollten etwas tun.«
»Das sollten wir auch«, rief das kleine Karlchen und stemmte seine Füße hart in das brüchige Geröll, »sonst machen wir morgen den Buckel weiter krumm!«
Der große Berger nickte ihm zu. »Verdammt!« sagte er noch und seine Muskeln strafften sich, »man sollte wirklich etwas tun. Wir müssen aus dem Dreck herauskommen. Aber wir stecken darin wie die Maus in der Falle.«
Der Pole sah ihn mit seinen schwarzen Augen seltsam an. »Wie in der Falle«, wiederholte er. »Wir sind hineingeboren und kommen nicht wieder heraus.«
»Warum streikt ihr dann eigentlich?« fragte der lange Hermann, und sein Gesicht wurde rot und zornig. »Wir wollen doch aus dem Dreck. Aus der Falle. Einmal wird das Leben schon besser werden!«
Der große Berger lächelte. »Deswegen streiken wir schon so lange wie ich im Pütt bin. Wir stehen immer auf als wären wir Elefanten und könnten die ganze Welt zertrampeln. Zuletzt werden wir aber doch klein und kriechen in unsere Löcher zurück.«
Das Dickerchen machte sein einfältiges Gesicht. »Wir sind eben Mäuse«, sagte er, und sah sie alle mit seinen stumpfen, glasigen Augen an.

»Ja«, klagte der Pole, »wir werden unser Leben nie los.«
Der lange Hermann glühte sie an. »Feiges Pack!« brüllte er. »Ihr seid ja auch unglücklich, wenn ihr euer dreckiges Leben nicht hinter euch herschleppen könnt.«
»Was sollen wir tun?« fragte der große Berger.
»Wir müssen weiter streiken!« brüllte der lange Hermann lauter.
»Wie lange?« sagte das kleine Karlchen und warf ihm einen spöttischen Blick zu.
»Bis sie nachgeben, die Dickbäuche!« antwortete der lange Hermann. »Einmal müssen wir ihnen doch bis an das Fell kommen. Sie leben von uns, und wir nicht von ihnen. Einmal wird ihnen der Hunger also auch in den Magen fahren.«
»Wenn wir alle krepiert sind«, lachte der große Berger auf. »Und dann können sie uns noch fressen.«
Es war wieder eine Weile still. Alle sahen sich an. Langsam begann der Pole. »Wir müßten wirklich etwas tun«, flüsterte er. »Wir sind doch nicht nur ihr Vieh? Sie haben kein Recht uns so einen Hungerlohn zu zahlen. Außerdem«, er machte eine Pause und suchte erst die Worte zusammen, »jeder hat ein Recht zu leben.«
Das Dickerchen nickte ihm zu. »Ja«, sagte er und griff sich an seinen Hals, »es ist ekelhaft so herumzulaufen. Es ist so, als hingen wir an ihrem Strick.«
Der große Berger lachte laut. »Ja, am Strick!« schrie er dem Dickerchen nach. »Und je mehr wir vor ihnen herumzappeln, um so fester ziehen sie ihn.«
»Bis er platzt!« gröhlte der magere Kollokovski laut dazwischen. »Wir müssen nur stärker zappeln. Jeder Strick platzt einmal.«
»In den nächsten hinein«, sagte das kleine Karlchen, und er sah den Mageren überlegen an. »Wenn ein Strick platzt, nimmt man einen dickeren.«
Der lange Hermann zog seine Stirn in Falten. »Also ihr denkt, wir müssen etwas tun.« Er sagte es langsam und sah sie alle an.

»Ja«, antwortete der große Berger und stand auf. »Wer getreten wird, tritt.« Er reckte seine rundlichen Arme. »Oder sind wir dazu da, daß wir getreten werden?«
»Nein«, sagte das Dickerchen und stemmte sich auch hoch.
»He«, fragte plötzlich der lange Hermann und sah wieder in alle Gesichter, »was sollen wir denn tun?«
Die Frage hatte keiner erwartet. Man sah nach dem großen Berger. Dessen Gesicht zog sich unter den vielen Blicken zusammen. Es wurde spitz. Er drehte sich langsam um. »Ich gehe in die Stadt«, sagte er nur.
»Sie werden höchstens auf uns schießen«, warnte der lange Hermann.
»Ist das schlimm«, rief der magere Kollokovski, der mutig erscheinen wollte und sah den langen Hermann mit seinen wasserblauen Augen funkelnd an, »sie können uns nur totschießen.«
»Kommt!« sagte der lange Hermann aber schon, als er spürte, daß er überstimmt wurde und schlug mit den Händen einen Bogen. »Kommt!« sagte er noch einmal. Er stürmte mit langen Sätzen die steile Halde hinauf.
Oben wartete er auf die Nachzügler. Das Dickerchen kam zuletzt. Er schnaufte wie ein überhitzter Dampfkessel. Sie bogen dann zusammen in den kleinen Weg ein, der zwischen die ersten Häuser führt und der bei der Wirtschaft in die Hauptstraße mündet.
»Es sind Soldaten gekommen!« rief ein Junge, der ihnen entgegen kam.
»Soldaten?« fragte der lange Hermann und sah den Jungen erstaunt an.
»Die Dickbälge haben sie kommen lassen!« rief der Junge wichtiger und sprang schon weiter. »Sie haben zuviel Angst in den Hosen.«
»Soldaten!« knurrte der große Berger auch. Sein Gesicht verzerrte sich plötzlich und lief rötlich an. »Dies sollten wir uns einmal ansehen.«
Unten in der Straße war viel Leben. Besonders Frauen und

Kinder liefen von Haus zu Haus. Am ersten Hause stießen sie auf die Mutter Berger. Sie drehte sich zu ihnen und sprach sie an.
»Ihr solltet hinten um die Häuser gehen, wenn ihr nach oben wollt«, sagte sie. »Durch die Straße muß jeder einzeln gehen.«
Die Resi, ihre Tochter, bestätigte es. »Sie schlagen jeden, der nicht auseinandergeht«, sagte sie.
»Das ist schrecklich«, klagte die Mutter und hob ihre Hände hoch.
»Was wollen die Soldaten?« fragte der alte Berger, der aus dem Hause geschlichen kam.
»Wer weiß«, antwortete die Mutter Berger. »Gutes nicht. Sie machen alle Gesichter als müßten sie uns totschlagen.«
»Oben beim Kaufmann«, sagte die Resi, »sprechen sie davon, die Zeche habe sie kommen lassen.«
»Reicht ihnen die Polizei nicht mehr«, fragte der alte Berger.
»Einige fahren morgen ein«, knurrte das Dickerchen, das sich an den Zaun gelehnt hatte. »Sie sollen sicher beschützt werden.«
»Die Hunde!« zischte der Alte bitter und schleifte sein lahmes Bein wieder ins Haus zurück. »So ist es aber immer. Es sind ein paar da, die uns ewig in den Rücken fallen. Wir schlagen uns stets selber tot.«
»Wir gehen zum Markt«, sagte der große Berger zu seiner Mutter.
»Ihr solltet hier bleiben«, rief die Mutter hinter ihnen her und sah ihnen mit ihren gelblichen Augen lange nach. Sie gingen aber nur schneller.
Der alte Berchtel hielt sie auf. »Wo wollt ihr hin?« fragte er.
»Hinauf!« antwortete der lange Hermann und schob sich an ihm vorbei.
»Nehmt euch in acht!« schrie der Alte. »Sie sind schärfer geworden. Sie lassen nur die hindurch, die in der Straße wohnen.«

»Wir gehen doch«, sagte das Dickerchen und drängte sich vorüber.
»Sie werden euch schön hauen«, brummte der Alte noch.
Aus dem Hause der Mutter Reißer sahen die beiden Töchter heraus. »Da oben stehen die Ersten!« rief die kleine Trude und bog sich aus dem Fenster. »Sie sehen gut aus.«
Die dicke Kläre schlug sie auf den Mund. »Schäm dich, Gans«, schrie sie. »Vorhin haben sie den Vater Gumbert geschlagen. Morgen schlagen sie vielleicht unseren Vater.«
Die Kleine wurde rot. »Ich weiß«, jammert sie, »den Berthel von eurer Zeche haben sie vor einer Stunde auch verprügelt.«
»Geht ihr hinauf«, fragte die Kläre und schielte hinüber zu dem Dickerchen.
»Ja«, sagte der und reckte sich in die Höhe. »Wir wollen bis zum Markt.«
»Sie werden euch nicht vorbeilassen«, sagte das Mädchen ängstlich.
»Uns!« krähte das Dickerchen, und er blähte sich auf wie ein Hahn, »wir gehen dorthin wo wir hingehen wollen!«
Den anderen begegnete schon die Mutter Kollokovski. Sie hatte ein schwarzes Tuch um ihr eingefallenes Gesicht gebunden. Ihre rot unterlaufenen Augen sahen wie Lichter heraus.
»Wo willst du hin?« fragte sie den Mageren und faßte ihn hart an der Hand.
»Hinauf«, antwortete der und sah seine Mutter nicht an.
»Du gehst mit mir«, sagte die Frau lauter und versuchte den Mageren umzudrehen.
Der bog ihr aus. »Wir gehen hinauf«, antwortete er noch einmal und schob seine Mutter zur Seite.
Die Frau kam ihm aber nach. »Du kehrst um«, sagte sie dringlicher. »Ihr wollt nur zu den Soldaten. Ist es nicht genug, daß dein Vater tot ist. Wer soll die Würmer ernähren, wenn sie dich erschießen.«
Der Magere schob sich wieder an ihr vorbei. »Ich gehe doch«,

knurrte er verbissen und pfiff ärgerlich vor sich hin.
Sie mußten sich jetzt durch einen Kreis von Frauen drängen.
Die standen an einer Straßenkreuzung und überschrien sich.
»Wißt ihr, warum die Grünen hier sind!« rief eine Hagere und machte ihr grimmigstes Gesicht. »Sie sollen aufpassen, daß wir nicht mausen!«
»Sie stehen auch nur vor den Läden«, schrie eine andere.
»Es soll alles verfaulen!« rief eine Dritte. »Nur wir sollen nichts bekommen.«
»Ja«, sagte eine ältere Frau mit einem leichten Höcker, »der fette Bauch hat gestern seine ganzen Fische hinten an den Klärteichen ausgeschüttet. Sie lassen lieber alles schlecht werden, als daß sie uns etwas geben.«
»So ein Hund!« schrie die Hagere wieder. »Und wir können verhungern.«
»Hu!« heulte eine Schmächtige hinter ihr auf. »Unser Kleiner kann schon nichts mehr schlucken, so schwach ist er.«
»Hu!« heulte eine Alte mit, »neben uns ist die Frau gleich mit dem Würmchen gestorben.«
»Und das ist ihre Hilfe gegen den Hunger!« brüllte die Hagere noch. »Soldaten!«
»Oben lassen sie schon keinen mehr durch«, schluchzte ein Mütterchen, die herangetrippelt kam. »Ich kann nicht heim.«
»Keinen?« fragte eine andere eilig und sah hinauf.
»Keinen!« wiederholte ein bärtiger Maurer. »Sie treiben plötzlich jeden wieder zurück.«
Alle sahen sich erschrocken an. »Geh mit uns«, sagte da der große Berger, und er faßte nach der Alten. »Wir kommen schon vorbei.«
Die Frauen drehten sich nach ihm um. »Geh mit«, sagte auch das Dickerchen, und er versuchte die Alte durch den Haufen zu drängen.
»Die haben Mut!« rief die Hagere und sie sah den Großen einen Augenblick an. »Wir sollten mitgehen.« Einige schlossen sich auch an. Die anderen zögerten. Dann kamen sie aber

nachgelaufen. An der nächsten Straßenecke waren sie schon ein schwarzer Klumpen.
Der kleine Rudolf hielt die Ersten an. »Wollt ihr gegen die Soldaten?« fragte er, und faßte das Dickerchen an die Jacke.
»Wir gehen zum Markt«, antwortete das Dickerchen.
»Daß sie euch nur nicht das Genick brechen!« knurrte der Lange und zog sein Hosenbein nach oben. »Da«, er zeigte seine rechte Wade, »mich haben sie gestochen.«
Die Wunde war nicht tief. Aber Blut sickerte langsam das behaarte Bein hinunter. Einige Frauen kreischten auf.
»Was hast du denn gemacht«, fragte der Pole, der sich vordrängte.
»Ich bin ihnen nicht schnell genug gelaufen«, antwortete der Kleine. Er ließ sein Hosenbein wieder nach unten fallen und ballte drohend seine Fäuste.
»Wir sollten umkehren«, warnte eine Frau, die das Blut erschreckt hatte.
»Vielleicht ist es auch besser«, zischte das kleine Karlchen. Er sah nach dem großen Berger.
»Feiglinge«, schrie aber das Dickerchen dazwischen und drehte sich um.
»Wir müssen nur zusammenbleiben«, sagte auch der große Berger. Er versuchte die Menschen zu übersehen. Sie nahmen schon die ganze Straße ein.
»Wir gehen wie ein Keil hindurch«, beschwichtigte noch der lange Hermann. Er schob sich näher an den Großen. Auch die anderen rückten dichter nach. Sie gingen auf einmal alle sehr schnell.
Die meisten waren erregt. »Das ist unsere Straße!« schrie ein kleiner Flickschuster, der aus seinem Keller gekommen war. »Sie sollen es nur wagen uns aufzuhalten.«
»Daß sie uns absperren wollen wie das Vieh ist schon eine Gemeinheit«, zischte ein alter Invalide, der mithumpelte.
»Warum nicht!« kreischte eine dicke Frau, die ihre Beine sorgsam hob und senkte. »Wir lassen uns ja alles gefallen.«
»Wie sie zusammenhalten!« klagte eine andere. »Gegen die

Zechen streiken wir, und die Kaufleute machen ihre Läden zu.«

»Wir sind für sie alle nur Pack!« schrie die Hagere.

»Das sind wir auch«, stieß die dicke Frau lauter hervor. »Wer sich wie Vieh behandeln läßt, ist Pack.«

Der erste Posten war nicht mehr weit entfernt. Es waren fünf Soldaten, die die Straße bewachten. Auf ihren Köpfen saßen schwarze Tschakos. Bei dem einen hing er seltsam nach hinten. Das belustigte von weitem.

Die Soldaten beachteten den Anmarsch kaum. Sie waren auch umringt von schreienden Frauen, die die Straße hinauf wollten. Auch ein Mann stand unter ihnen. Es war der alte Burgmann. Er schleifte einen Sack hinter sich her.

»Wollt ihr alle hier wohnen?« schrie einer der Soldaten. »Hunderte sind schon vorbei. Es kommt keiner mehr durch!«

»Bester Herr Soldat«, jammerte die Mutter Kummer, die gleich in der ersten Reihe stand, »meine Tochter ist in der Fabrik. Ich muß zu den Kindern. Sie müssen ihre Suppe haben.«

»Jede muß zu ihren Kindern!« schrie der Soldat lauter. »Die Bälger werden nicht gleich verhungern!«

»Komme ich auch nicht durch«, fragte der alte Burgmann, der früher Aufseher in der Zeche war und auch jetzt noch schimpfen mußte.

»Sieh dir den Alten an«, sagte der Soldat zu einem anderen. »So ein rebellischer Hutzelgreis. Nein!« brüllte er dann den Wartenden an, »du kommst auch nicht vorbei!«

Der Alte knurrte auf. »Bursche!« schrie er, »willst du einem ausgedienten Zechenaufseher das Gehen verbieten!« Er hob die Hände hoch als wollte er zuschlagen.

Der Soldat konnte sich aber nicht weiter um ihn kümmern. Von den Frauen waren in der Zeit einige durchgeschlüpft. Er rannte ihnen nach.

»Zurück!« schrie er zornig und faßte die letzte am Rock. Diese fuhr herum, als hätte sie jemand in den Rücken gesto-

chen. Es war eine ältere Frau mit gelblichen Haaren. Sie machte kein ängstliches Gesicht, aber ihre Augen standen voll Tränen. »Faßt man eine Frau so an!« rief sie grell und kreischte schluchzend auf.
Der Soldat faßte sie aber nur noch fester. »Zurück!« sagte er noch einmal und stieß sie vorwärts.
Unterdessen war der Zug die Straße heraufgekommen. Kurz vor den Soldaten wurde die Menschenwelle stiller. Die einzelnen gingen auch etwas auseinander, aber nur um gleichmäßig auf der ganzen Straßenfront vorzustoßen.
Der Soldat, dem der Tschako schief auf dem Kopfe saß, sah sie zuerst. Er war erstaunt, als er plötzlich diese Masse sah. »Auseinander«, brüllte er dann und stürzte sich auf die ersten. Er faßte den großen Berger am Hals und stieß ihn auf das Dickerchen.
Die anderen Soldaten kamen ihm zu Hilfe. »Wir schießen!« rief der kleinste und riß seinen Karabiner von der Schulter.
Die Jungen wichen aber nicht zurück. Auch die hinteren blieben stehen. »Wir wollen zum Markt«, rief das Dickerchen und er stemmte sich wieder fest auf das Pflaster.
»Hund!« antwortete ihm der Soldat, und schlug ihm mit der geballten Faust ins Gesicht. »Gesindel!« schrie zur gleichen Zeit ein anderer und er traf den großen Berger mit einem bleiernen Rohr auf die Stirn.
Die beiden brachen beinahe zusammen. »Wir sollten auch zuschlagen!« brüllte der Große auf, dem das Blut in die Augen schoß und er hob seine Fäuste.
»Ja! Schlagt!« rief der lange Hermann und drang auf die Soldaten ein. Hinter ihm drängten sich die anderen Jungen. Sogar das kleine Karlchen erhob seine Fäuste. Und jetzt wälzte sich auch die ganze Masse gegen die Soldaten. Stürzte sich auf sie. Entriß ihnen die Flinten. Sogar die Hagere hängte sich an einen Behelmten.
»Das ist auch nicht recht«, kreischte der alte Burgmann, der etwas zurückgetreten war. »Das ist auch nicht recht!« Er kam wieder näher und tänzelte mit seinen gekrümmten Bei-

nen um die Kämpfenden.
»He!« meckerte der taube Engelmann, der aus seinem Hause gekrochen kam, »einmal reißt alles.«
»Ja«, sagte die alte Kummern und schneuzte sich ihre Nase, »man soll auch das Pack nicht bis aufs Blut peinigen.«
Die stürmenden Menschen ließen sich nicht beirren. Sie schlugen weiter zu. Sie warfen die Soldaten zurück. Sie trampelten sie zu Boden und fluteten dann wie ein Strom durch die nun offene Straße. Die Jungen waren noch immer an der Spitze.
Auf dem Markt blieben sie stehen. »Uff!« sagte der lange Hermann keuchend, »da sind wir.«
Der große Berger wischte sich das Blut aus dem Gesicht. »Mir haben sie das Hirn eingeschlagen«, sagte er leise und wurde weiß.
Das Dickerchen faßte ihn an. »Ist es schlimm?« fragte er. »Mir haben sie die Hand zerschlagen. Aber jetzt wissen sie doch, daß wir Mut haben.«
»Ja«, sagte der große Berger und versuchte sich aufzurichten, »wir sind ausgebrochen. Wir haben etwas getan. Wir werden wieder ausbrechen. Das Vieh läßt sich nicht mehr aushungern.«

LUDWIG TUREK
Leben und Tod meines Bruders Rudolf

Wenn ich etwas über meinen Bruder Rudolf mir zu schreiben vornehme, so geschieht das, um ein Versäumnis nachzuholen. Ich habe vom Leben und Treiben aller meiner Geschwister schon irgendwo geschrieben, aber über meinen Bruder ist nur an zwei Stellen, und das von Amts wegen, etwas geschrieben worden. Das erste Mal war es der Geburtsschein und das zweite drei Wochen später der Totenschein. Für mich war die Geburt des kleinen Rudolf eine wirkliche Überraschung, ich hatte als Elfjähriger nicht sein Entstehen bei meiner Mutter bemerkt. Eines Tages kam ich aus der Schule, als mich mein Freund, der an diesem Tage die Schule geschwänzt hatte, mit der Nachricht empfing, meine Mutter hätte ein Kind gekriegt. Als er mir das allzu beharrlich einreden wollte und über meine Ungläubigkeit in Zorn geriet, verabfolgte ich ihm eine Tracht Prügel. Ich betrat die Küche und sah auf dem Herd einen großen Topf mit Wasser stehen. Wenn ich aus der Schule kam, warf ich immer meinen ersten Blick auf den Herd und die Töpfe auf ihm. Diese Inspektion war notwendig, um festzustellen, was und wieviel es zu essen gab. Kein Essen stand auf dem Herd, nur eben dieser Topf mit Wasser. Sehr erschrocken schlich ich mich in die Kammer, wo mich ein intensiver Lysolgeruch noch mehr erschrecken ließ. Als ich nun versuchte, in die Stube einzudringen, hielt mich mein Vater gewaltsam zurück. Der Storch habe die Mutter in das Bein gebissen. Der Schwindel erzürnte mich, und da ich nun wußte, daß mein Freund doch recht gehabt hatte, nahm ich aus dem Küchenschrank ein Stück Brot und ging auf die Straße, mich mit meinem Freund auszusöhnen. Spät am Abend trieb mich der Hunger wieder nach Hause. Nun durfte ich das Brüderlein sehen. Nur eine Minute wurde der Bettzipfel gehoben. Ich verbrachte aber nur ein Viertel dieser Zeit mit dem Betrachten des Brüderchens, denn ich sah, wie elend meine Mutter war. Das bißchen Mensch schien mir nicht wichtig genug, die schwere Krankheit meiner Mutter zu rechtfertigen. Es war das fünfte Kind, welches sie gebar, und aus ihren Gesprächen mit dem Vater wußte ich, daß sie gesagt hatte, sie wolle lieber sterben, aber kein Kind mehr haben. Brauchst keine Angst haben, Liese, hatte er damals zu meiner Mutter gesagt, bist nun auch schon vierzig, wirst wohl keine mehr kriegen. Also war der kleine Rudolf auch für meine Eltern eine Überraschung. Deshalb vielleicht verhielt er sich so mustergültig still, bloß, um nicht noch unliebsamer aufzufallen. Drei Tage sagte er keinen Mucks; dann wurde er krank. Nun schrie er leise, fast ununterbrochen, Tag und Nacht. Er war an Brechdurchfall erkrankt. Deutlich entsinne ich mich, wie ich damals meiner Mutter Vorwürfe machte, daß die Milch sauer gewesen, und daß dies die Ursache der Krankheit des kleinen Rudolf sei. Sie sagte nur, ich solle doch nicht immer von der Milch naschen und ich möchte sie doch zufrieden lassen. Meinen Vater bat sie, den Kinderwagen, in welchem Rudolf schlief, etwas weiter in die Ecke zu stellen, weil sie das ewige Schreien nicht mehr mit anhören könne. Er wird nicht mehr lange machen, Liese, sagte mein Vater. Da mein Vater arbeitslos war, besorgte er alles. Nach acht Tagen verließ die Mutter das Bett. Sie sah so elend aus, daß man sich hätte fürchten können. Das Schreien aus dem Kinderwagen wurde immer und immer schwächer, aber es dauerte noch an, bald gewöhnten wir uns daran. Wenn für zwei oder drei Stunden Ruhe war, gingen mein Vater und meine Mutter des öfteren hin, um nachzuschauen, ob der kleine Rudolf noch lebe oder ob er schon gestorben sei. Es muß sehr schwer sein, dies festzustellen, denn oftmals waren meine Eltern der Meinung, daß nun alles vorbei sei, und nach zwei Stunden ertönte wieder leise, kaum hörbar, das Schreien. Als einmal vier Stunden kein Laut aus dem Wagen kam, nahm mein Vater die zu diesem Zweck bereit gehaltenen zwei Mark und ging einen Sarg holen. Zehn Minuten lief ich ihm nach, so schnell mich die Beine trugen, denn Rudolf lebte noch, er schrie wieder. Ich muß gestehen, daß ich über den Kinderwagen gebeugt darauf gewartet hatte. Zwei Tage schon war der kleine Rudolf nicht mehr gebadet worden. Er war so entsetzlich mager, daß ihn meine Mutter nicht mehr anfassen mochte. Als ich mich dazu erbot, verweigerte sie es mir mit der Begründung, ich könne das nicht. Auf meine Frage hin, warum kein Arzt geholt würde, antwortete mein Vater barsch, dies ginge mich nichts an, und übrigens sei er arbeitslos und habe dazu kein Geld. Da ich wußte, daß mein Lehrer einen ärztlichen Ratgeber hatte, stahl ich diesen heimlich und schlug darin nach, daß gegen Brechdurchfall Eiweiß ein Mittel sei. Aus dem Hühnerstall eines Nachbarn holte ich drei Eier, in einer Tasse sammelte ich das Eiweiß. Während meine Mutter in der Küche hantierte, löffelte ich dem kleinen Rudolf fünf Teelöffel davon ein. Mein Plan war, ihm nur drei Löffel zu geben, aber da ich wußte, daß er nur noch knapp zwei Pfund wog und also seit der Geburt vier Pfund verloren hatte, meinte ich, es könne ihm nichts schaden, wenn er fünf Löffel bekäme; zumal ich der Überzeugung war, ein Mensch könne nicht von Fencheltee leben. Und Fencheltee war seit einigen Tagen die einzige ihm von meinem Vater gereichte Nahrung gewesen. Die Tasse mit dem Eiweiß verwahrte ich gut unter dem Bett. Am Abend kam mein Vater sehr spät von der Arbeitssuche nach Hause. Ich lag im Bett, schlief aber noch nicht, und so hörte ich, wie mein Vater meiner Mutter die Frage stellte, ob der Junge nun tot sei. Meine Mutter antwortete mit einer Gegenfrage: »Hast du Arbeit gekriegt?« »Nein!« Mit einem Seufzer sagte meine Mutter nun: »Ach, wenn doch der Junge bald sterben wollte, die Plage hab ich nun bald satt.« Und mein Vater erwiderte: »Was sollen wir denn auch noch mit das Wurm? Schon die andern haben nichts mehr zu fressen.« Augenblicklich beschloß ich im Stillen, am andern Tag auf Wanderschaft zu gehen, dann dachte ich jedoch wieder an die Tasse mit dem Eiweiß unter dem Bett. Mit Überlegungen, was ich am besten tun solle, schlief ich ein. Wahrscheinlich hatte der kleine Rudolf die ganze Nacht nicht geschrien, denn als ich erwachte, war mein Vater damit beschäftigt, nachzusehen, ob er wohl gestorben sei. Für mich wäre es ein Schlag gewesen, wenn er nun doch gestorben wäre, weil ich beschlossen hatte, zum Versuch ihm fünf Löffel Eiweiß zu geben. An diesem Vorhaben wurde ich jedoch gehindert. In der Stube saß die Hebamme, sie war weniger darum gekommen, das Kind zu sehen, als sich das Entbindungsgeld zu holen. Meine Mutter konnte kein Geld bezahlen, und sie vertröstete die Hebamme auf unbestimmte Zeit. Nun betrat eine Freundin meiner Mutter die Stube, worauf die Hebamme ging. Das Gespräch der beiden Frauen war für mich sehr unverständlich. Ich schloß daraus die seltsamsten Dinge. Als in einer Redewendung die Freundin sagte: »Ich habe dir beizeiten geraten, es aus der Welt zu schaffen«, schwor ich mir, keinen Schritt aus der Stube zu gehen, solange die alte Hexe nicht fort wäre. Aber noch mehr erschrak ich darob, daß meine Mutter mit großer Gelassenheit drauf erwiderte: »Wenn es aber herauskommt, ist man auch geliefert, die Schneider aus der Mittelstraße brummt doch heute noch.« Obgleich ich kein Wort gesprochen hatte, mußten die Frauen doch meine maßlose Erregung bemerkt haben. Man befahl mir, das Zimmer zu verlassen. Ich weigerte mich, das zu tun. Und ich war fest entschlossen, es selbst auf eine Gewaltanwendung ankommen zu lassen und nicht zu weichen. Meine Mutter war noch zu schwach, um ihre Drohung wahr zu machen; und der alten Hexe wollte ich zeigen, was ich für ein Kerl sei. »Der Bengel ist doch ganz verrückt«, sagte meine Mutter, und damit verließen die beiden Frauen die Stube, um ihre Unterhaltung in der Küche weiterzuführen. Da ich nun allein war, beschloß ich, dem kleinen Rudolf die zweite Portion Eiweiß zu geben. Sehr traurig war ich bei der Entdeckung, daß das Eiweiß von den Mäusen gefressen worden war. Sobald die Freundin fort wäre, wollte ich die Hühnerställe der Nachbarschaft nach Eiern absuchen. Aber noch bevor die Frau verschwand, kam meine Tante und brachte meine anderen Geschwister, welche während der Krankheit meiner Mutter bei der Tante in Pflege waren. Meine Schwester und meine zwei Brüder verlangten nun stürmisch, den kleinen Bruder zu sehen. Sie waren sehr erfreut beim Anblick des kleinen Rudolf! Meine Schwester wollte ihn auf dem Arm tragen. Meine Mutter wehrte ab mit der Bemerkung: »Er ist zu schwer für dich, du kannst ihn nicht tragen.« Nun weinte meine Schwester und wollte nicht schlafen, bevor sie das Brüderchen nicht auf dem Arm hat tragen dürfen. Meine Mutter versprach ihr, daß sie morgen früh das Brüderchen tragen dürfe, wenn sie recht artig sei. Am anderen Morgen schon sehr früh wurden wir durch den laut ausgedrückten Wunsch meiner Schwester, den kleinen Rudolf tragen zu wollen, geweckt. Mein zweijähriger Bruder Artur schloß sich diesem Wunsche an, und beide waren aus den Betten gekrochen und bettelten meine Mutter und meinen Vater an, das Brüderchen tragen zu dürfen. Da mein Vater und meine Mutter noch nicht aufstehen wollten, beauftragten sie mich, meiner Schwester den kleinen Rudolf vorsichtig auf den Arm zu legen. Er war in ein dickes Kissen gewickelt, kaum konnten ihn die kurzen Arme meiner vierjährigen Schwester umspannen. Meine Schwester war überglücklich, jauchzend lief sie in der Stube auf und ab. »Nun, zeig doch mal das Brüderchen«, sagte meine Mutter. Und gleich darauf mußte ich das Brüderchen meiner Schwester wieder wegnehmen; denn es war in der Nacht gestorben, und der kleine Körper war schon erkaltet. Wir konnten meiner Schwester und noch weniger meinen Brüdern nicht klar machen, daß der kleine Rudolf gestorben sei; erst als wir ihnen erzählten, daß er sehr krank sei, beruhigten sie sich einigermaßen. Drei Tage stand die winzige Leiche in der Wohnstube auf dem Tisch, und immer noch hofften meine kleinen Geschwister, daß das Brüderchen bald gesund würde. Spät am Nachmittag kam ein Mann und ließ sich von meinem Vater eine Mark geben, wofür er sich erbot, das Begräbnis zu erledigen. Dieser Mann war ein Bekannter meines Vaters. Mit den Worten, daß er sonst eine Mark mehr nehme, schnallte er einen Riemen um den Sarg, hakte seinen Zeigefinger hinein, und da mein Vater mich beauftragt hatte, ihn zu begleiten, zogen wir los, meinen Bruder zu beerdigen. Der Weg zum Friedhof fand aber bald eine Unterbrechung dadurch, daß der alte Bekannte meines Vaters erst seinen Schnapsdurst in einer Kneipe stillen mußte. Nach zwei Stunden nahm die Beerdigung unter gewissen Schwierigkeiten ihren Fortgang. Der Mann taumelte von einer Seite auf die andere. Einmal stellte er den Sarg in eine Fensternische, um seine Notdurft verrichten zu können. Ich erbot mich, den Leichnam zu tragen, der Mann lehnte energisch ab mit der Bemerkung, ich denke wohl, daß er betrunken sei und seine Arbeit nicht verrichten könne. Weiter sagte er, daß er noch viel mehr trinken könne, ohne betrunken zu sein. Zur Bekräftigung dieser Worte nahm er sich aus der nächsten Schenke eine Flasche Schnaps mit, aber nicht, ohne vorher an Ort und Stelle erst einige Schnäpse zu trinken. Für die Sicherheit der Beerdigung hatte ich nun die größen Bedenken. Um einem Unglücksfall vorzubeugen, ging ich nun dicht hinter dem Mann, damit ich den Sarg beim Fallen an beiden Seiten abfangen konnte. Dieser Unglücksfall trat ein, etwa 10 Minuten nachdem wir die letzte Kneipe verlassen hatten. Glücklicherweise war der Mann nicht sehr schwer, so daß ich ihn und den Sarg, wenn auch unter großer Anstrengung, rechtzeitig auffangen konnte. Viel Sorge machte mir die sich in seiner Tasche befindende gefüllte Schnapsflasche. Es war ein Flasche von einem halben Liter Fassungsvermögen. Bald besann sich der Mann auf die Flasche; ich bat ihn, nicht mehr zu trinken. In einer wütenden Hetzrede gegen mich, die in eine laute Schimpferei ausartete, machte er mir klar, daß er x-mal so alt sei wie ich, und es darum von mir eine unerhörte Frechheit sei, ihm, einem erwachsenen Menschen, Vorschriften machen zu wollen. Zum Protest trank er die Flasche mit einem Zuge aus. Wir hatten noch etwa 10 Minuten bis zum Friedhof gehen müssen, aber unter diesen Umständen konnte es leicht eine halbe Stunde werden. Es war mir klar, daß ich nicht mehr lange imstande wäre, den Mann zu stützen. Der Sarg war sehr billig, seine Haltbarkeit darum ziemlich gering, bei einem Sturz mußte er zerbrechen. Ich sann auf eine List, um in den Besitz des Sarges zu kommen und die Beerdigung meines Bruders selbst in die Hand zu nehmen. »Onkel«, sagte ich, »bist du mir böse?« »Warum?« knurrte er. »Weil ich gesagt habe, du sollest keinen Schnaps mehr trinken!« Ohne eine Antwort abzuwarten, erbot ich mich, ihm noch mehr Schnaps zu holen, wenn er sich dafür kurze Zeit setzen würde. Er ging auf diesen Vorschlag ein, da er wahrscheinlich selber ein großes Ruhebedürfnis verspürte. Meine Absicht war, während er im Graben saß, ihm den Sarg wegzunehmen. Er gab mir die Schnapsflasche und drohte mich zu verprügeln, wenn ich nicht sehr schnell zurückkomme. Ich ging zum Schein mit der Flasche und den von ihm erhaltenen Groschen ein Stückchen. Abseits wartete ich auf eine günstige Gelegenheit, mein Vorhaben auszuführen. Leise schlich ich zurück. Der Mann erbrach mehrere Male und stützte sich dabei zu meinem größten Leidwesen auf den neben ihm stehenden Sarg. Eine halbe Stunde verharrte er in dieser Stellung. Mein Plan ließ sich unter diesen Umständen nicht durchführen. Zum Friedhof führte ein Feldweg. Es dunkelte schon. Ich war bereit, den ersten Menschen, der den Weg passierte, um Hilfe zu bitten. Ein Mann kam. Bevor ich ihn ansprechen konnte, redete er zu dem Betrunkenen: »Na, Karl, hast du schon wieder die 2 Mark versoffen, die du verdient hast bei die Beerdigung?« Nun richtete sich der Mann auf: »Das geht dich doch gar nichts an. Du hast die Löcher zuzugraben, und ich leg die Toten hin, und was ich mit mein Geld mache, das geht dich nichts an, verstehste mich.« Mit diesen Worten richtete er sich auf, nahm den Sarg wieder unter den Arm und schritt weiter. Zu meinem Erstaunen konnte er jetzt besser laufen wie vordem. Das Erbrechen hatte ihn etwas ernüchtert. Der andere Mann, gewiß ein Arbeiter des Friedhofes, der Feierabend gemacht hatte, wandte sich zum Gehen mit den Worten: »Paß uff, Karl, daß das richtige Loch erwischst, und leg die kleine Kiste nicht da rin, wo morgen die Großen hinkommen.« Die Nacht war gekommen, als wir meinen Bruder Rudolf in die kühle Erde legten. Ich fürchtete mich sehr auf dem dunklen Friedhof. Der Mann ging sofort nach der Arbeit zurück. Trotz meiner großen Furcht blieb ich noch einige Minuten; von einem andern Grab, auf dem sehr viele Kränze lagen, stahl ich einen Kranz und legte ihn auf das Grab meines Bruders Rudolf. Nun weinte ich. Vor Tränen in den Augen und wegen der Dunkelheit konnte ich die

Nummer auf dem ziegelsteingroßen Registrierstein nicht genau lesen. Ich glaube, das Grab meines Bruders trägt die Nummer 361.

JOHANNES R. BECHER
Zweierlei Väter

Es kam auf die Note an.
Nach der Meinung des Vaters war ein Mensch mit schlechten Noten unbedingt ein moralisch verkommener Mensch.
Ein Mensch mit schlechten Noten lügt, stiehlt, bringt seine Eltern ins Grab, Menschen mit schlechten Noten sind es, die in die Zuchthäuser eingesperrt und vom Scharfrichter hingerichtet werden.
Es half alles nichts.
Was half es mir, daß ich ein ausgezeichneter Schwimmer war, der beste Turner, am schnellsten und am ausdauerndsten Rad fuhr.
Es kam auf die Note an ...
»Nicht, daß du meinst, ich mache Spaß. Ich hab's mit eigenen Augen gesehen, wie es so einem zum Tode Verurteilten zumute ist. Es ist mir todernst damit. Wenn du so weitermachst, wirst du alles noch selbst am eigenen Leibe erfahren. Auch die ganzen Tage über vor der Hinrichtung habe ich sie in der Zelle besucht. Einen Gendarmen hat man extra neben sie hinstellen müssen, damit sie im letzten Augenblick sich nicht noch selbst was antun. Ich kann dir nur sagen, auch der Mutigste von ihnen hat nach der Mutter geheult und klein, ganz klein beigegeben. Angst haben sie gehabt, richtige wahnsinnige Angst, und keiner konnte am Tag seiner Hinrichtung allein aufs Schafott gehen ... Aber so geht es allemal an, indem man der Christine Äpfel aus der Einhole-

tasche stiehlt, die Marken im Markenalbum gegen Süßholz und Warschauer vertauscht, schlechte Noten mit nach Hause bringt und obendrein noch lügt – und auf dem Schafott endet es. Mit Gewalt wird man dich aufs Schafott schleppen müssen, am ganzen Körper gut fesseln, denn so einer wehrt sich oft noch mit einer letzten tierischen Kraft. Da hast du es also, und so weit wird es mit dir noch kommen, wenn du so weitermachst, bestimmt, verlaß dich drauf. Einmal hat sich einer sogar bei mir bedankt und mir zum Abschied die Hand gedrückt ... Also überleg dir's ... Und was die Zuchthäuser anbetrifft, die ich auch in- und auswendig kenne, es ist beinahe dasselbe wie eine Hinrichtung, nur langsamer, allmählicher, für die ganze Lebenszeit. Langsam stirbt das Leben ab. Kommen sie wieder in die Freiheit hinaus, müssen sie zurück, ob sie wollen oder nicht: das Zuchthaus ist ihr Schicksal geworden. Mit Tütenkleben und Spagatzupfen vertreiben sie sich die Zeit, die aber nicht vertrieben werden kann, denn es ist ja gar nicht die Zeit, sondern die Ewigkeit ... Du weißt, ich bin Staatsanwalt ... Frag die im Zuchthaus, ob sie mich kennen oder nicht ... Also noch einmal im Guten, bevor es zu spät ist: überleg dir's ...«
Ich sah durch den Vater hindurch.
Sein Schnurrbart stand, windbewegt, ein struppiges Gebüsch, auf weiter Flur und dahinter, am Rand der Welt, Mauern, Mauern, die nur von Reihen vergitterter Fensterrechtecke unterbrochen waren.
Furchtbar aufrecht stand der Vater mir gegenüber.
Der Kanarienvogel piepste.
Der Vater scherzte mit ihm und pfiff.

Blons Vater war Arbeiter. Wenn wir Blon damit aufzogen, schämte er sich nicht und wurde nicht kleinlaut wie die anderen, sondern antwortete: »Jawohl, mein Vater ist Arbeiter.« Da spürten wir, daß er uns verachtete.
Blon war gerade kein schlechter Schüler, er konnte seine Schularbeiten allein machen und war nicht auf unsere Hilfe

angewiesen. Als einmal Feck mit ihm anbandelte, gab es blutige Köpfe, aber am Schluß lag Feck unten und mußte bitten: »Hör auf.« Blon ließ auch sogleich los.
Am meisten ärgerte uns, daß Blon gescheiter war als wir alle, dabei hatte er in der Pause nie so schön belegte Brote wie wir, und wenn wir aus den Ferien zurückkamen, hatte er nichts zu erzählen, er war einfach zu Hause geblieben, sein Vater hatte nicht das Geld, ihn in die Schweiz oder nach Italien mitzunehmen.
Blon, der Hungerleider, war ein ausgemachtes Schwein – warum, darüber dachten wir nicht nach, aber sein Vater war Arbeiter, schon wenn wir das Wort aussprachen, bekamen wir dicke Köpfe und hätten am liebsten gleich zugehauen. Unsere Väter, Offiziere und Beamte, hatten uns so dressiert. Hartinger wollte nicht mitmachen, aber Feck drohte, ihm eine mit dem Lineal überzuziehen. Feck hielt das Lineal hoch, auf der einen Seite war es mit einem Bleistreifen eingelegt. »Ich zähle bis drei – machst du mit oder nicht ... Eins ...« Ich wollte auf Feck los, der sah mich nur an. »Ruhe ... Zwei ...« Hartinger wich einen Schritt zurück, Feck ihm nach, holte mit dem Lineal aus ... »Drei!« Hartinger hob die Hände, er hatte schon ja gesagt.
Blon kam daher, er dachte vielleicht, jetzt gehe ich nach Haus, froh bin ich, daß ich nach Hause gehe, die Schule ist aus, es sind nicht viele Aufgaben heute, bald bin ich fertig: ganz so friedlich sah Blon aus. Wir waren hinter den Säulen versteckt, stießen aufgeregt einander an, ja recht stille zu sein und sich nicht zu verraten. Mir wurde bang vom Lauern. Ich hielt mich an einer Säule fest, ich richtete mich auf an ihrer Kraft, die ein ganzes Haus in die Erde schlagen konnte. Blon ging durch die Propyläen hindurch, über den Königsplatz weg. Wir drehten uns hinter den Säulen herum. Jetzt bückte sich Blon, um etwas aufzuheben, es war sicher ein Reklamebildchen, das er im Weitergehen betrachtete und in die Tasche steckte. Nun freut er sich noch, so was gefunden zu haben. Trotzdem sein Vater kein Geld hat, ist al-

les sauber an ihm und lacht und kommt freundlich daher. Feck hustete. Das war das Zeichen zum Angriff. Ich mußte auf Hartinger achtgeben, damit der nicht kniff, puffte ihn vor mir her auf Blon zu. Blon schnallte seinen Ranzen ab und stellte sich uns breit entgegen. »Kommt nur her, ihr feige Bande, fünf gegen einen, das sieht euch gleich.« Feck rannte an, aber Blon stellte ihm geschickt ein Bein, daß er hinschlug. ›Kerl, Kerlchen...‹, lachte es in mir, als ich Feck so daliegen sah, und ich hätte Lust gehabt, auf Blons Seite zu kämpfen, dann aber schlug ich um so wilder mit Freyschlag zusammen auf Blon ein. Hartinger lief an Blon vorüber, immer um Blon herum, tat so, als schlage er zu, hieb in die Luft. Dann hielt er sich den Daumen, als ob er ihn sich verstaucht hätte, und ging auf die andere Straßenseite. Feck stand wieder, er kam jetzt von rückwärts. Mir selbst tat es weh, als ich sah, wie Feck mit seinem Lineal zu einem mächtigen Schlag ausholte. Aber das Lineal glitt ab, und wir gingen alle vier zu Boden. Blon war nicht kleinzuriegen. »Feiglinge!« spuckte er mir ins Gesicht. »Du Dreck du!« spuckte ich wieder. Ich riß Blon an den Haaren über dem Ohr, so wie ich es beim Turnlehrer gelernt hatte, kam wieder hoch, kniete auf Blon, hatte ihn endlich fest zwischen den Knien und konnte die Arme frei machen. Blon schaute mir grad ins Gesicht. »Lump!« – »Lump hast du gesagt, ich werde dir einen Lump geben...« Ich haute ihm eine Ohrfeige. Das Gesicht gab nach und fiel auf die andere Seite. Noch eine. »Du Dreck, du...« Da erschrak ich, blutiger Speichel stand auf seinen Lippen. Er schloß die Augen. »Nimmst du's zurück, ja oder nein...?« Er öffnete die Augen wieder, sie waren ganz groß. Erstaunt sah er mich an. »Lump!« Feck machte an seiner Hose herum. »Ich werde dir gleich ins Maul...« Freyschlag schraubte inzwischen an Blons Ohren. »Reiß ihm den Mund auf, jetzt...« Da bekam ich Angst und ließ von Blon ab. Blon sprang hoch, nahm den Ranzen auf und stellte sich uns wieder gegenüber. Ganz nahe stand er, ohne Furcht. Dann sagte er etwas, aber er hatte nicht mehr die Kraft, es laut zu sagen. Ohne umzuschauen, ging er langsam davon. An der nächsten Straßenecke blieb er stehen und wischte sich das Blut vom Gesicht. Auch wir sahen recht zerzaust aus. Wir beschimpften einander, und jeder warf dem anderen Feigheit vor. Da sahen wir, daß Blons Hosen mitten durchgerissen waren. Wir freuten uns, denn er würde zu Hause sicher noch ordentlich Prügel bekommen dafür, und sein Vater hatte auch nicht das Geld, ihm neue zu kaufen. Feck ging auf die andere Straßenseite und drohte Hartinger mit dem Lineal. Seine Hose stand noch immer offen. Auf dem Boden lag das Reklamebildchen, das Blon gefunden hatte. Ich hob es auf, es war schmutzig, ich wischte es sorgfältig ab. Nun ist alles nicht so schlimm, dachte ich, ich kann es ihm ja zurückgeben. Es war ein schönes Bildchen, ein Schneeberg, der mit seinem Gipfel hoch über den Wolken schwebte, unten ein See: ein winziger Dampfer strich in der blauen Flut. Auf einmal wünschte ich mir, mit Blon zusammen dorthin zu wandern. Ich sagte zu Freyschlag: »Feck ist ein gemeiner Schuft ...« Als ich sah, daß Hartinger entkommen war, lief ich Blon nach. Aber ich konnte ihn nicht mehr einholen.

WALTER BAUER
Hiob wird Lehrling, das Werk nimmt ihn an

Gestern ist meine Mutter mit mir in der Stadt gewesen, und wir haben einen blauen Anzug gekauft; den brauche ich nun, ich bin Lehrling im Werk von morgen an. Der blaue Anzug – er war rein und steif – roch nach dem Lager, es war mir peinlich, die Jacke anzuziehen vor dem Kaufmann und an den Armen die Länge der Hose zu messen, man merkt ja gleich, daß ich Arbeiter werde. Zu Hause habe ich alles noch einmal probiert, der Kragen war leinenkühl und fremd. Ich

möchte wissen, wie lange ich das trage, meine Brüder haben ihren Anzug manchmal sehr lange.
Gestern mußte ich mich zeitig ins Bett legen, ich soll am ersten Tage ausgeschlafen sein, aber ich konnte nicht einschlafen. Ich lag allein, und durch die Türen hörte ich meine Brüder reden. Es wurde langsamer als sonst dunkel, schien mir, von der Straße her hörte ich Klingeln von Fahrrädern und Lachen, da lernte jemand Fahren. Obgleich ich es nur hörte, sah ich, wie der Fahrende schwankt und fällt, weil er den Bogen nicht herausbekommt.
Ich liege im Bett und fühle mich liegen; es ist ganz anders als sonst, obgleich es doch dasselbe Bett ist, in dem ich schon seit ein paar Jahren neben dem großen Bruder schlafe, seitdem mein einer Bruder nicht mehr da ist. Die Zeit vergeht nicht. Ich habe Angst.
Warum kann ich nicht mehr in die Schule gehn? Ich ging doch noch vor vierzehn Tagen und war ängstlich, welche Zensur ich bekommen würde. Jetzt ist mein Zeugnis so gleichgültig. Ich möchte wissen, was geschehen ist und woran die Leute merken, es sei Zeit für mich, nicht mehr in die Schule zu gehen, sondern Schlosser zu werden. Ich habe Angst.
Ich möchte lieber noch in die Schule gehn, auch wenn morgen wieder Rechenstunden wären. Schließlich kann man den Lehrer doch betrügen.
Die Andern, meine Schulkameraden, werde ich kaum wiedersehen, die Freundschaften sind zu Ende, ich begreife noch nicht, wieso sich alles verändert hat, aber ich weiß, die Zeit ist vorbei. Vor vierzehn Tagen fuhren wir noch auf einem halblecken Kahn über den Fluß, hockten im Bilderkabinett der Schule und besahen die Bilder ... Ich schwanke zwischen Unruhe und Schlaf. Manchmal fährt ein Zug vorbei und ich merke: das Bett rüttelt. Oh noch wach zu sein und in dem Bett wie in einem Schiff allein durch die Nacht zu fahren. Die Klasse war eine Welt für sich, jetzt ist der Zaun eingerissen worden und der Wind ist in den Haufen hinein-

gefahren, der sich auf einmal willenlos zeigte.
Jetzt ist es so dunkel, daß ich kaum noch den Schrank sehe. Eine Tür geht auf, das Licht kommt stärker herein, dann geht die Tür wieder zu, es ist dunkel. Jetzt geht mein Vater zu Bett, es ist um neun. Er braucht kein Licht, die Gewohnheit hat in die Dielen einen unsichtbaren Weg gegraben, den allein er gehen kann. Ich höre die Uhr, zu ihr geht mein Vater, er zieht sie immer auf, eh er sich hinlegt. Die Kette sägt sich durch die Dunkelheit. Ich sehe den Schatten, der sich auszieht, rieche die Sachen, die an den Bettpfosten gehängt werden, höre den gähnenden Ausruf, das Knarren, wenn er sich nun hinlegt, das Rascheln des Strohsackes, die Stille. Vielleicht ist es dieser ruhige Atem, dessen Klang von der Erschöpfung zur Ruhe übergeht, vielleicht ist es der Geruch des Schlafes, der mich erfaßt. Ich merke nicht, wie mein Bruder kommt und sich schlafen legt, zu mir, immer haben zwei in einem Bett gelegen.
In der Nacht wach ich auf, ich weiß nicht, wie spät es ist; ich bin vielleicht davon aufgewacht, daß mein Bruder mich an die Wand drängte, von der Kühle bin ich erwacht. Dunkel, darin der Atem der Schlafenden. Jeden kann ich erkennen; am lautesten atmet mein Vater. Meine Mutter setzt manchmal aus, dann könnte man meinen, sie sei gestorben, aber sie schläft. Dann steigt ihr Atem wie ein Vogel auf, immer höher, plötzlich stürzt er ab. So spielt der Atem mit den Menschen. Ich ziehe meinem Bruder die Decke weg, ich bin wütend, er merkt es nicht, er schläft. Dann gleite ich wieder hinüber.
Ich denke, ich bin kaum eingeschlafen, da bricht die Stimme meiner Mutter durch den Schlaf und verlangt, daß ich aufstehe. Ich möchte so gern liegen bleiben. Es ist halb sechs.
Mein Bruder kann noch schlafen, er fängt erst um sieben an, ich beneide ihn, daß er noch liegen kann. Ich klettere über ihn hinweg, ziehe meine Hosen an, auch neu, englisch Leder. Es macht Mühe, die Hosenträger zu befestigen, die Löcher sind noch zu steif. Dann gehe ich in die Küche. Es ist schon

hell, Dunkelheit sitzt nur noch in den Ecken, hell und ziemlich kühl. Meine Mutter sitzt da und mahlt den Malzkaffee, dann schneidet sie Brote, das Wasser ist auch schon im Waschbecken. Die Seife ist noch naß, von früh um fünf her, da hat mein Vater sich gewaschen. Wir sprechen nicht. Ich tauche – worüber meine Mutter immer geschimpft hat – den Kamm ins Waser und ziehe meinen Scheitel. Heute ist sie still.

Später werde ich begreifen, daß diese kleinen Handreichungen des Wasserhinstellens und Brotschneidens die Gebärden einer proletarischen Kommunion sind, die nur der genießen kann, der den blauen Anzug trägt und mit ihm in die Anstrengung des Leidens geschlüpft ist. Ich werde begreifen, daß solche Handreichungen nur getan werden konnten von einem Menschen, wie meine Mutter es ist, die mir den dünnen Kaffee einschenkt und heute nicht darauf achtet, wieviel Zucker ich nehme. Wir sitzen uns gegenüber in der kleinen Küche, wir wissen uns nichts zu sagen, weil es so früh ist und kaum Tag, wir starren irgendwohin. Mein Brot ist auch schon eingepackt, gleich für Mittag, denn es ist zu weit, als daß ich nach Hause kommen könnte. Ich lege es mit dem Anzug und ein paar Holzpantoffeln in eine alte Büchertasche. Dann gehe ich, geredet wird nicht viel. Wenn ich fort bin, wird meine Mutter das Essen und den Kaffee für meinen Bruder richten, der aufsteht, wenn meine erste halbe Stunde geschehen ist.

Es ist früh, nie bin ich so zeitig durch die Stadt gegangen wie heute. Die Müdigkeit ist noch nicht aus der Stunde gewichen. Ich denke, daß alle mich ansehen, man muß wissen, daß ich zum erstenmal auf die Arbeit gehe, daß ich von heute an dem Strom zugeteilt werde, in dem mein Vater seit vielen Jahren dahingeht. Aber niemand sieht mich an. Ich gehe durch die Stadt, und ich lasse meine frisch mit Nägeln beschlagenen Schuhe auf das Pflaster schlagen. Ich sehe ganz geradeaus, ich weiß ja nicht, daß ich noch gebeugt und stumpf dahingehen werde, lustlos und müde.

Man sieht die Fabrik, schon wirbelt aus den Schornsteinen dünner Rauch wie Schlafatem, und durch die vergitterten Fenster, an denen ich vorübergehe, sieht man dunkel die Umrisse der Maschinen. Ich bin nicht der einzige, es kommen schon ein paar Arbeiter, gehen durch das Tor und stechen an der Seitenwand die Kontrolluhr. Das ist leicht gesagt, lange Zeit bin ich verwundert gewesen, wieso die richtige Zeit auf der Karte stehen kann, da man doch nicht sieht, was die Zeit darauf schreibt, und ich hatte Herzklopfen, lange, vor dieser schreibenden Wand, die mich verfolgte bis auf die Minute. Nachher brauchte man sich nicht mehr zu beeilen, man lernte alles.

Ich frage einen Arbeiter nach der Schlosserei, er zeigt sie mir. Groß ist das Werk. Ich kann nicht alles sehen; wenn ich in die Gerüste der Bahn starre, achten meine Füße nicht auf die Schienen. Wenn ich nach links und rechts sehe, beunruhigen mich die Schatten der Wagen, die wie erstarrt an den Seilen hängen, und ich habe Angst, gemischt mit Neugier und Erwartung.

Hier ist die Schlosserei, ich trete ein. Es ist aber noch niemand da. Ich weiß nicht, wohin ich gehen soll, und es ist still. Das ist alles anders, als ich gedacht habe, gar nicht so wild und gefährlich. Die Maschinen und Bänke sind aufgeräumt, die Riemen an den Wänden hängen wie seltsame Schlangen. Ich lege mein Zeug auf einen Tisch und warte. Ich setze mich hin, will ruhig scheinen, stehe wieder auf, besehe einen Hammer und Dinge, die ich noch nicht gesehen habe. Nachher geht die Tür auf, und ein Mann tritt ein, ein Arbeiter. Er geht den Gang entlang, unterwegs hat er geraucht, er hat noch die Pfeife im Mund, aber sie ist kalt. Ich gehe auf ihn zu, habe Herzklopfen. Ich soll hier anfangen. So. Na, dann will ich dir zeigen, wo du deine Sachen hinhängen kannst, sagt er und geht an einen Schrank mit vielen Fächern, schließt auf und holt sich seinen blauen Anzug heraus. Er ist dreckig und riecht nach Dingen, die mir bald nicht so ungewohnt sein werden. Jetzt sträubt sich alles dagegen.

Dann setzt er sich an seine Bank und liest noch einen Fetzen Zeitung.

Ich habe meinen blauen Anzug auch schon an, komme mir noch unsicherer vor, er ist so neu. Ich stelle mich zu dem Arbeiter, er spricht nicht. Ich weiß auch nicht, was ich sprechen soll. Deswegen sind wir stumm, und ich wünsche, daß es pfeift. Die Sirene habe ich manchmal gehört und brauchte nichts anderes zu denken als: das ist die Fabrik. Jetzt stehe ich unter den Sirenen und gehöre zur Fabrik.

Es ist bald soweit, die Tür klappt, kaum fällt sie noch zu, die Arbeiter sagen guten Morgen, viele sind noch müde und alle sind still. Manche sehen mich an, und keiner spricht. Ich bin verloren wie ein Vogel in der Stube, dem noch nicht zum Bewußtsein gekommen ist, daß die Glaswände ihn vom Dasein trennen.

Ich erschrecke, es pfeift und gräbt sich tief in meine Eingeweide. Alle stehen an den Plätzen, die sie gestern verlassen haben. Die Riemen fangen an zu gleiten, in unermeßlicher Bewegung, niemand hat ein Kommando gegeben, doch hat jeder gewußt, daß es soweit war, anzufangen. Die Maschinen dröhnen, ihre Stimmen dringen in mein Gehirn, und in meinem Leib ist ein hohles Gefühl wie bei dem Fahren auf dem Karussell.

O diese Angst, – der Meister kommt und stellt mich zu einem Arbeiter hin, der mich anleiten soll. Der fragt, wie ich heiße. Schweigen. Ich kann zuerst zusehen. Ich begreife aber viele Sachen noch nicht. Rein ist mein blauer Anzug, aber mein Herz hat seinen ersten Atemzug von der Fabrik genommen. Ich halte Feilen in der Hand, nach einer Zeit steigt etwas wie Stolz in mir auf: ich habe ein Stück Eisen geglättet. Lumpig werde ich in vierzehn Tagen so eine Arbeit nennen, aber jetzt ist sie der Halt in der Wüste der Tätigkeit um mich. Ich möchte weg, wohin? Nach Hause kann ich ja nicht. Am liebsten in die Stille der Schule, in der die Stimme des Lehrers tropfte. An das Rauschen des Wehrs, das seine grünen Wassermassen über die glatten Steine treibt. Am

liebsten – und da stehe ich und halte ein Stück Eisen in der Hand, das mir gegeben wurde. Meine Hand ist staubbedeckt. Jetzt bin ich würdig der Feierlichkeit des Waschens.
Ich weiß noch nicht, was kommt, ich möchte es wissen. Vieles wird bald Gewohnheit sein: die karge Pause, in der Sonne zu sitzen. Die Heimkehr abends mit dem Gefühl, etwas getan zu haben. Die Abende in der Fortbildungsschule. Dazwischen die unermeßlich scheinende Zeit, die Wüste von Zeit, immer wachsende Wüste, die mich entfernen wird von den Dingen, die ich liebe. Sie verändert mich. Eines Tages werde ich kein Lehrling mehr sein.

KARL GRÜNBERG
Ford Motor Company A. G.

> Von einem Arbeiter, der Gelegenheit hatte, den Berliner Fordbetrieb am Westhafen kennenzulernen, aber sehr schnell wieder hinaus befördert wurde, wird uns der nachstehende Artikel übermittelt. Jeder Metallarbeiter, der die Verhältnisse kennt, wird zugeben müssen, daß dieser Aufsatz das Fordsystem besser beleuchtet, als die fließbandbegeisterte Fordreklame des ›Vorwärts‹.

Fordsystem! das war die Zauberformel, auf die unsere deutschen Unternehmer wie hypnotisiert starrten, als mit dem Ende der Inflation auch ein Ende der mühelosen Riesengewinne gekommen war. Mit ihren veralteten Betriebseinrichtungen, ihren konservativen Produktionsmethoden und ihrer unterernährten Arbeiterschaft wurde die deutsche Industrie auf allen Weltmärkten geschlagen.
Da erinnerte man sich, daß drüben in Amerika ein Unternehmer infolge besonderer Betriebsorganisation in die Lage versetzt war, trotz Achtstundentag und trotz höchster Löhne

jede Konkurrenz niederzuringen, nicht nur im heimischen Amerika, sondern ungeachtet aller Zollschranken sogar im Ausland. Ein geheimnisvoller Nimbus ging von jenem Automobilkönig in Detroit aus. Sowohl in Unternehmer- wie in Arbeiterkreisen bildete sich eine förmliche Legende von diesem Mann, der den ›Stein der Weisen‹, erhöhte Produktion bei erhöhten Löhnen und verminderter Arbeitszeit, erfunden hat.

Detroit in USA wurde das Mekka, nach welchem die Unternehmer der ganzen Welt pilgerten. Allen voran natürlich die deutschen Unternehmer, und hier wiederum Herr von Borsig. Denn deutsche Unternehmer scheuen weder Kosten noch Mühen, wenn es gilt, für die lieben Arbeiter und Angestellten »Verbesserungen« auszutüfteln. Ihnen auf dem Fuße folgten deutsche Gewerkschaftsführer. In Amerika schien die soziale Frage ohne Klassenkampf, ohne Bolschewismus gelöst zu sein, Fordismus als Ersatz für Marxismus! da verlohnten sich schon die Reisespesen, dieses wunderbare System an der Quelle zu studieren.

Die zurückkehrenden Unternehmer zogen bei ihren Berichten die Stirn in krause Falten. »Generell ist mit dem Fordismus bei uns nichts anzufangen!« das war die Grundtendenz ihrer Berichte, wobei sie aber so nebenbei erwähnten, daß natürlich manches »Wertvolle« an diesem System nachahmenswert sei. Die bald darauf beginnende Rationalisierung zeigte, daß die Unternehmer das amerikanische Fordsystem in ein deutsches »Mordsystem« umzuwandeln gedenken. »Laufendes Band? Allright! Rücksichtslose Auspressung der Arbeiter? – Keine gewerkschaftliche und politische Betätigung der Arbeiter? Allright! – Aber beileibe kein Achtstundentag! Und von den Dollarlöhnen schon gar nicht zu reden. – Denn wir haben doch den Krieg verloren, und die Daweslasten und die auf der deutschen Industrie ruhenden Lasten erlaubten zur Zeit nicht ...« Der stinnesierte, dawesierte, stabilisierte und endlich rationalisierte deutsche Proletarier kennt Weise, Text und Verfasser!

Also, um es kurz zu sagen: Das Fordsystem in die Sprache der deutschen Industriekönige übersetzt heißt: Zwölf Stunden Arbeit am Laufband; Beseitigung aller sozialen Leistungen und Schutzgesetze einschließlich Erwerbslosenfürsorge; Ausschaltung aller selbständigen Regungen der Arbeiterschaft – und drei Mark Tagelohn!

Über Ford und sein System ist eine ganze Literatur entstanden. Genosse Jacob Walcher ist mit seiner Schrift: »Ford oder Marx?« der sozialen Legendenbildung entgegengetreten. Demnach ist in Arbeiterkreisen noch sehr weit die Ansicht verbreitet, daß das »echte Fordsystem« tatsächlich etwas Gutes bedeute und daß nur die Rückständigkeit der deutschen Unternehmer einerseits, der Dogmatismus der organisierten Arbeiter andererseits seine Einführung bei uns verhinderten. Und zahlreiche Augen blickten sehnsüchtig nach dem Berliner Westhafen, auf dessen Gelände sich seit einiger Zeit der erste Berliner Betrieb der Ford Motor Co. befindet.

Was die deutsche Automobilindustrie voller Bangen kommen sah, ist bereits Tatsache geworden. Seit Anfang des Jahres befindet sich in Berlin eine Automontagefabrik der Fordkompagnie, die Anfang Mai die Produktion aufgenommen hat und z. Z. täglich 20 bis 25 Kraftwagen auf den Markt wirft.

Nur wenige Schritte vom Bahnhof Putlitzstraße entfernt befindet sich das Eingangsportal zum Westhafengelände, in dessen Gebäuden eine ganze Reihe Privatfirmen, die Wert auf unmittelbare Nachbarschaft eines Zollhafens legen, ihr Domizil gefunden haben. Hierzu gehört auch die Ford-Motor-Kompagnie, die in zwei ursprünglich zu Lagerspeichern bestimmten, langgestreckten Schuppen mit etwa 8000 Quadratmeter Nutzfläche ihren Montagebetrieb aufgenommen hat.

Arbeitslose umlagern das Tor

Jeden Tag bis zur Mittagspause drücken sich zahlreiche Arbeitslose vor dem Tor herum. Starren wie hypnotisiert auf das kleine unscheinbare Schildchen mit obiger Firmenaufschrift und vertreiben sich die Zeit mit Erzählungen über die Wunderdinge, die dahinter vor sich gehen sollen. Dort arbeiten zur Zeit 300 Arbeiter und Angestellte. Neueinstellungen finden vorläufig nicht statt. Aber es ist schon vorgekommen, daß beim Fehlen eines Arbeiters man schnell einen vom Tor her einstellte. Allerdings sehr selten, denn es fehlt sehr selten einer, zumal Ford ja erst ein halbes Jahr hier in Berlin besteht ... Aber auf diesen seltenen Zufall warten die hier draußen trotz Wind und Wetter. Dieser und jener hat einen Bekannten da drinnen, der bringt pro Woche nette 77,75 Mark nach Hause.
»Aber dafür muß er sich auch einen absuchen!« – »Mußt du dir in der AEG nicht auch einen absuchen und verdienst kaum in drei Wochen soviel?« – »Aber Gewerkschaften und Betriebsräte gibt's hier nicht!« – Dreißig Paar zornfunkelnde Augen wollen den Sprecher zerreißen. »Sch ... in die Organisation! Haben die uns was geholfen? Die Hauptsache, daß ich mal wieder anständiges Geld verdiene, dann können sie mir alle ...«
So ist die Stimmung hier draußen. Und die Direktion der Ford-Motor weiß ganz genau, warum sie kein Schild »Arbeiter werden nicht eingestellt« aushängt.
»Das von Arbeitslosen umlagerte Tor gehört zum Fordsystem, und es ist in Amerika genauso! Ich habe in Detroit auch vier Monate vor dem Tor gestanden! Außerdem ist das ein guter moralischer Faktor für diejenigen, die drinnen arbeiten!« – So argumentierte Herr Direktor Heine, ein geborener »gemütlicher Sachse«.

Das laufende Band

Es werden hier offene und geschlossene Zwei- und Viersitzwagen sowie 1½-Tonnen-Lastkraftwagen fertigmontiert. Die Einzelteile werden ebenfalls am laufenden Band, aber drüben in Amerika fabriziert und kommen per Schiff mit einmaligem Umladen aus Hamburg an, wo sie verzollt und dann in den Rohlagern ausgepackt werden. Neuerdings bezieht man ganze Teile – viel billiger – auch schon fix und fertig in Deutschland. Ford spart bei dieser Methode dreierlei: Erstens ist der Zoll für die Einzelteile niedriger als für fertige Autos, zweitens ist die Fracht für die verpackten Teile bedeutend billiger und drittens sind auch die Löhne in Deutschland, trotz ihrer relativen Höhe, natürlich niedriger als die in Amerika. So kann Ford trotz Fracht und Zoll immer noch billiger als irgendein deutscher Unternehmer liefern. Jeder Fordarbeiter muß, gleich einem Sträfling, eine Kontrollnummer sichtbar auf der Brust tragen. (Verlust der Marke kostet einen Dollar Strafe.) Auf einer durch den ganzen Raum führenden Doppelkette bewegt sich das Arbeitsstück weiter. Rechts und links davon, auf dreirädrigen Transportkarren oder an Deckenschienen hängend, sind die verschiedenen Arbeitsstücke stationiert. Jeder Arbeiter hat daran eine bestimmte Handlung vorzunehmen: Schrauben festzuziehen, Nieten einzuschlagen, Teile zu lackieren und dergleichen, bis es auf das Band gelangt. Am Anfang liegen auf dem Band nur ein paar Achsen. Wenige Meter weiter befinden sich schon Federn daran. Motor und Kühler werden eingebaut, Räder anmontiert, Reifen aufgezogen, und am Ende fährt das fertige Untergestell auf das Prüffeld.

Aus der oberen Etage kommt mittels Aufzug die auf ähnliche Weise entstandene Karosserie herunter. Alle zwanzig Minuten verläßt ein fertiger Wagen die Halle.

Die »hohen« Löhne

Für die Arbeiter ist die Hauptsache das Mitkommen. – Das Arbeitsstück fließt weiter, schneckengleich langsam zwar – aber es fließt! Die Verzögerung des einen bringt den ganzen Betrieb in Unordnung, lenkt sofort die Aufmerksamkeit aller Kollegen und Vorgesetzten auf den »Bummler«. Kommt ein Arbeiter an einer Stelle nicht recht mit, wird er stillschweigend an eine andere versetzt. Versagt er dort auch, fliegt er ohne jede Förmlichkeit! Das weiß auch jeder und setzt daher den letzten Hauch daran, dem Tempo des nach der gegipfelten Einzelleistung laufenden Bandes zu folgen. Da gibt's keinen Raum für nebensächliche Gedanken. Keine Zeit etwa, eine Zigarette anzuzünden, ein Wort mit dem Nachbar zu reden oder gar auszutreten. Kaum daß man aus dem kleinen Springbrunnen sich etwas Wasser auf den trockenen Gaumen sprudeln lassen kann; denn das neue Arbeitsstück steht schon wieder in drohender Nähe, an dem dieselben Handgriffe vorzunehmen sind.

Es scheint durchaus glaubhaft, wenn man erzählt, daß hier alte Bekannte tagelang in dichter Nähe gearbeitet haben – ohne sich zu sehen. Ford braucht weder das Sprechen noch das Austreten zu rationalisieren. Das alles besorgt das Laufband! Der Kollege wird zur toten Nummer, die höchstens mal als Hemmnis, dann aber auch recht unangenehm in Erscheinung tritt.

Soweit überhaupt Raum für irgendeine Vorstellung bleibt, kreist diese um den Lohn, den man für diese hirn- und knochenweichende Tätigkeit erhält. Anfänger erhalten ohne Rücksicht darauf, ob sie was gelernt haben, pro Tag 13 Mark. Nach der »Anlernung« oder richtiger gesagt, Abrichtung, die ungefähr acht Wochen dauert, gibt es 15 Mark. Für besonders schwierige Posten gibt es Leistungszulagen. Z. B. für den Mann, der mit einer Gasmaske vor dem Gesicht den Lack auf die Bleche spritzt. Der Höchstlohn beträgt 20 Mark pro Tag! Das ist die Summe, die zahlreiche Akkordarbeiter der Ber-

liner Metallindustrie für die ganze Woche erhalten.
Hier liegt das Geheimnis, warum sich die ausgehungerten Berliner Metallarbeiter zu Ford drängen und sich dort unter Zurückstellung aller menschlichen Würde zu seelenlosen Arbeitsautomaten degradieren lassen.
Warum es bei Ford keine Diebstahlskontrolle, wie in den VBMJ-Betrieben gibt? Bei 15 Mark Tagelohn hat es keiner nötig, einiger Pfennige halber seinen »guten Posten« aufs Spiel zu setzen.

»Fordleichen«

Bei Ford herrscht die 44-Stunden-Woche! Überstunden sind ein unbekannter Begriff. Gearbeitet wird von halb acht bis halb zwölf und von zwölf bis vier Uhr. Die Wirkung dieses Systems tritt am besten bei der halbstündigen Mittagspause in Erscheinung. Mit schmutzstarrenden Händen und Gesichtern stürzt alles im Marsch-Marsch-Tempo zur Kantine des Westhafens, wo sogar die Kellner schon vom Fordsystem angesteckt sind. Auf den Tischen befinden sich bereits an den bestimmten Plätzen die bestimmten Gläser und Bestecke. Während die Leute ihre Mahlzeiten hinunterschlingen, haben wir Zeit, ihre Physiognomien zu studieren. Es gibt einen Fordtypus. Wo haben wir doch diese aschgrauen Gesichter, in denen Nase, Kinn und Backenknochen spitz hervorstehen, diese fiebrig starren Augen und nervösen Bewegungen schon gesehen? ...
Das Essen ist schnell hinuntergeschlungen. Der Rest der Pause reicht gerade, um ein Bedürfnis zu verrichten oder, eine Zigarette rauchend, ins Leere zu starren. Niemand liest eine Zeitung! »Fordleichen«, sagen die Arbeiter des Westhafens...

Was ein Fordarbeiter erzählt

Er war früher in der Neuen Automobil-Gesellschaft, verdiente als Bohrer knappe dreißig Mark die Woche, wurde dann wegen »Arbeitsmangels« entlassen. Dreiviertel Jahre lag er draußen, bis es ihm durch einen Bekannten gelang, in das Fordparadies zu schlüpfen. Jetzt ist er im siebenten Himmel! Er hat schon die Schulden abzahlen können, sich einen Anzug geschafft, Frau und Kinder haben was für den Winter. Man kann sich mal was leisten, jeden Tag ein halbes Pfund Schabefleisch – »aber das muß man auch haben«, setzt er hinzu, »sonst hält man den Betrieb nicht aus!« Früher war er politisch und gewerkschaftlich organisiert, bis vor kurzem noch in der Weyer-Union. Jetzt hat er alles verfallen lassen. Zeitunglesen besorgt für ihn seine Frau; mit der »Morgenpost« natürlich. »Ich bin zufrieden, wenn ich mich beim Nachhausekommen eine Stunde hinlegen kann!« Betriebsräte und dergleichen gibt's hier nicht. Einige, die's versucht haben, sind sofort 'rausgeflogen. Wenn wir mit deutschen Methoden anfangen, zahlt er auch deutsche Löhne, sagt der Direktor.

Auf die Frage, wie lange er das mitzumachen gedenkt, zuckt er die Achsel. »Vorläufig halte ich Stange. Die Arbeitslosigkeit hätte ich auch nicht lange mehr durchgehalten. Aber, Herrgott, ich muß rennen!« – Fort ist er. Im Augenblick hat sich der Saal völlig geleert. Und wie wir sie so davonstürmen sehen, fällt uns ein, wo wir solche Gesichter schon gesehen haben. An der Somme nach dreißigstündigem Trommelfeuer! –

Nebenan, an weißgedeckten Tischen, erscheinen jetzt die Angestellten. In sauberen, sogar eleganten Kleidern, aber ein ähnlicher Typ wie die Arbeiter. In den Büros gibt's natürlich kein Fließband. Dafür aber lauter kleine Glaskäfige und eine Arbeitsteilung, die ebenfalls das Letzte an Kraft herausholt. Die Gehälter schwanken zwischen dreihundert und sechshundert Mark.

An der Spitze des Berliner Betriebes steht Generaldirektor Carson, ein Amerikaner; Mitdirektoren sind der Däne Frideriksen und der Deutsche Heine, die aber beide in Detroit ihre Qualifikation zur Fabrikation von Fordwagen und »Fordleichen« erworben haben. Bei diesen Herren ist der Arbeiter nur eine Nummer, die bei Versagen rücksichtslos ausgewechselt wird. Urlaub ist ein unbekannter Begriff, Krankheit bedeutet sofortige Entlassung. Wiedereinstellung erfolgt nur, wenn ein Platz frei geworden. Als infolge einer Betriebsumstellung die Fabrik vierzehn Tage stand, mußte alles aussetzen. Unfälle haben sich bei der Einrichtung sehr viele, bei der zunehmenden Abrichtung der Arbeiter aber immer weniger ereignet. Von den durch Fordschwärmern so viel gepriesenen Fürsorgemaßnahmen ist hier nichts zu spüren. Wer seine vierundvierzig Arbeitsstunden in dieser mörderischen Tretmühle heruntergerissen hat, dürfte auch mehr Neigung zum Schlafen als zum Fußballspielen haben.
Einstellungsalter ist fünfundzwanzig bis fünfunddreißig Jahre. Nach »Verbrauch« des Arbeiters, was je nach der Konstitution drei bis zehn Monate dauert, fliegt dieser aufs Pflaster, dieweil schon neue hereindrängen. Schließlich darf nicht unerwähnt bleiben, daß der amerikanische Autokönig einer der wärmsten Protektoren der deutschen Faschisten ist.

Kann das Fordsystem uns nutzen?

Es verlohnt sich kaum, nach diesen objektiven Schilderungen noch ein Wort über den Nutzen dieses Systems für den darin tätigen Arbeiter zu verlieren. Aus der Schilderung ergibt sich, daß das Fordsystem weder dem einzelnen noch der Masse Erlösung, sondern im Gegenteil restlose Ausbeutung und Versklavung bringt. Selbst dem Kapitalismus kann das Fordsystem nur bedingt Nutzen bringen. Würden alle Kapitalisten der Welt nach Fords System arbeiten, so wäre in ganz kurzer Zeit eine solche Überproduktion vorhanden, die

die furchtbarste Wirtschaftskrise, die nur denkbar ist, zur Folge hätte. Bei dem daraus entstehenden Kampf um die Absatzmärkte käme es zu neuen Weltkriegen, bei denen letzten Endes auch das Fordparadies (als solches stellen sich unzählige Optimisten die Fordmetropole noch vor) durch Fliegerbomben zerstört und vergast würde.

Aus dem Gesagten erhellt auch bereits, unter welchen Umständen das Fordsystem für die Menschheit zum Nutzen gereichen könnte. Wenn nämlich die Produktionsmittel in den Händen der Arbeiter sich befinden. Dann wird die Arbeiterschaft das Tempo des Fließbandes, das an sich nichts weiter als eine organisatorische Verbesserung des Arbeitsprozesses ist, regeln. Nicht nach dem Profit irgendeines Autokönigs, sondern nach den vorhandenen Bedürfnissen! Dann wird man statt vierundvierzig Wochenstunden zwanzig oder vielleicht gar nur zehn Stunden arbeiten und die übrige Zeit für Bildung, Sport, Erholung und Lebensfreude gewinnen. Die Eroberung der Produktionsmittel kann aber nur mit den Mitteln des rücksichtslosesten Klassenkampfes, wie sie uns der angewandte Marxismus, der Leninismus, lehrt, vollzogen werden.

KURT HUHN
Der Kalkulator

Der Kalkulator hat's mir angetan. Der Mann, der die Zeit beherrscht. Der für uns die Minuten macht, die für den Betrieb zu Dividenden werden. Dieser kleine Mann mit den funkelnden Brillengläsern, der immer im Hintergrund lebt, brütet unter seiner Glatze das Tempo des Arbeitsganges aus, die Geschwindigkeit des laufenden Bandes.

Dreiundzwanzig Kupfernieten stecke ich in die Bleche des

Rotors. Mein Hammer trommelt. Die Nieten haben blanke, runde Glatzköpfe, von denen jeder in hundertfacher Vergrößerung meinem Kalkulator gehören könnte.

Acht Stunden geht das so. Dreiundzwanzig Nieten in die Bleche – weiter – weiter, die Rotoren rollen in den Lötraum.

Im Staub, Gestank und Getöse der Arbeit stehen wir, Männer hinter Frauen, Frauen hinter Männern. Alte, junge. Augen brennen, müde vor Erregung. Zähne malmen aufeinander. Fäuste packen fester die Hebel, das Werkzeug. Vor mir knallen die Stanzen. Neben mir singen die Schleifmaschinen. Und dort hinter der Presse glaubt sich unbeobachtet – mein Kalkulator. Der Transportarbeiter hat's mir zugepfiffen. Mit Stoppuhr und Rechenschieber versucht er ein Attentat auf mein Kräfteverhältnis. Er schielt durch die Speichen des rotierenden Triebrades der Presse. Zu meiner eigenen Gesunderhaltung hatte ich mir erlaubt, den Abort aufzusuchen. Diese unproduktiven Arbeitsgänge will man aber in die kurze Pause verlegen. Natürlich kostet das meine Zeit. Ich hätte, wüßte ich nicht, daß er dort hinten stände, versucht, meine Zeit durch ein beschleunigtes Tempo einzubringen. Damit rechnete er die Möglichkeit aus, mir die Minutenzahl zu kürzen.

Gleichzeitig treffen sie mich auf einer ganz anderen Seite. Sie versuchen, die Anhänglichkeit der Belegschaft, ihr Vertrauen zu mir zu erschüttern. Meine Kollegen wollen sie gegen mich aufbringen, weil ich Unordnung in die Ruhe der Bürogehirne bringe. Die Belegschaft soll mir den Sack in die Hände zwingen. Sie wollen mich unmöglich machen.

Den Kalkulator erwischte ich dabei, daß er aus der Preisliste Seiten entfernte, um neu kalkulieren zu können. Den Paß habe ich ihm verhauen. Die Kollegen faßten nicht eher wieder ihre Arbeit an, bis sich die »verloren«gegangenen Seiten wieder einfanden.

Mein Hammer saust. Mit jedem Hieb ducken sich die Nieten in die Bleche, geben ihnen Halt und Festigkeit. Ich hebe den

Rotor gegen das Fenster, messe ihn im Sonnenlicht, das über die Dächer und Schornsteine mit den grauen Rauchschwaden flutet. Wiege prüfend sein Gewicht. In einer bodenlosen Sinnlosigkeit prügle ich dem Nächsten die Nieten ein.
Bis auf den tausendsten Teil der Minute soll der Handgriff immer wieder auf Verbilligungsmöglichkeit geprüft werden. Und der Kalkulator ist da wie ein Regen, den ich nicht am Eindringen in meine zerlöcherten Schuhe hindern kann. Ist er Ausdruck des Systems, das er vertritt, ist er selbst System? Ist er geborener Haß oder nur anerzogener?
Ein Groll fliegt von mir zu ihm, gegen seine haarlose Hirndecke. Ich nehme mir vor, mich nicht mehr um ihn zu kümmern. Doch er kommt immer wieder, bei der Arbeit, in der Pause. Sei es nun leiblich oder nur visionär: Er ist da. Ich esse ihn mit jedem Happen Brot auf. So viel ich auch seine Anwesenheit aus meinem Hirn zu radieren suche: Er ist da mit Rechenschieber und Stoppuhr, bestimmt meine Existenz. Er äfft mich bis in meinen Teller Erbsen hinein, den ich zu Hause löffle. So geht es vom Montag zum Samstag, Woche um Woche. Sonntag abend, wo man schon mit halbem Bein in der Werkstatt steht, vergrämt er mir die Freude.
Das Gesicht im rotierenden Schwungrad der Presse starrt unverwandt auf meine Hände. Ich kann das Tempo nicht halten, niete nur wütender, aber unsicherer geworden. Der Wochenlohn hängt vom Schwung des Schlages ab. Und dieser Mann stellt sich zwischen meine Familie und die Belegschaft.
Ich kann nicht mehr die Hände rühren. Die Luft schmeckt bitter. Es wird eng in den Arbeitsbänken. Die Buckel der Kollegen liegen auf der Arbeit. Ich möchte einen ansehen. Es scheint, sie haben sich alle versteckt.
Ruhig liegt der Hammer in meiner Hand. Die dreiundzwanzig Nieten warten auf seinen Hieb. Unverwandt läuft ein rotes Rad vor mir. Die Triebriemen klatschen, Laufketten singen, Preßluft heult auf:
»Das rote Rad ist unsere Kalkulation!«

Das Gesicht des Kalkulators verzerrt sich in den Speichen zur eckigen Grimasse. Sein trockenes Auge, der stumpfe, düstere Ausdruck wird immer größer.
Kann man denn alles aushalten? Metallstaub zwischen den Zähnen? Das Blut geht aus den Fäusten, Brust und Rücken werden schwer. Die Haare kleben feucht in der Stirn und – immer billiger, billiger wird der Mensch. Drückt die Kilowatt-Stunde Strom unter seine Muskeln.
Mit kaltem Gesicht schiebt sich der Kalkulator an meinen Arbeitsplatz. Sein rasierter, roter Nacken kriecht aus den Schultern. Die Augensäcke hängen dick und blau herab. Wir sehen uns in die Augen und lesen dort: *Ich oder Du!*

HANS MARCHWITZA
Kumpel Woitek

Dem Betriebsführer dauerten die Lohnverhandlungen zu lange. Zudem gab er nichts auf Lohnverhandlungen. »Den Lohn regle ich selber, da laß ich mir von keinem was dreinreden!« sagte er auf die Einwände der Hauer, die bei ihm vorsprachen.
Schon vor der Seilfahrt stand er unten am Schacht und gab den Beamten seine Anweisungen. Noch vor 6 Uhr mußte die Seilfahrt der Leute zu Ende sein und mit der Kohlenförderung begonnen werden. Dann ging er durch die Abteilungen, jagte hinter den Steigern, den Maschinisten und Schleppern her oder kroch in irgendeine Rutsche hinein, um dort die Kohlenhauer zu kontrollieren. Mit der Uhr in der Hand prüfte er jede Schlag- und Wurfbewegung der Hauer. »Sie können doppelte Arbeit leisten«, sagte er, »wenn Sie rationell arbeiten!« und er nahm den Abbauhammer oder die Schippe und machte es dem oder jenem 5 Minuten lang vor,

wie er es zu machen hatte, um eine höhere Leistung zu erzielen. So gelang es dem Betriebsführer in der Tat, eine höhere Förderung durchzuführen, worauf er nicht wenig stolz war, und was er den Steigern bei jeder Gelegenheit unter die Nase rieb.

Die Förderung stieg in kurzer Zeit um ein Drittel und dann um die Hälfte mehr. Es stieg aber auch noch was anderes: fast jede Förderschicht bestiegen Hauer mit zerschlagenen Gliedern den Förderkorb, oder ein Trupp Träger schleifte eine Bahre, auf der ein toter Kumpel lag, durch den Querschlag nach dem Schacht hin.

Über Tage fuhr der »Speckkasten« täglich verstümmelte Kumpels nach den Krankenhäusern. Und hinter dem Schacht hob sich die frisch verputzte Leichenbude von dem übrigen verräucherten Gemäuer der Schachtanlage ab, in der Hennes Paus, der Leichenwäscher und Einsarger, seines Amtes waltete.

Am Monatsersten fand auf dem Büro des Betriebsführers eine kurze Konferenz mit den Steigern statt. Der Betriebsführer hatte festgestellt, daß einige Rutschenmannschaften zu hoch verdienten. Er beschloß, zur Gedingeregelung anzufahren. Dies teilte er den Steigern mit.

Rutsche 5 hatte 30 Pfennige über den Durchschnittslohn verdient, das war dem Betriebsführer zu viel. Er zog 20 Pfennige pro Kohlenwagen ab. Auf die Einwände des Ortsältesten Marinowski, der auf das schlechte Gestein hinwies, sagte der Betriebsführer, was er immer sagte: »Wirtschaften Sie rationell mit Ihren Kräften, dann können Sie Ihre Knochen sichern und auch noch genug Kohle fördern!« Er wandte sich zu dem ihn begleitenden Steiger um, nickte und sagte: »Es bleibt dabei, 20 Pfennige weniger, mehr Kohle raus, und die Leute verdienen ihr Geld!«

In derselben Schicht brachten die Kumpels einen heraus, dem ein Stein den Rücken aufgerissen hatte. Zwei Schichten darauf zerbrach ein herabgestürzter Steinbrocken einem Lehrhauer den Arm. Die Hauer murrten. Der Steiger trieb sie ängstlich an die Kohle: »Nehmt euch besser in acht, Kum-

pels, ich kann doch die Förderung nicht stillegen. Der Alte frißt mich auf!«
20 Pfennige weniger pro Wagen Kohle machte bei 180 Wagen Kohleförderung 36 Mark weniger pro Schicht aus. Es mußten mindestens 20 Wagen pro Förderschicht mehr gefördert werden, um den alten Lohn zu verdienen. Wurde mehr Kohle herausgewühlt, blieb das Ausbauen zurück. Bauten die Kumpels aus, blieb die Förderung zurück, und sofort lag der Steiger in der Rutsche und beaufsichtigte die Kumpels, damit Kohle herauskam.
Es war die fünfte Arbeitsschicht in der Woche. Ein Krachen erschütterte das Kohlenfeld. Die Rutsche bäumte sich, kreischte in den Verschraubungen und hielt nach einigen krampfhaften Zuckungen still. Sofort erschienen die entsetzten Gesichter der Hauer aus ihren Löchern und Geschrei erhob sich: »Ein Bruch!«
Signale trommelten gegen die Leitungsrohre. In dem finsteren Kohlenfeld bewegten sich die Lampenlichter nach einer Stelle hin, wo einige brüllten.
Unter einem mächtigen Steinberg lag der Hauer Gaida begraben. Marinowski kroch fluchend um den Haufen herum, er wußte nichts zu beginnen. Wallaschek, ein Lehrhauer, weinte und fluchte, denn Gaida war der Mann seiner Schwester und hatte eine Schar Kinder. Der Fahrsteiger, dem das Einstellen der Förderung zu lange dauerte, kroch ins Rutschenfeld, fluchte, warf Gaida, der unter den Steinen lag, Unvorsichtigkeit vor und brüllte die Hauer an, die Steine fortzuräumen, damit man mit der Förderung wieder beginnen konnte. Auch der Steiger kam heran und erzitterte beim Anblick des brüllenden Fahrsteigers, der ihm mit Meldung beim Betriebsführer drohte.
Wallaschek wühlte in den Steinen, geriet in maßlosen Zorn, als auch ihn der Fahrsteiger anbrüllte, er solle sich beeilen. »Durch eure verfluchte Treiberei ist es geschehen; er konnte leben, nun steht die Schwester da mit ihren fünf Kindern!« Er riß mit seinen kraftvollen Armen die Steine beiseite, bis

ihm die Adern auf den Armen dick hervortraten. Der Fahsteiger brüllte nicht mehr, er schwieg kleinlaut, denn Wallascheks Blick warnte ihn.
Gaida wurde nach Stunden hervorgebuddelt. Die Kumpels wandten sich vor Schaudern ab. Gaidas Kopf war eine einzige blutende Wunde.
Wallaschek heulte wie ein Tier, nahm den Toten an den Schultern, weil dort niemand anfassen wollte, ein paar Hauer faßten die Beine, und so schleiften sie Gaida zur Fördersohle hinunter.

Hinter dem Schacht in der Leichenbude lag der Tote. Hennes Paus spülte den nackten Leib des Toten mit Wasser ab und versuchte die zähen Schmutzflecke, die vom Schmieröl herrührten, mit einer harten Bürste abzureiben.
Die Tür ging auf und hinein schoben sich ein paar blasse Köpfe. Kumpels, die aus der Grube herausgefahren waren und wissen wollten, wer der Tote war.
Darunter auch Kumpels aus der 5. und der 2. Rutsche. Die Hinteren schoben die Vorderen in die Bude. Hennes Paus wurde ärgerlich, daß man ihn bei der Arbeit störte. »Ihr habt wohl noch keinen Doden gesehn, scheint's«, brummte er, »kommt auch noch dran, wenn ihr weiter so dösig bleibt.«
»Kann man ihn sehen, Hennes?« fragte Wischnewski, der vor Erregung zitterte, »laß ihn mal angucken, Hennes.«
Das Gesicht des Toten war mit einem Lappen bedeckt. Wischnewski zog an dem Tuch.
»Laß das!« verwies ihn Hennes Paus mürrisch. »Er sieht nicht gut aus!«
Wischnewski hatte das Tuch jedoch schon fortgezogen, und Gaidas Gesicht kam zum Vorschein.
»Oh – gottverflucht!« zischte einer. Ein Teil der Kumpels wandte sich ab. Der Schädel bot einen unheimlichen Anblick. Eine blutige, aufgedunsene Fleischmasse. Ein Auge trat hervor und stierte die Umstehenden gläsern an.

»Scheußlich«, flüsterte Fritz Woitek aus der 2. Rutsche und wischte sich den Schweiß ab, der ihm auf die Stirn trat.
»Ich hab es ja gesagt, daß er nicht gut aussieht!« sagte Hennes Paus schadenfroh.
Die Kumpels verließen nacheinander die Leichenbude.
»Der Gaida, so ein munterer Mensch!« dachte Woitek voll Grauen, als er mit hinaus war.
Gaida war immer lustig gewesen. Er konnte sich über alles Schlechte mit heiterem Lachen und fröhlichem Geplauder hinwegsetzen. Erst in der letzten Zeit war er stiller geworden. Nun lag er auf der Holzpritsche in der Leichenbude.
Woitek war ein bärenstarker Mann. Wuchtig waren seine Knochen. Alles an ihm war Kraft. Der Gedanke jedoch, die häßlich verstümmelte Leiche, die er flüchtig angesehen hatte, war der Gaida, machte ihm die Beine in den Kniekehlen schwach und drohte ihn umzuwerfen. Draußen schien die Sonne. Woitek sah von der Sonne nichts, er sah nur immer wieder das unheimliche Totengesicht des Gaida vor sich.
An der Markenbude rief ihn sein Steiger an: »Woitek, 'n Moment mal!«
Woitek war in seine Gedanken so vertieft, daß er zusammenfuhr, als ihn der Steiger anrief. Er blieb stehen.
»Woitek, morgen müssen Sie in Rutsche 5, ich brauch dort 'n Mann!« sagte der Steiger, der näher kam.
»Wo Gaida –?« fragte Woitek bestürzt und sprach den vollen Satz nicht aus.
Der Steiger nickte. »Es muß ein kräftiger Kerl hin.«
Woitek wehrte mit beiden Händen ab: »Auf keinen Fall, Sie kriegen mich nicht mit zehn Pferden hin.«
»Ich kann doch den Ort nicht deshalb stillegen, Mann!« sagte der Steiger empört, »nehmen Sie doch Verstand an, Woitek!« Und als Woitek, kreideweiß, schwieg und den Steiger wie einen Geist ansah, sagte der: »Die schlechte Stelle ist in ein paar Schichten überwunden, dann haben Sie's besser. Auf jeden Fall, hin müssen Sie. Wen soll ich denn sonst hinschicken?«

Am anderen Morgen. Es war vor Beginn der Förderschicht. Die Hauer kamen einzeln und in Trupps heran. Ihre Gesichter erschienen im Schein der Lampenlichter gespensterhaft bleich. Es war auch das Grauen, das ihnen nach Gaidas Unglück auf den Gesichtern lag.

Einer begann über Gaida zu sprechen. Wallaschek fluchte auf: »Halt mir davon die Fresse! Gottverdammt!«

Der damit begonnen hatte, wurde still. Abseits hockte Marinowski und stielte einen Hammer ein. Barlik, ein Lehrhauer, der sich neben ihm auszog, flüsterte Marinowski zu: »Ich hab ihn gestern in der Leichenbude gesehn, scheußlich, sag ich dir. Der Kopf, pfui Teufel ...«

Wallaschek geriet in Wut. »Seid doch endlich still damit, verflucht nochmal!«

»Kommt vor die Arbeit!« sagte Marinowski. Er selbst fühlte sich bedrückt. Auf allen lag der gräßliche Tod des Kumpels steinschwer. Sie nahmen ihre Hacken und Schippen und schritten nacheinander, den Rücken gebückt, dem Kohlenfeld zu. Woitek hinter Marinowski her, der sich nach ihm umwandte und sagte: »Du sollst für Gaida hin, Fritz, mußt dich ein wenig in acht nehmen. Die Stelle ist schlecht!«

Woitek nickte. Sie krochen in die Rutsche hinunter. Es ruhte noch alles. Aus dem finsteren Kohlenfeld, das sich über zweihundert Meter lang hinzog, rauschte und pfiff die Luft in den Rohrleitungen, die sich oberhalb des Hangenden die Rutsche entlang wanden. Die Hauer begaben sich in ihre Kohlenlöcher, die sehr niedrig waren. Das Flöz war keinen Meter hoch. Wie aus weiter Ferne kamen fremd und hohl die Stimmen der Hauer.

Aus der Fördersohle, die unterhalb des Kohlenfeldes lag und das Revier mit dem Querschlag verband, der zum Schacht führte, dröhnte das Rollen der heranrasenden leeren Wagenzüge und Maschinen.

Marinowski kroch mit Woitek bis an die Stelle heran, an der Gaida verunglückt war. Das eingebrochene Gestein war fortgeräumt, die Bruchstelle jedoch nur mangelhaft ausgebaut. Über Nacht hatten sich wieder Steine gelöst, die drohend herabhingen. Ein Teil der frischen Hölzer war zerbrochen, und es mußten rasch andere hingestellt werden, wenn Woitek vermeiden wollte, daß der Stein von neuem durchbrach.

Marinowski leuchtete mit seiner Lampe ab, riß mit den Händen ein paar lose Steinplatten herunter und sagte zu Woitek, der ihm zusah: »Mußt schon sehn, wie du fertig wirst, Fritz. Es ist verdammt gefährlich!« nahm seine Lampe zwischen die Zähne und kroch zum Motor hin, der tiefer nach der Sohle zu lag, und schmierte ihn.

Solange es noch still war, konnte Woitek hören, wie der Stein knackte, und wo er also zuerst bauen mußte. Nun begannen aber einige Hauer zu schaufeln. Woitek sah beunruhigt hinauf, weil mittlerweile auch noch ein Abbauhammer zu knattern begann. Durch das entstehende Geräusch konnte er nichts mehr hören und mußte sich von nun ab mehr auf seine Augen verlassen. Das machte ihn unsicher, und er fluchte sich in Wut.

Während Woitek ein Holz zurechtsägte, immer einen Blick nach dem Gestein hin, klopfte Marinowski, der mit dem Schmieren des Motors fertig geworden war, das Fördersignal gegen die Rohrleitungen. Der Lader unten in der Fördersohle drehte die Luft auf, die sich rauschend in die Rohrleitungen ergoß, und die Eisenmulden setzten sich kreischend in Schwingungen. Nun war überhaupt nichts mehr zu hören als das Eisengerassel und das Geknatter der Abbauhämmer. Unten in der Förderstrecke donnerten die Maschinen mit vollen Kohlenzügen davon. Leere Züge rangierten ein. Die Förderschicht hatte begonnen.

Woitek hockte in dem Loch und quälte sich damit, unter die Steinbrocken Hölzer zu hauen. Die Augen immer auf das Hangende gerichtet, bis sie ihm vor Aufregung schmerzten. Die Einsamkeit und der Gedanke an Gaida bedrückten ihn und ließen ihn alle Augenblicke nach der Uhr schauen. Jede Stunde wurde ihm unendlich lang. Hatte er drei Hölzer gebaut, war das erste schon wieder gebrochen. Immer achtgeben und jeden Augenblick fortspringen. Als er den schlechtesten Teil durchgebaut hatte, war er todmüde und wollte sich hinwerfen, um ein wenig zu verschnaufen. Ein Scharren hinter ihm ließ ihn aufhorchen. Er wandte seine Augen dem oberen Kohlenfeld zu und sah im Lichtschein einer Lampe, die sich ihm näherte, einen hellen Leinenanzug. Er nahm wieder ein Holz und die Säge und begann zu schneiden. Das spitze Gesicht des Fahrsteigers tauchte zwischen den Hölzern auf. Der Fahrsteiger leuchtete erst nach Woitek hin, und dann leuchtete er den Ort ab. »Sind Sie nicht an der Kohle?« fragte er.

»Ich muß ausbauen«, rief Woitek und zeigte über seinen Kopf nach dem Stein hin. Sie mußten beide laut schreien, um sich verständlich zu machen.

»Sie brauchen doch dazu nicht eine ganze Schicht!« schrie der Fahrsteiger. »Los, Woitek, den Abbauhammer in die Hände und an die Kohle!«

»Ich möcht' nicht, daß es mir so geht wie dem Gaida gestern!« wehrte sich Woitek.

»Hauen Sie erst Kohle, dann können Sie immer noch zwischendurch bauen!« schrie der Fahrsteiger. »Wir haben gestern genug Förderausfall gehabt, der muß 'rausgeholt werden!«

Woitek mußte an die Kohle. Eine weitere Auflehnung gegen den Fahrsteiger konnte ihm die Arbeit kosten. Er suchte Gaidas Abbauhammer und machte sich an die Kohle heran. So eine Arbeit zermürbt. Hatte Woitek einen Teil Kohle losgehauen und sie in die Rutsche geschaufelt, mußte er schnell ein Holz schneiden und unter den Stein bauen, weil sich schon wieder einige bogen und zerbrachen. Dann hockte er wieder, trieb den Abbauhammer gegen die Kohle, und der Schweiß rann in kleinen, schmutzigen Bächen stinkend in den Mund. Ekelhaft schmeckte der Schweiß. Woitek fluchte und spuckte. Ein Holz neben ihm machte ihn wieder unruhig. Es splitterte mitten durch. Woitek stellte den Abbauhammer ab und setzte ein frisches Holz drunter, nahm wieder den Abbauhammer und begann wieder Kohle zu hauen. So ging es in einem fort. Die Hölzer brachen im Zusehen. Woitek schleppte sich wie ein Hund von einem Loch in das andere und wünschte, die Schicht wäre endlich zu Ende. Er mußte immer wieder an Gaida denken. Je mehr ihn der Lärm der Maschinen und die Gefahr verwirrten und ermüdeten, um so mehr betraf er sich bei dem Gedanken an den grauenhaft zerschmetterten Schädel des Gaida. Die Lichter, die in der Finsternis des Kohlenfeldes schwammen, erschienen ihm wie glühende Augen in unheimlichen Gesichtern, die nach ihm starrten. So erschrak er sehr, als sich plötzlich eine Hand auf seine Schultern legte. Woitek fuhr herum und zitterte heftig. Es war der Steiger, der in dem Lärm ungehört herangekrochen war. Woitek starrte ihn wie ein Gespenst an. Der Steiger schrie: »Woitek, der Marinowski kam zwischen ein paar Wagen. Er mußte rausfahren. Bekümmern Sie sich ein wenig um die Förderung.« Woitek sah den Steiger mit aufgerissenem Mund an: »Was, der Marinowski?«

»Sorgen Sie, daß die Förderung im Gang bleibt!« schrie der Steiger und kroch eiligst wieder fort. Woitek nahm hastig seine Lampe und kroch nach dem nächsten Ort, er hielt es allein in seinem Loch nicht mehr aus. Der Kumpel, der schwarz wie ein Mohr Kohle schaufelte, wußte auf Woiteks Frage gar nichts. Auch die anderen wußten noch nichts von Marinowskis Unfall. »Ich sah nur, wie Marinowski nach der Sohle hinuntergekrochen war!« entsann sich Barlik und fragte: »Was ist denn mit ihm los?«

»Der Steiger sagte, er wäre zwischen Wagen gekommen, er mußte rausfahren«, erzählte Woitek, »mehr weiß ich auch nicht!«

Wallaschek sagte mit aufeinandergebissenen Zähnen: »Der Nächste. Gestern Gaida, heut' Marinowski, morgen – wer –?«

»Sie müssen rationeller wirtschaften«, ahmte Barlik den Be-

triebsführer nach, »dann werden Sie doppelte Leistung erzielen!«
»Gestern Gaida, heute Marinowski«, knirschte Wallaschek, »das ist die doppelte Leistung der Treibhunde!«
Die Hauer waren einer nach dem anderen in Wallascheks Ort gekrochen. Unkenntlich verschmutzt von Schweiß und Kohlenstaub. Nur das Weiße in den Augen war in den schwarzen Gesichtern zu sehen und die Zähne, wenn sie sprachen. Die Rutsche schnaubte leer. Die Schippen ruhten. Die Hauer wollten wissen, was mit Marinowski vorgefallen war. Woitek kroch hinunter zur Fördersohle und fragte dort den Lader, um den ein paar Schlepper herumstanden: »Was ist mit Marinowski los?«
»Beide Beine gebrochen«, erzählte der Lader, »und die Rippen hat ihm der Kasten eingedrückt. Die Wagen fielen von den Schienen, Marinowski wollte mithelfen, sie draufzuheben, da brüllte der Steiger zwischen, und der Maschinist zog an!«
»Der Idiot läßt ja niemand zu Atem kommen, wenn er hier ist!« schrie ein Schlepper, der an dem Wagen mitgehoben und sich nur mit Mühe aus dem Wagenzug gerettet hatte. Woitek kroch noch mutloser in das Kohlenfeld zurück und erzählte es den Kumpels. Die gingen nur widerwillig an ihre Arbeit.

Der grüne Wagen hatte Marinowski ins Krankenhaus gebracht. Mit ihm fuhr ein Kumpel aus einem anderen Revier, der sich den Kopf aufgeschlagen hatte. Mehreremal in der Woche fuhr so der Wagen eine blutige Ladung nach dem Krankenhaus hin.
Gaida war feierlich beerdigt worden. Die Betriebsverwaltung hatte einen großen Kranz gespendet. Der Betriebsführer schritt mit einigen Beamten, das Gesicht ernst und voll Teilnahme auf die schreiende Witwe gerichtet, mit unter den Leidtragenden.
Einige Tage darauf besuchte der Betriebsführer die 5. Rutsche,

legte sich neben die Hauer hin und prüfte mit der unvermeidlichen Uhr in der Hand die Arbeitsleistung. Die Leute arbeiteten ihm immer noch nicht rationell genug. Er sprach zu jedem von Unrentabilität des Betriebes, und daß ein Teil Unproduktiver entlassen werden müßte. Das jagte die Hauer in neuen Schrecken. Sie strengten sich noch mehr an, um nicht für unproduktiv zu gelten.
Mächtige Schnitte klafften im Hangenden. Auf den schüchternen Einwand eines Hauers sagte der Betriebsführer: »Bauen Sie nur richtig aus; das können Sie immer noch bei der Förderung tun. Teilen Sie sich Ihre Arbeitszeit besser ein, so sichern Sie sich Ihre Knochen und kommen mit der Kohlenförderung mit!«
Woitek, der nun an Marinowskis Stelle der Ortsälteste war, saß abgehetzt dabei. Das geborstene Gestein machte ihm seit Tagen Sorgen. Er hatte es schon mehrere Male gemeldet. Es hatte nichts genutzt.
Die Drohung mit der Entlassung der Unproduktiven erreichte ihren Zweck. Die Abbauhämmer wühlten in der Kohle. Berge voll Kohle verschlang die Rutsche. Von Schicht zu Schicht zerbrachen die Hölzer immer mehr, und das Kohlenfeld glich einer niedrigen Falle, in die die Hauer an jedem Morgen und Mittag voll Schauder hinunterkrochen.

Und eine Schicht: Es war um 9 Uhr herum, der Wischnewski, der in der Mitte des Kohlenfeldes Kohle schlug, kam hastig in Wallascheks Kohlenort herangekrochen: »Du, ich glaube, wir müssen heraus, mit der Bude stimmt es nicht!«
»Geh, hol den Steiger!« rief Wallaschek und legte die Schippe fort, nahm den dicken Hammer und hämmerte damit gegen die Luftleitung. Die Rutsche hielt nicht an. Mit einem Fluch schleuderte Wallaschek den Hammer gegen den Kohlenstoß und suchte Barlik auf: »Du, ich glaube, die Bude geht ab!« Er hob seine Lampe und leuchtete die Schnitte in dem Hangenden ab, die breiter geworden waren. »Wir müssen die andern warnen!«

Ein Donnerschlag erschütterte das Kohlenfeld, und die Hölzer begannen sich zu verschieben. Wallaschek sah, wie sich die Lichter in den Orten fortbewegten und ermahnte eindringlicher: »Komm, es wird Zeit, eh die Bude abgeht!« Sie krochen so schnell sie konnten nach der oberen Förderstrecke hinauf. Währenddem krachte und donnerte es unaufhörlich in dem Rutschenfeld. Sie zerrissen sich in der Eile an den zersplitterten Hölzern und dem scharfen Gestein die Leiber und Gesichter und kamen vor Schreck halb verrückt oben in der Rutsche an, wo sich schon andere Hauer hinaufgerettet hatten.
»Alles hier?« fragte Wallaschek heiser. »Der Woitek fehlt!« Der Ortsälteste war noch nicht da.
»Er wird wohl nach der Fördersohle hinunter sein!« sagte Barlik. Wischnewski kam mit dem Steiger herangestürzt. »Was habt ihr denn?« fragte der Steiger. »Warum lauft ihr denn fort, baut doch aus!«
Er kam nicht weiter. Ein furchtbarer Stoß dröhnte durchs Gebirge. Es krachte und polterte los. Staubwolken fegten aus dem Kohlenfeld, hüllten sie ein, blendeten ihnen die Augen, erstickten sie fast.
Ein Gewitter ging durch die Hölle. Eine halbe Stunde krachte es in einem fort. Sie hockten stumm nebeneinander und horchten nach der Stelle hin, wo das Rutschenfeld lag. Woitek, nach dem Barlik in der Fördersohle suchte, war dort nicht aufzufinden.
»Er sitzt drin!« sagte Wallaschek und sah die anderen an.

Woitek hatte das Krachen gehört. Er versuchte noch einige Hölzer unter den Stein zu bauen. Er kam nicht mehr dazu. Eine riesige Steinplatte löste sich aus dem Hangenden und schlug knapp neben ihm herunter. Er sprang schnell nach dem Kohlenstoß zu und klemmte sich, so eng er konnte, an die Kohle. Ein Stoß nach dem anderen erschütterte das Feld. Er versuchte ein paarmal zu entkommen, hindurchzuschlüpfen, da krachten Steine herunter und versperrten ihm den

Weg. Nun versuchte er das Letzte: er nahm die Säge und die wenigen Hölzer, die in Reichweite lagen, und stellte sie dicht um sich herum, so verhinderte er wenigstens, daß der Stein bis an die Kohle durchbrach. Immer mehr Steine schlugen herunter. Er saß in kurzer Zeit in einem Loch von kaum einem Quadratmeter, wie eingemauert, während es rings um ihn immer noch barst und krachte. Zusammengekauert horchte er auf, wähnte, jemand schreien zu hören –, es war das Kreischen der Luft, die den zerrissenen Rohrleitungen entwich. Als sich der Steinfall ein wenig beruhigt hatte, nahm er mit zitternden Händen die Lampe und leuchtete ab, ob keine Möglichkeit bestand, sich irgendwo einen Ausweg zu wühlen. Er versuchte es an einigen Stellen, die Steine fortzuräumen, das Gestein kam ins Rollen und das Loch in dem er saß, wurde dadurch noch enger. Er beschloß zu warten. Nach einer Viertelstunde Wartens befiel ihn die Furcht, daß man ihn vielleicht tot glaubte. Das Entsetzen, in dem Loch tagelang hocken zu müssen, ohne sich aufrichten oder ausstrecken zu können, vor Durst langsam und qualvoll sterben zu müssen, riß ihn empor, trieb ihm das Blut in den Kopf, und er begann um Hilfe zu brüllen. So brüllte er lange, lange, bis er nicht mehr konnte. Er nahm den schweren Hammer und klopfte damit wütend gegen die Steine, preßte das Ohr daran, lauschte, ob keine Gegenschläge zu hören waren – nichts!
Er kauerte wieder hin und stierte die Steine an.
Die dritte Schicht nach dem Zusammenbruch der Rutsche. Eine Partie löste die andere ab, Tag und Nacht. Sie räumten den Bruch auf, um nach Woitek zu suchen. Dem Betriebsführer lag viel daran, das wertvolle Material an Rutschen und Rohrleitungen wieder frei zu bekommen. Aber auch das Flöz mußte freigelegt werden, damit mit der Kohleförderung wieder begonnen werden konnte. Von Woitek glaubten alle, er sei tot.
Während der Nachtschicht war es, da hörte einer der Hauer ein fernes Klopfen, das sich in Abständen wiederholte. Er

machte die anderen Hauer darauf aufmerksam. Nun lauschten sie alle hin.
»Der Woitek«, sagte Barlik, der mit bei der Partie war.
»Unsinn!« sagte ein anderer.
Sie horchten nochmal angestrengt hin. Einer pochte gegen die Steine. Sie lauschten. Es klopfte wieder.
»Der Woitek lebt!«
Nun ging es mit doppelten Eifer dran. Es hieß, den Woitek freizubekommen.
»Dran!« sagte Barlik halb unter Schluchzen, »seine Frau wird verrückt vor Freude!« Und er schaufelte, wie er in seinem Leben noch nicht geschaufelt hatte. Auch die anderen arbeiteten wie die Pferde. Sogar der Steiger packte mit an den schweren Steinen an und spornte die Kumpels an.
Die Nachtschicht verging. Die Morgenschicht übernahm die schwere Arbeit. »Der Woitek hat sich gemeldet«, erzählte Barlik dem Wallaschek, der bei der Morgenpartie war.
»Der Woitek lebt, dran Kumpels!« jagte Wallaschek los. Sie schaufelten und zerschlugen mächtige Haufen Gestein, berieten, wie sie am besten an den Verschütteten herankommen könnten. Wallaschek ließ sich nicht ablösen. Fieberhaft warf er die Steine fort und klopfte alle paar Minuten gegen das Gestein. Die Antwort kam immer schwächer. »Rasch, er muß ersticken, es sind bald zweimal vierundzwanzig Stunden rum!« sagte Wallaschek in höchster Angst und wütete wieder los.

Woitek hatte lange zusammengekauert dagesessen. Das Kreuz war ihm wie gebrochen. Das Loch wurde durch Steinrutsch immer enger. Er mußte sich im Rücken grade recken. So zog er die Beine an, dicht an den Oberleib, und konnte nun eine Weile mit dem Rücken ausruhen. Daraufhin versuchte er es mit den Beinen, die ihm zu ersterben drohten, richtete sich ein wenig auf, bog den Rücken ein und streckte die Beine aus. Einmal stieß er mit dem Kopf an ein Holz, schon krieselte es in dem Steinhaufen, und er stellte mit

Schaudern fest, daß das Loch noch winziger wurde. Auch der Stein über ihm schien sich tiefer gesetzt zu haben. Die Augen quollen ihm vor Todesangst aus dem Kopf. Er begann von neuen zu brüllen. Lauschte ob Antwort kam – nichts! So schrie Woitek, bis er umklappte.
Eine Ohnmacht hatte ihn umfangen. Aus der Ohnmacht verfiel er in einen dumpfen Halbschlaf. Er schrie auf: das Gesicht des Gaida sah er, ganz deutlich, zum Greifen nahe. Wo er hinsah, sah er das unheimliche Gesicht des Gaida. Woitek brüllte; wie eine eiserne Kralle saß es an seiner Kehle.
Mit Gewalt besann er sich auf die Wirklichkeit. Durst brannte ihm den Gaumen, die Gurgel aus. Neue Angst, der Durst wurde unerträglich. Wieder das Gesicht des Gaida, – er holte mit der Faust aus und schlug zu. Traf schmerzhaft gegen Stein. Blut floß aus der aufgehauenen Hand. Er leckte es ab. Er fühlte, daß es feuchtete. Voll Gier sog er das Blut aus der Hand, um den brennenden Gaumen zu feuchten. Bis ihn der Schmerz in der Wunde peinigte.
Er hatte sein eigenes Blut gesogen, um nicht zu verdursten. Und wieder befiel ihn die Sterbensmüdigkeit. Sterbensmüde wurde auch sein Licht. Langsam erlosch es. In der heranbrechenden Nacht hörte er fernes Scharren. »Die Kumpels –?« er nahm mit den schlaffen Händen den Hammer und klopfte. Lange klopfte er. Lauschte, bis ihm der Kopf weh tat. Klopfte und klopfte wieder. Lauschte – er hielt den Atem an. – Man klopfte wieder. Er war gehört worden.
Das Licht war gestorben. In der Nacht krieselte der Steindreck, und er verspürte, daß er noch weniger Raum behielt. Und der Durst kam wieder. Gräßlicher als zuvor. Da war wieder das Gesicht des Gaida! Woitek streckte die Hände vor, stieß nach dem Gesicht. Er stieß gegen Stein. Hoch oben im Bruch polterte es. Woitek kam zu Besinnung und schrie heiser: »Hilfe, Kameraden, Hiiilfe!«
Längs dem Kohlenstoß schimmerte was. Er begann zu kratzen. Bis ihm das rohe Fleisch an den Fingern hervorkam. Überall schimmerten winzige Lichtlein. Woitek scharrte und

scharrte, riß sich im Eifer die Fingernägel ab. »Die Kumpels!« kreischte er, »He – he – Kumpels!« Woitek lachte vor Freude und scharrte.

Die sechste Schicht. Woitek klopfte nicht mehr. Ein großer Teil der Steine war fortgeräumt worden. Erschöpft arbeiteten die Hauer weiter. Sie hatten Woitek noch nicht gefunden. Bis einer befahl, still zu bleiben. Er hatte einen Laut gehört. Sie horchten hin.
»Ein Tier?« fragte Wischnewski entsetzt.
»Der Woitek«, sagte Barlik. »Woitek lebt!«
Rüstig flogen die Schippen. Steinlage um Steinlage barst unter den harten Hammerschlägen. »Woitek lebt noch, eilt euch Kumpels!« Einer jagte den andern.
Noch eine Schicht ging zu Ende. Die siebente. Der Betriebsführer kam und wurde nervös: »Noch nicht fertig? Wie lange soll denn die Förderung stilliegen, Kerls?«
»Hund, verfluchter!« knirschte Barlik. »Der Woitek muß erst raus, dann Förderung!« sagte er laut.
Der Betriebsführer leuchtete ihm ins Gesicht. »Wie lange soll denn noch gemurkst werden, he?« Er wandte sich zum Steiger: »Hoffentlich ist der Motor unbeschädigt.« Es klang besorgt.
»Der Woitek!« stammelte ein Hauer, »ich hab ihn eben gehört!«
Sie hielten mit dem Schippen und Hämmern inne. Horchten. Sie hörten nun alle den Woitek. Es war nicht der Woitek, – es schien doch ein Tier zu sein.
Immer grauenhafter wurde die letzte Stunde. Bis das Loch frei lag. Barlik kroch hinein. »Woitek, komm raus!« schrie er. Woitek lachte. Ein häßliches Lachen. Eiskalt überlief es den Barlik.
Mit Gewalt mußten sie Woitek aus dem Loch zerren, er wehrte sich und biß um sich.

Der grüngestrichene Wagen fuhr ihn fort. Um die gleiche Zeit spülte Hennes Paus in der Leichenbude hinter dem Schacht einen stillen Kumpel ab. Der war aus dem 8. Revier und war auf einen Sprengschuß geraten.

»Der Woitek ist nicht minder übel dran«, sprach Hennes Paus zu dem stummen Kumpel, »bedankt euch beim Alten, der versteht seine Sache, haha!«

»Ich hab eine feine Idee«, sagte der Betriebsführer ein paar Wochen später zu den versammelten Steigern. »Wenn das durchgeführt wird, fördern wir mit der halben Belegschaft die Kohle, die wir bisher gefördert hatten, meine Herren.« Und er begann den Beamten seinen Plan zu erläutern ...

Mitten in die Konferenz stürzte der Maschinensteiger. »In der Waschkaue wird eine Versammlung abgehalten!« unterbrach er in höchster Aufregung die Konferenz.

Die Stirn des Betriebsführers krauste sich: »Reden Sie kein dummes Zeug, auf meiner Schachtanlage gibt's sowas nicht!«

»Ich war doch selbst zugegen!« drängte der Maschinensteiger. »Der Wallaschek redet zu den Kumpels!«

»Los, nach der Waschkaue!« befahl der Betriebsführer. Als die Beamten in die Waschkaue eindrangen, warf sie ein Strom Kumpels auf den Zechenplatz zurück.

»Was fällt euch denn ein?« schrie der Betriebsführer.

»Meinen Sie, wir wollen alle in der Leichenbude oder in der Gummizelle landen?«

Ein wuchtiger Hauer hatte sich vor ihm hingepflanzt. »Wir haben Schluß gemacht!«

»Nun regeln wir unseren Lohn selbst«, sagte ein zweiter Hauer ergrimmt.

»Wir haben den Streik beschlossen!« rief jemand aus dem Haufen, der den Betriebsführer umringte.

»Bei mir gibt es keinen Streik!« fuhr der Betriebsführer empört auf.

»Streik!« rief einer.

»Streik!« brüllten alle. Und der Strom der Bergleute wälzte sich unter Verwünschungen dem Tore zu.

Der Hennes Paus war mit der Leichenwäsche fertig geworden. Er war aus der Bude getreten und hatte mit einem frohen Lachen dem Lärm auf dem Zechenplatz zugehört. »Die sind klüger geworden«, sagte er und zwinkerte dem stummen Kumpel zu.

GEORG GLASER
Die junge Alte

Schon der Morgen des ersten Streiktages zeigte uns, daß wir den Feind unterschätzt hatten. Das ließ uns aber kalt, denn wir hatten nichts zu verlieren. In unsere Dreckbude von Fabrik kamen wir immer noch früh genug zurück, um Pikrinsäure zu machen und uns vom Gift auffressen zu lassen. Jeden Tag, den wir im Streik aushielten, verloren die Kapitalistenhunde, die Pikrinsäure ja doch nur zu Granaten gegen Rußland brauchten.
Es war noch dunkel, und der Nebel machte einen Hof um die Laterne, unter der wir standen. Hinter uns lag das Werk. Es atmete wie ein lebendes Wesen. Seine Nüstern waren die Ventile. Seine Augen – die tausend Bogenlampen – strahlten auf die dunklen Bauten, durch das Gewirr der Rohre und ließen den Dampf, der den Ventilen entströmte, ganz weiß sich von dem Dunkel abheben. Noch arbeiteten die Maschinen. Die Wagen der Hochbahn glucksten noch die Leitung entlang. Die Nachtschicht ging erst in einer Stunde zu Ende. Wir waren jung und kampfeslustig. Arbeiterinnen von der Abteilung Ceha zweiundsiebzig. Vom Weiberschlafsaal vier. Die Belegschaft von Ceha zweiundsiebzig war an ihren gelben Haaren leicht zu erkennen. Genau wie zum Beispiel elf an ihren ewig blauen Händen. Bei den Ceha-siebzehn-Leuten erschrak man immer aufs neue, weil ihre

Augenhöhlen und alle Vertiefungen des Gesichts ganz grün waren.
Wir mußten uns mit lächerlichen Mitteln gegen das Giftmeer, in dem wir schließlich doch ersaufen mußten, wehren. Wenn die riesengroßen Öfen, deren Türen mit Kettenzügen bewegt wurden, entleert werden sollten, banden wir uns ein nasses Schwämmchen um Mund und Nase. Es gab eine Menge Staub, und nach zehn Minuten hatten wir ein Kratzen im Hals, das nicht mehr wegging. Bei diesen Öfen war auch die kleine schwarze Arbeiterin aus Schlafsaal drei geblieben. Sie hatte erst elf Tage gearbeitet. Bei der Verbrennung im Ofen gab es Gase, die beim Öffnen natürlich herauskamen. Sie waren aber erstens nicht direkt giftig, der beste Beweis war ja, daß die Schwarze erst nach elf Tagen abgekratzt war, und zweitens stellte ja die Leitung die Schwämmchen zur Verfügung.
Wo die Schwämmchen auf der Haut auflagen, bildete sich am Rand ein Schlamm aus Schweiß und Staub. Das gab später einen Kranz von Ausschlägen um Mund und Nase. Chemische Krätze. Bei uns in Ceha zweiundsiebzig war das noch schlimmer, denn es blieb bei uns nicht dabei, daß die Haare gelb und die Lippen blau wurden. Wir bekamen große Furunkeln, die nie heilten. Wir mußten die Gewinde von großen Stahlbüchsen, die mit einer paraffinartigen Masse gefüllt wurden, mit Benzol reinigen. In heißen Tagen im Sommer war es bei uns so, daß man sich den Tod wünschte. An solchen Tagen fielen immer fünf oder sechs Frauen um. Sie wurden weggeschafft, um nach drei Tagen wieder da zu stehen. Nur manche kamen nie wieder.
Die älteren von den Arbeiterinnen unserer Abteilung hatten Kinder. Diese Kinder waren voll eitriger Bläschen zur Welt gekommen.
Die Firma stellte uns als Gegengift einen Liter Milch pro Tag zur Verfügung. Aber viele von uns hatten Kinder und kleine Geschwister, denen sie die Milch brachten, weil diese Kleinen sonst nie dazu gekommen wären.

So ließen sie uns schuften bis wir eines Tages umfielen wie alle, die vor uns umgefallen waren, und verfaulten. Es war schon gleich. Verrecken mußten wir. Aber nicht schweigend verrecken, dazu waren wir zu jung.

Der Dampf aus den Ventilen wurde in der aufkommenden Dämmerung blaß wie der Nebel um die Laternen. Vor uns lagen die Häuschen der Werkskolonie. Weiter hinten die Ledigenschlafsäle. Der Nebel machte die Gestalten, die auf dem Bürgersteig gegenüber vorübergingen, so groß wie der Rübezahl in unserem Schullesebuch. Zwei Jahre waren wir jetzt aus der Schule.

Es wurde jetzt schon etwas dämmrig. Durch das Grau kam eine große Gestalt auf uns zu, »unsere Alte« sagte ein Mädchen. Da zitterte die Straße von der Erschütterung schwerer Lastwagen. Die Gestalt blieb gegenüber stehen um die Lastwagen vorüber zu lassen. Wir sahen sie erstaunt heranrollen. Ihre Motoren dröhnten. Was machten die Lastwagen so früh? Und dann wurde doch gestreikt. Es war eine ganze Reihe. Sie enthielten – als wir das sahen, bekamen wir einen großen Schreck – Schupos mit Gewehren. Die grauen Wagen rollten vorüber und ließen uns sprachlos zurück. Wir waren junge Mädels ohne Erfahrung und ließen uns leicht ins Bockshorn jagen. Der Feind hatte uns die Zähne gezeigt. Aber über die Straße kam eben unsere Alte. Zur rechten Zeit, denn sie konnte einem Mut machen.

Sie stand vor uns und sah uns mit ihren offenen klugen Augen an. Unsere Betroffenheit entging ihr nicht und sie redete auf uns ein. Sie erklärte uns, ihre Hände hieben dabei flach in die Luft, welches die Rolle der Polizei in einem kapitalistischen Staat ist. Wir hörten ihr zu, ohne sie auch nur mit einem Wort zu unterbrechen. Wir waren lauter junge Arbeiterinnen. Sie war wie eine Mutter zu uns.

Es war inzwischen hell geworden, die Uhr am Turm des roten Verwaltungsgebäudes glänzte. In dem großen Klinkerbau saßen die Herren sicher sehr ratlos über unser Vorgehen.

Die Sonne versuchte, sich trotz Nebel in den großen blanken Wagen zu spiegeln, die dauernd vor und weg fuhren. Die Herren der Autos sprangen wie dicke Frösche die Treppe vor dem Portal hinauf und hinab. Das sahen wir von weitem, als ein älterer gut aussehender Mann, der uns flüchtig grüßte, so als ob er keine Zeit hätte, begleitet von zwei weniger auffälligen Männern, die Treppe hinaufging. Er sprang nicht so wie die anderen und wir konnten genau feststellen, daß es der Sekretär unserer Gewerkschaft war.

Niemand sagte etwas, weil die Alte bei uns stand. Sie war seit dreißig Jahren organisiert. Sie hing an der Sache und wollte nicht sehen, wie die Herren von der Gewerkschaft sie täglich verrieten. Sie zog die Brauen zusammen, daß auf der Stirn senkrechte Falten entstanden und blickte scharf auf die Treppe. Unser Schweigen machte sie unruhig und sie versuchte mit Worten dagegen anzukämpfen: »Er stellt sicher nur den Hunden ein Ultimatum. Die Genossen haben ihn vorgeschickt.«

Wir waren in der Betriebsversammlung gewesen und wußten, daß die Gewerkschaft von vornherein gegen den Streik gewesen war. Unsere Alte war eine mutige Revolutionärin, aber sie hatte Unrecht. Wir hatten aber keine Lust, ihr das zu sagen, weil wir auf ihren Zustand Rücksicht nehmen wollten.

An einem der opferreichen heißen Tage hatte man sie aus unserer Abteilung getragen. Das bedeutete bei ihr das Ende, denn sie arbeitete nun jahrelang. Ihr Körper war nicht mehr stark genug, sich von diesem Schlag zu erholen. Es war der Tod, der uns allen blühte, und was ihn so schrecklich machte, war die Sicherheit mit der er erfolgte. Er nahm sich Zeit. Ein halbes Jahr. Jeder Anfall von Brechdurchfall und Kopfschmerzen brachte ihn ein Stückchen näher.

Unsere Alte hatte im Innern sicher gemerkt, daß zwischen uns und der Gewerkschaftsbürokratie eine Kluft bestand. Aber sie war am Ende der dreißig Jahre zu schwach von dem Gift, um diese Kluft noch überspringen zu können. Und das tat ihr weher als alles, denn ihr Herz und ihr Denken war unser. Immer noch sah sie mit senkrechten Falten in der Stirn auf die Treppe, obwohl dort nur noch die dicken Frösche auf- und abhüpften.

Um elf Uhr wurden wir abgelöst. Wir gingen zum Proviantlager wo ein Lastwagen, ein paar Fuhrwerke und zwei Handwägelchen abgeladen wurden. Wir halfen auch hier noch ein bißchen. Die Arbeiter freuten sich über die vielen Kartoffeln und Brote. Wir waren vorsichtiger. Wie lange konnten dreihundert Sack Kartoffeln und tausend Brote für den ganzen Betrieb reichen. Es sah kolossal aus, dieses Lager. Aber wie sieht erst eine Demonstration von zehntausend Streikern aus? Wir dachten, daß wir sehr tapfer hungern und kämpfen mußten, um zu siegen. Und dann dachten wir an unsere kranke Alte und an die vielen Kinder. Hunger oder Gift. Das eine war für Rußland und gegen die Hunde. Das andre gegen Rußland und für die Hunde. Wir hatten unsere Wahl getroffen.

ANNA SEGHERS
Auf dem Wege zur amerikanischen Botschaft

»In dieser fremden Stadt will ich ganz anders sein. Ich werde nie mehr hierher zurückkommen, aber diese eine Woche will ich für mich haben. Was ich in dieser Stadt mache, das zählt nicht mit, das gilt gar nichts, sowenig wie etwas gilt, was man im Schlaf macht. Was ich in dieser Stadt mache, wird einfach nicht mitgerechnet. Das kann ich. Das geht.«
Er wäre gern in die Stadt hinein gerannt, aber er kam ganz langsam vorwärts. Seine Füße bewegten sich gleichmäßig, wie von Drahtschnüren gezogen. Es war quälend für einen Menschen, der jede Minute ausnützen und geradeaus laufen

wollte. Jetzt bewegten sich seine Füße nur noch an Ort und Stelle, herauf und herunter, aus.
Der Zug, der gerade losgegangen war, staute sich vor dem ersten Übergang. Es war ein Geschäftsviertel am Westbahnhof. Aus den Fenstern betrachteten Leute die Transparente und Fahnen in gutmütiger Langeweile. Der Fremde wollte sich gleich herauswinden, es ging aber nicht; denn er war eingemauert in Rücken, Hüften und Hinterteile. Er hatte plötzlich heftige Angst, Heimweh, sogar Reue.
Dann gab es vorn Luft. Der Zug zog sich auseinander wie eine Harmonika. Die Fahnen richteten sich auf und steiften sich. Als hätte der Ruck einen Luftzug verursacht, flogen plötzlich ein paar Fenster zu, die Köpfe verschwanden im Dunkel der Zimmer, sogar ein paar Läden rasselten herunter. Der Fremde fuhr zusammen, jetzt, da es wirklich losging, stolperte er, lächelte und lief schnell seinen Füßen nach.
»Wohin gehen wir eigentlich?« Der Mann neben ihm erwiderte verwundert: »Zur amerikanischen Botschaft.«
»Wie lange dauert das?« – »Das kann man doch ausrechnen, um zwei soll man dort sein.« Neben dem Mann ging eine Frau, die vielleicht seine eigene war. Neben der Frau ging ein schwarzer Kleiner mit einem rotfransigen Tuch. Vor ihnen gingen vier Jungen in gleichen Jacken, mit gleichen Nacken, als ob sie zusammen einen Balken trügen. Sie waren bereits an der Querstraße. Es war aber leichter aus einem Knäuel herauszukommen als aus einer Viererreihe. Er sah mit einem langen Blick die Querstraße hinunter. Die lief wirklich mitten in die Stadt hinein. Etwas in ihm platzte bei diesem Anblick auf, wurde verrückt und stürzte davon, die eisig leuchtende Straße entlang, überschlug sich und ging verloren. Hinter ihm sagte wer: »Wenn die nur nicht absperren.« – »Wo denn?« – »Die Brücke.« – »Mal abwarten.« Der Fremde horchte hin, verstand nichts, erblickte plötzlich die Stümpfe von zwei Türmen. Er erschrak vor Freude. Sie waren so schön wie die Türme auf seinen Bildern, aber sie hatten, was diese Türme nie gehabt hatten, den Geruch von

Wirklichkeit, den man nur spürt, wenn er da ist. Denn wenn die Türme wirklich waren, dann war auch die Stadt wirklich, und auch er war wirklich, er ganz allein, in der fremden Stadt, wo alles anders war, endlich ganz wirklich. Streckte er den Arm aus, so legte sich die Luft um seine Hand, fremde blaue Luft, wie eine Substanz. Er war glücklich und hatte Lust zu reden. »Ja, ich bin die ganze Nacht über gefahren. Ich bin gerade erst angekommen, alle Querstraßen waren abgesperrt, ich habe ganz allein in der fremden Stadt vor dem Bahnhof gestanden, da habe ich euch alle gesehen.« – Zu faul, seinen Kopf zu drehen, warf ihm der Mann aus den Augenwinkeln einen Blick zu, einen Blick vollkommener Gleichgültigkeit. Es war schlecht, einen solchen Blick zu bekommen, und er fuhr heftig fort: »Das will ich mal tun für die beiden Jungens, denn die dauern mich.« Der Mann warf ihm wieder einen Blick zu, sein Gesicht erstarrte vor Geringschätzung. Von hinten drängten sie immer: »Schneller, dichter, macht zu, bevor sie absperren.« Der Mann drehte sein Gesicht endgültig von ihm weg, der Frau zu, die Frau sah ihn schnell an und senkte die Lider.

Etwas in ihr schnappte zu, was offen gewesen war, vier, fünf Jahre. Oben im Kopfe ging es zu und unten auch. Daß das überhaupt mal zuging. Nämlich, Paul, das würde ja gar nichts nützen, wenn er noch da wäre. Der wäre ja gar nicht so, wie er war, bevor er tot war, sondern, wenn einer am Leben bleibt, dann wird er eben anders. Und Paul, der wäre jetzt so gewesen, wie der ist, der neben ihr geht, auch so mürrisch und steintrocken. Paul war ja von vornherein grämlich, und so einer wird mit der Zeit ganz steinern. Alles an ihr hing sich herunter vor Nachdenken, ihr Kiefer, ihre Schultern, ihr Bauch, ausgebeutelt zur Strafe, weil so oft was drin war. Der Mann dachte: An der ist auch nicht mehr viel zu holen, die ist genauso ausgefegt wie meine zu Haus. Von wegen dauern. In seiner Tasche zwischen Daumen und Zeigefinger preßte er ein Geldstück, von dem die daheim unmöglich wissen konnten, daß es da war. Die konnten auch nicht wissen, wann das vor der Botschaft zu Ende war. Vielleicht sperren sie ganz ab. Da wollte er sich mal was antun, mal verschnaufen. Von wegen dauern. Die beiden Jungens. Kein Hahn kräht nach einem. Ihm haben sie nicht mal jemand vom Verband geschickt. Er hatte noch der Frau gesagt, daß sie sicher jemand schicken werden. Er war ja lange genug im Verband, in der Nacht hatte es ihn gewürgt, und seine Frau hat es auch so gewürgt. Erstens wegen Stephan, dem Zerquetschten, dem Begrabenen, und zweitens, weil es sich dabei herausstellte, daß sie nicht mal jemand vom Verband schickten.

Von hinten drängten sie. Schneller! Dichter! Jemand rief wütend: »Paßt acht, die drücken uns auseinander!«

Auf einmal fingen alle zu rennen an. Die Frau legte die Hände um ihren Bauch und rannte. Der Kleine an ihrer Seite drückte die Ellbogen an sich wie zu einem Dauerlauf. Der Mann ließ im Rennen das Geldstück zwischen Daumen und Zeigefinger los und fuchtelte verzweifelt in seiner Tasche und seinem Hosenfutter. Er rannte, aber seine Kehle war eng vor Wut, weil das Geldstück durch das Hosenbein auf das Pflaster gekollert war.

Der Fremde nahm seinen Hut in die Hand und rannte. Er nahm sich vor, bei der nächsten Querstraße abzuspringen. Er warf einen schnellen Blick in die Reihe angespannter, feuchter Gesichter. Niemand gab auf ihn acht. Er bog scharf ums Eck, aber zu seinem Erstaunen bogen alle scharf um. Sie trieben wie ein Keil in die Querstraße hinein, in die dunkle zähe Menschenmenge. Einen Augenblick schwammen die Fahnen und Transparente auf einem Meer von Köpfen. Dann gaben die Menschen nach, teilten sich auseinander und ließen den Zug allein mit seinen Fahnen und Liedern. Sie ließen ihm noch einen breiten, glänzenden Streifen Asphalt rechts und links dazu. Die kleinen schmierigen Cafés füllten sich. Die Straße äffte den Zug und wurde plötzlich unermeßlich breit, daß der Zug wie ein Faden war. Was ist denn passiert? Ich bin doch allein in der Stadt, und eben war ich ganz glücklich.

Der Fremde hätte sich am liebsten drüben hingesetzt, um einfach alles vorbeiziehen zu lassen, aber die anderen dauerten ihn, die drei in seiner Reihe, die dann ohne ihn waren. Er hob den Kopf und erblickte wieder seine beiden Türme in unerwarteter Nähe. Sein Herz zog sich vor Freude zusammen. Diese Türme standen wie Wächter über seinem Wunsch, über dem unerfüllbaren, verrückten Wunsch seiner Jugend, der heftigen, in Scham und Angst geheimgehaltenen Begierde, der letzten Hoffnung der letzten Jahre: allein in die Stadt zu fahren.

Der herankommende Zug streifte die Gesichter über den Tischen mit einer Wolke von Unbehagen. Die Blicke der Demonstranten trafen sich mit den Blicken der Sitzenden, hakten sich fest, zogen sie hinter sich weg von den Marmortischen, schleiften die stumpfen, rauhen Blicke, bis sie glatt waren und der ganze übrige Zug glatt an ihnen vorbeirutschte.

»Macht zu! Die sperren!«

Ja, wenn sie absperren, konnte man einfach nicht drüber, dann konnten sie umkehren. Konnte man einfach die Tür aufreißen: Da bin ich. Das Zimmer war ja wohl leer. Da konnte sie in den Hof hinunterrufen: Da bin ich! Paul hatte abends immer zwischen den schlafenden Kindern gehockt, auf die Tür gespannt, ihren Körper zurückzukriegen aus der fremden, schrecklichen Stadt. Nie war es mehr so gewesen wie früher, als sie gespannt hatte. Es war, als ob er von seiner Arbeitsstätte das Wichtigste mitgebracht hätte, das, was man braucht, um nachts glücklich zu sein.

Der Mann sagte: »Die sperren, da rennen wir uns umsonst die Beine krumm.«

Der Kleine erwiderte schnell, wie gestochen: »Wieso denn umsonst?«

Ein kurzer Dicker schob sich aus einem Café quer über die Straße. »Hallo, Stephan!« Und der mürrische Mann warf dem Fremden neben sich einen kurzen Blick zu. Aber der ließ sich nicht wegdrücken. Einen Augenblick liefen sie zu fünft nebeneinander. Der Mann gab ihm wieder einen Schubs von Blick, aber der ließ sich nicht wegdrücken, fiel ihm nicht ein, seinen Platz einfach abzugeben. Der Fünfte betrachtete ihn verärgert aus seinem rotgeschwollenen, von innen wie ein Kinderballon aufgeblasenen Gesicht und stellte sich woanders ein.

Sacco und Vanzetti. Sie schämte sich sehr, hätte gern gefragt, besonders den Kleinen neben sich, der »Wieso denn umsonst« gesagt hatte. So geht es einem, wenn man sich schämt zu fragen. Sie hätte gleich am Anfang fragen sollen, wie alle zuerst davon gesprochen hatten. Sie schämte sich wirklich, die Männer zu fragen, da lief sie schon lieber einfach mit. Sie dachte und dachte, aber sie kam jetzt nicht darauf, was mit den beiden war, was die zwei getan hatten, von denen man immerzu sprach, und fragen ging nicht. Sie grübelte nach, dann fiel es ihr ein. Sie war ganz erleichtert. Jetzt fiel es ihr endlich ein, daß die beiden gar nichts getan hatten, nichts Großes und nichts Kleines, sondern einfach unschuldig waren.

Die Luft war feucht und schwer, und allen war sehr heiß. Der Kleine knüpfte unschlüssig sein rotes Tuch ab, knäulte es zusammen, besann sich anders, legte es um die Schultern und steckte die Enden in die Taschen. Absperren, umsonst laufen, rufen einen, schicken einen wieder heim, rufen einen, schicken einen wieder heim. Nichts geschieht. Morgens reißt man sich los, und abends kommt man wieder. Sein rundes braunes Gesicht mit dem rasierten Kinn, blau wie Tinte, war gequält vor Hoffnung. Vorne drehte sich einer um. »Bist auch da, Kleiner.« – »Immer.« – »Geht glatt heute.« – »Glaub ich nicht.«

Rechts und links vor den Cafés schrien und wedelten die Zeitungsverkäufer, ihre Extrablätter flatterten um die Marmortische. »Man hat sie wieder ins Totenhaus gebracht!« Gesichter senkten sich, hoben sich, eingetaucht in Schrecken. Sie drohten gegen den Zug, als ob sie ihn abgeschickt hätten, den allzu trägen. Der Zug straffte sich, rechts und links in den

Gesichtern ging der Schrecken aus, einen Augenblick waren sie leer, wie verträumt, dann füllten sie sich mit was anderem.

Man hat sie wieder ins Totenhaus gebracht. Es ist eng und dunkel, der Boden unter ihnen steinhart. Sie haben gar keinen Speichel mehr im Mund. Die stecken mittendrin, die wissen, woran sie sind, haben sich morgens nicht umsonst losgerissen. Aus dem Dunkel drehen die beiden ihre weißen, glänzend feuchten Gesichter zu ihm hin. Schmerzend und widerstrebend ziehen sich alle Gedanken in seinem Kopf in dem einen Wunsch zusammen, an ihrer Stelle zu sein, aber sein Herz stößt gegen diesen Wunsch mit wütenden harten Schlägen, und im Schoß einen Stich.

Man hat sie ins Totenhaus gebracht. Es stinkt nach Chloroform und Äther. Drei, vier starke Männer in weißen Kitteln versuchen umsonst, das Blut aufzuhalten, das geduldig und langsam aus einem herausfließt, aber für Männer gibt es andere Tode. Pauls Gesicht war ganz in die Länge gezogen. Er war noch immer braun verbrannt und doch ganz bleich, wie gelbe Blätter. Aus dem Dunkeln wenden die beiden ihre Gesichter, übermäßig in die Länge gezogene, gelbliche Zwillingsgesichter. Sie graulte sich, bezwang sich und sah sie fest an.

Man hat sie ins Totenhaus gebracht. Aus. Schluß. Es ist doch Schluß, die Weiber begreifen das nicht, man möchte Schluß machen, aber die Weiber heulen. Ein kleines gerieftes Totenhäuschen aus Wellblech, zwischen zwei Schienensträngen auf dem Westbahnhof. Er drängt sich durch die Proleten, aber seine Arme sind wie Papier. Aus dem kahlen Gesicht auf dem Boden fliegt der Schnurrbart weg. Ihm, dem Vater, soll man nichts weismachen, er arbeitet lange genug auf dem Westbahnhof. Zwei Puffer und dazwischen ein Pfannkuchen. Er weiß, was unter der Decke ist. Er reißt die leidige Decke weg. Er weiß nicht, was er denken soll. Da denkt er mal schnell, ob sie wohl jemand vom Eisenbahnverband zu diesem Begräbnis schicken? Er schämt sich, aber es ist gerade kein anderer Gedanke da. Aus dem Dunkeln drehen die beiden ihre Gesichter um, das eine mit einem Schnurrbart, das andere, nun, mit einem rasierten Kinn und einem roten Halstuch. Sie sehen einander aufmerksam an, er kann ihnen nicht helfen, und sie können ihm nicht helfen.

Man hat sie wieder ins Totenhaus gebracht. Das tut man vierundzwanzig Stunden vorher. Sie waren schon mal drin und sind wieder herausgekommen. Er tut für sie, was er kann. Er ist allein in der Stadt, und niemand hindert ihn. Sie warten und warten, sie wollen miteinander reden, aber ihre Zungen sind schwer und ihre Gaumen rauh. Sie wenden ihm aus dem Dunkel ihre weißen Gesichter zu, ihm, dem Fremden, dem Neuankömmling. In ihrem Kopf winden und krümmen sich die Gedanken, was er für sie tun kann. Und im Schoß ein Stich.

Man hat sie wieder ins Torenhaus gebracht. Man müßte noch vor der festgesetzten Zeit vor der Botschaft ankommen. Rechts und links von ihnen flogen die Ufer vorbei, blau besät mit Siphonflaschen, ein Dickicht von Stühlen und Tischen, herumlagernden Menschen, welche sich ausschnaufen dürfen und von dieser schrecklichen, verzweifelten Eile verschont waren. Er drehte sich noch mal nach seinen Türmen um, sie waren schon weit hinten, sahen auf einmal aus wie Türme auf Ansichtskarten. Der Fremde drehte enttäuscht den Kopf zurück. »Wo ist eigentlich die amerikanische Botschaft?« – »Auf dem rechten Ufer natürlich, da wohnen die doch alle.«

Auf dem rechten Ufer. Er war ganz überrascht. Jeden Abend, Monat für Monat, wenn alle schliefen, hatte er den Stadtplan vor sich ausgebreitet, allein mit seiner teuren Stadt. Jetzt sehnte er sich plötzlich, die Straßen, Menschen und Häuser möchten verschwinden und alles sein, wie es das ganze Jahr über gewesen war, ein Netz aus Quadraten. Er kannte und liebte sie alle. Er hatte sein Lager, ein rotes Kreuzchen, bald in diesem, bald in jenem Quadrat aufgeschlagen. Jedes Quadrat in der Mitte oder am Rande konnte

alles enthalten, was er brauchte, in jedem war alles möglich. Komisch war, daß er nicht wußte, wohin mit der Botschaft. Ein Quadrat hatte sie nicht, aber deutlich war sie. Sie lag bestimmt hinter einem großen wichtigen Platz, in den viele Straßen hineinmündeten. Das Gitter hatte vergoldete Spitzen. Die Rasenflächen hinter dem Gitter waren frisch und unberührt. Rundherum war alles heiß und grau, die Luft lag auf einem wie ein Brett, aber hinter dem Gitter glänzten Wassertröpfchen auf allen einzelnen Blättern und Gräsern. Rechts und links in den Bosketten blühten, ja, leuchteten Blumen in nutzloser, unverständlicher Frische. Der Weg war weiß, als ob die Füße, die darauf gingen, nie Spuren hinterließen. Die Treppe war auch nicht zum Beschreiten da. Wer sollte überhaupt in das Innere eines solchen Hauses hineinwollen? Die weiße Fassade blendete schon die Blicke zurück. Er sah auch keinen Menschen. Seine Frau stemmte die Ellenbogen auf den Tisch, das Gesicht in die Hand, zerquetschte zwischen den Fingern ihre dicken, roten Backen, ihre Brust gegen die Tischplatte und hörte ihm aufmerksam zu.
Von vorn nach hinten gaben sie durch die Reihen zurück: »Die sperren da vorn – zusammenbleiben – schneller.«
Es war ihr warm zwischen den Beinen, und sie hätte gern mal nachgesehen. Sie hoffte so, es war aber überhaupt noch gar nicht möglich. Sie fing wieder zu zählen an, Montag vor Montag vor Montag. Jetzt war Montag zwölf Uhr. Bis zum Abend waren es noch gewöhnliche Stunden, dann war es erst schlimm. Nachts immer aufwachen und nachsehen. Wenn es erst nächsten Montag ist, dann ist man eine ganze Woche frei, kann man denken, woran man will. Unnütz ist's, lohnt nicht, schlecht ist es, man denkt ja schon immer währenddem an das Spitze, Scharfe, was nachher kommt an dieselbe Stelle. Er hat nicht mal besondere Lust gehabt, bloß herumgespielt und herumgetrudelt, und sie hat auch keine besondere Lust gehabt, hat sich bloß gefreut, daß das noch von ihr jemand will, was aber gar nichts zum Freuen ist. So ist sie, wie sie ist, alles Süße hat man aus ihr herausgequetscht, Tag und

Nacht, fertig ab, aber in ihrem Kopf drin ist es fest und klar geworden, und Schenkel und Bauch, die hängen doch bloß dumm außen an einem herum, ob so einer noch was dran findet, das ist für so eine wie sie nichts zum Freuen und nichts zum Grämen. Sie ließ die Schultern hängen und schämte sich, machte sich schnell wieder straff und zuckte mit den Schultern. Sie wollte die falsche Zeit loswerden, die immer durch sie durchlief, und die richtige große Zeit haben, in der man frei herumläuft. Der Mann neben ihr legte auf einmal den Arm um ihren Rücken und faßte sie mit der Hand scharf am Oberarm. Sie freute sich, aber er schob sie nur vor sich her, wechselte den Platz, um neben den Kleinen zu kommen, ihn zu fragen: »Wieviel Züge gehen da los?« – »Sechs. In allen Städten gehen heute solche Züge.« Der Mann warf ihm einen seltsamen Blick zu, seine Mundwinkel tauten auf. Er hatte mit der linken Hand das Geldstück gefunden, das nicht auf den Boden gekollert war, weil er es in Gedanken von einer Tasche in die andere gewechselt hatte.

Der Zug drückte sich zusammen. Hinter dem Zug auf der Straße blieb einen Augenblick eine weiße Spur stehen, wie die Fahrtrinne eines Schiffes. Dann überwanden die Menschen ihre Scheu und strömten darüber zusammen. Er ging jetzt neben der Frau. Sie sah ihn kein einziges Mal an, versuchte angestrengt zu verstehen, was die Männer sprachen. In ihrem grauen, trockenen Gesicht waren zwei Mundwinkel voll Süßigkeit, sogar die gaben ihm einen Stich, weil er sich mehr wünschte.

Er wünschte sich mehr, hatte genug Zug, machte schnell einen Schritt seitwärts. Niemand gab auf ihn acht. Er machte noch ein paar seitliche Schritte, spürte schon fremde Schultern, Ärmel, Frauen, süßen Geruch. Er blieb unschlüssig stehen. Der Zug blieb dann auch stehen. Sofort zog sich die Stadt in einem harten Ring zusammen. Er zögerte und ließ sich beiseite drücken. Einen Augenblick lang war es außen leicht und flimmrig gewesen, fremde, süße Stadt; innen im Zug war es schwer vor Spannung. Vor dem Zug über die Uferstraße lie-

fen Autos aus einer aufgeplatzten unerschöpflichen Autowolke. An der schlechten Stelle, wo immer Angst in ihm aufkam, pochte es schon, warum, wußte er nicht. Er starrte geradeaus, alle starrten geradeaus nach den Posten auf dem Brückenkopf. Weiter! Der ganze Zug schwenkte in einem heftigen Ruck auf den Brückenkopf, es ging ganz glatt, nichts war gesperrt, die Posten rührten sich nicht, der ganze Ruck zuckte die Reihen zurück und war vertan. Der Kleine runzelte die Stirn und fing zu pfeifen an. Der Fremde verstand gar nichts, es hörte in ihm zu pochen auf, warum, wußte er auch nicht.
Es gab keinen Grund zum Umkehren. Sie hätte gern vor der Brücke den Zug verlassen, aber sie schämte sich vor den Männern, die glaubten dann, daß sie sich fürchtete. Sie fürchtete sich auch wirklich, fürchtete sich vor den Polizisten, die mit ihren Knüppeln den Heimweg zu den Kindern versperrten. Gustavs Weinen zog sie ohnedies über die Brücke wie ein ewiger, von einer endlosen Spule abgerollter, in ihre Stirn eingefädelter Faden. Sollten andere mit solchen Umzügen gehen ans letzte Ende der Stadt, Freie, Glückliche, die nicht so ein Zimmer hinter sich herschleifen voll Kinder und Teller und Wäsche.
Der Fremde sah über den Fluß, Kähne und Flöße lagen breit und fest auf einem Geflimmer von ungewissen zittrigen Wolken und Städten. Wo die Ufer enger wurden, lag eine zweite geschweifte Brücke. Über diese Brücke wollte er zurückkehren.
Er schlüpfte zwischen zwei am rechten Brückenkopf aufmontierte Pfosten. Da hieß es: »Hier herum!« Die Brücke herunter, quer über die rechte Uferstraße wurde der Zug, genau wie sie es selbst vorhatten, zwischen zwei Gendarmenreihen in die Oststadt hineingeleitet. »Das geht ja glatt heute!« – »Abwarten!« Enge schmierige Cafés, vollgestopft, genau wie drüben, aber dichter. Leere Stühle schnappten nach seinem Hintern, denn er war sehr müde. Gut, daß der Zug da war, der rollte einen glatt durch die große Stadt! Es kam auf den

ersten Tag nicht an. Er brauchte die Nacht. Gassen und Plätze, Türme und Brücken lagen alle bloß rundherum um den kleinen weißen Kern, um das Eine, Fremde. Damit tun, was er wollte. Seine Begierde war noch viel heftiger, jetzt, wo die Stadt rund um ihn herum war. Lange Schweife von blauen Siphonpunkten vor seinen sehmüden Augen und zu seiner Begierde verzweifelte Traurigkeit, die die unmöglichen Begierden begleitet. Er erschrak.

In den schmierigen, billigen Cafés der Brückenstraße klitschige Jungens, bunte schludrige Mädchen, aber auch nackte Hälse und Blaujacken. »Eilt euch, Kinder! Da sind schon vor euch welche vorbei, dortherum!« Stühle wurden leer, und in die alten Reihen klemmten sich neue. »Eilt euch!« riefen sie aus den Fenstern der an- und absteigenden Straße. Eine Minute lang wurden die niedrigen Zimmer von Fahnen gestreift, die ihre flatterigen Schatten über Herde und Betten zogen. Frauchen drehten sich rum und sagten ins Innere der Häuser: »Die schlagen die Botschaft zusammen.« Unter ihren Füßen schnurrte die Straße ab, kurbelte sich geschwind um einen Brunnen herum, bis der runde Platz voll war.

Vom Sockel herunter warf eine Stimme Sacco – Venzetti – Proteste – Klassenjustiz in die offenen, hochgehobenen Stirnen.

Nein, sie werden nicht sterben. Der Fremde glaubte nicht daran. Die Frau glaubte es auch nicht, auch nicht der Mann an ihrer Seite. Auch der Kleine dachte: Nein, sie werden nicht sterben. Sie waren wieder im Totenhaus, aber er mußte sie herausbringen. Sein Herz zog sich in einer verzweifelten Anstrengung zusammen, die genügt hätte, um heilige, übermenschliche Taten zu verrichten, fiel wieder auseinander in müder, gleichgültiger Trauer. Sie werden sicher sterben. Bomben waren ebenso nutzlos wie Bitten, der ganze Umzug war nutzlos. Daheim konnte der Alte mit dem Karren allein nicht fertig werden, pfiff gegen die Haustür, aus der dann gleich Marie auf die Straße trat, und die Feigenkäufer am Karren starrten nach ihr hin: Brust und Arme, dünne, ganz

hohe Schenkel, daß jeder sofort gerade darauf sah, und im blassen Gesicht dünne glitzernde Augenspalten. Er faßte Marie unter die Achsel, schüttelte sie, warf sie weg und schlug die Tür zu. Er sagte: »Sie werden bestimmt sterben.« Der Mann begriff es, verlor sofort seinen Glauben und stimmte bei: »Die sind vielleicht schon tot, man wird sie schon heimlich gehenkt haben. Da nutzt alles nichts.«
Der Zug drehte sich langsam vom Sockel ab in die einmündende Straße. Der Fremde erkannte den leeren Platz, Kirchenportal, Häuser und Brunnen, die fielen jetzt auseinander wie Schalen, und der Brunnen war dumm auf dem leeren Platz ohne Stimme. Seine Begierde fiel ihm ein, wie eine Sache, die einem entfallen ist. Sie war gar nicht mehr stark, und er wurde traurig. Er wollte sie wiederhaben, aber es fiel ihm nichts ein. Dann machte er etwas in seinem Kopf: Brust und Arme, dünne, ganz hohe Schenkel und im bleichen Gesicht schmale glitzernde Augenspalten. Es hielt eine Zeitlang, dann war es vorbei. Niemand sprach ihn an, fragte ihm seinen Gram ab.
Rechts von ihr ging der mürrische Mann, immer bloß mit dem Kopf zu dem Vierten. Links von ihr guckte sie überhaupt nicht hin, der war ganz fremd, wie ein Brett dazwischen. Sie fing wieder an zu zählen und schüttelte sich zornig. Sie wollte an ihre eigenen Kinder denken, nie bekam sie den Tag der Kinder zu sehen, drei Schläfer auf dem Bett, wenn sie nachts heimkam. Frühmorgens machte sie sich wild her über die Stücke, die von den Kindern zurückgeblieben waren, Strümpfe und Jacken und Wäsche. Unter dem Fenster war der frühe Hof, ratzekahl, wie der Himmel darüber. Man hätte die beiden Vierecke miteinander vertauschen können. Sie war todmüde von dem Tag, der noch gar nicht da war. Es langte nur in ihr, um kleine Stiche zu machen, einen neben den anderen. Sie wollte sich etwas ausdenken, aber ein jeder Stich stach ihr einen Gedanken durch. Niemals würde sie einen dieser leuchtenden Gedanken denken, wie sie die Männer ausdenken, damit man sich daran festhalten und

leben konnte.
Keine Gendarmen, nicht mal Posten, gar nichts. Das liegt denen nicht auf. »Die lassen uns glatt durch.« Der Fremde war erleichtert, sagte über die Reihe weg zu dem Vierten: »Die lassen uns glatt durch.« Der dritte Mann fing seine Frage ab, erwiderte mürrisch, wie man den Fremden erwidert: »Ganz bestimmt nicht.« Hinten sagten sie: »Die lassen uns mal ruhig ran, die sperren rund um die Botschaft.« Wie Stiche von einer geheimen Krankheit, vor der man sich fürchtet, hatte er Stiche von Angst, die kriegte er immer, im Amt, auf der Straße, im Bett. Er hatte geglaubt, in der fremden Stadt blieben sie fort.
Der Zug zwängte sich durch die graue Schlucht der Bankhäuser. Die Läden waren vollkommen geschlossen. Es war, als ob man die Transparente an Blinden vorbeitrüge. Sie überquerten eine Allee. Die Stadt zog sich vor ihnen zurück, dehnte sich breit und grün nach allen Seiten. Nichts wird ihnen geschehen, niemand braucht den Kleinen, nichts wird von einem verlangt, sie werden einfach umkehren. Morgens geht man weg, reißt sich von allem los, wie für immer, macht sich ganz hart, dann wird man gar nicht benutzt und kehrt abends heim. Zarte, rieselige Vormittagsschläfrigkeit lähmte einem die Beine, dusselte die Gedanken. Er wurde immer langsamer, holperte, stolperte, einer torkelte schläfrig an den anderen, die Fahnen sackten, aus. In kleinen Villen hinter den feuchten, stillen Gärten brannten Lichtchen in den fusseligen Vormittag. Hunde schlugen an. Die Botschaft war sicher sehr weit. Alle fühlten im Rücken, daß der Zug nicht lang war. Sohlen kostete das, Stephans Schuhe waren zwei Nummern zu klein, seine Schuhe und seine Kleider, den ganzen Krempel, sollte man mal endlich wegtragen, Stephan, lustig, würde sagen: Das kann ich ja doch nicht brauchen, mich haben sie so platt gequetscht, da müßt ihr mir ein extra Futteral nähen, nun trag mal den ganzen Kram zum Jud, Vater, und mach dir 'nen guten Sonntag. Oh, solche Ströme von Mürrischkeit flossen aus ihm heraus, genug, eine

Stadt zu ersäufen.

Sie überquerten wieder eine Allee, zögerten. Eine breite, mäßig belebte Straße öffnete sich, wurde völlig kahl vor dem roten, langsam heranrückenden Querstreifen. Die Häuser waren grau und tot wie Kulissen, die man rechts und links aufgestellt hatte, um eine Straße herzustellen, auf der ein Zug gehen kann. Ging der Zug auseinander, dann war der Fremde wieder allein, wie frisch angekommen, dann fing alles nochmals von vorne an. »Dauert's noch lange?« Die Frau zuckte beschämt die Achseln. »Ich weiß doch nicht.« Kommt sie mal gar nicht heim, werden aus Annas Augen schwarze Löcher von Mißtrauen: Habe mir immer gedacht, daß du mal ganz wegbleibst. Voriges Jahr hatte sie mal solche Angst bekommen, da war sie eine Zeitlang nirgendswo mitgegangen. Sie hatte sich eins der Kinder nach dem anderen vorgenommen und soviel an jedem gebürstet, genäht und gerieben, wie man an einem Kind reiben und bürsten kann, dann hatte sie sich's rum überlegt.

Vorn kam wieder ein Lied hoch, löste sich ab, zu leicht und dünn für einen schweren und finstern Zug. Nur der mürrische Mann sang noch weiter, weil er gar nicht merkte, daß er allein sang. Er sang mit voller, ja, reiner Stimme, weil es ihm guttat, den ganzen Zug entlang. In allen Häusern hörten sie ihn allein, das wußte er gar nicht. Er hörte erst bei der letzten Zeile auf, glaubte, die anderen hätten mit ihm aufgehört und brauchte sich nicht zu schämen. Seine Mundwinkel krümmten sich wieder, sein Gesicht überzog sich mit einem Reif von Mürrischkeit. Einer vorn drehte sich rum und schrie nach dem Kleinen: »Da stehen welche, nu also, Reihen halten.« Der Kleine sah seine herunter, Mann, Frau, Mann. Am Ausgang der Straße waren Posten aufgestellt. Sie ließen sie langsam durch, Reihe für Reihe, wie Schafe zur Schur. Es war dem Fremden, als ginge er über eine Schwelle. Auf einmal, ritsch, riß Gustavs Weinen hinter ihr ab, so lang war der Faden gewesen, aber nicht länger, das ganze Zimmer rutschte ins Dunkle herunter. Sie sah die neue Straße herunter, mit

Posten vor jedem sechsten Haus. Die Falte in ihrer Stirn spannte, daß es ihr inwendig weh tat. »Ho, ihr vorn, einbiegen!« Der Kleine legte die Hände an den Mund und schrie. Er reckte sich böse, aber der Vordermann war viel größer als er. Weiter voran schrie einer zurück: »Laß mal, daneben ist zu!« Der Kleine spitzte; die rannten an ihrer ausgemachten Straße vorbei, wie Gänse an einem Zaun. Er drehte sein Gesicht vom Zug ab, der Querstraße zu, die schnappte nach ihm, er stemmte sich einfach hinein, es war gar nichts. Er lief vorwärts, schlug aufs Geratewohl mit den Knöcheln gegen die nächsten Fensterscheiben, drehte sich rum, die kamen nach, der vordere und der hintere Teil des Zuges waren wie zwei Flügel zusammengeklappt und durchgestoßen. Die Polizisten waren gegen die Wände gedrückt. Die Gasse bäumte sich auf, schrie und stöhnte; als ob ein Wind nach einem unbekannten Gesetz kreuz und quer durch die Gasse blase, flogen manche Fenster auf und manche zu. Der Fremde verlor seinen Hut, fuhr sich über das bloße Haar und rannte. Blind vor Angst rannte er gegen etwas flattrig Rotes, prallte gegen den Kleinen, der sagte lächelnd: »Wir sind durch.« Es gab einen neuen Zug. Der Kleine lief zwischen dem Mann und der Frau, ihre Ellenbogen in seinen hohlen Händen, und drückte sie vorwärts. Der Fremde lief nebenher. Die Gasse war dunkel vor Angst. Er lief aufs Geratewohl nach dem Geräusch der Schritte. Hinter ihnen am Eingang der Straße tönte ein Schrei, ein langgezogenes »Aah!« Der Mann sagte: »Die haben auch was weg.« — »Solang du nicht rüberfliegen kannst, mußt du unten durch.«
Posten sperrten die Straßenkreuzung, die Leute klumpten sich, stutzten — laß die mal erst gar nicht ausschnaufen. Hinter dem Fremden war zugesperrt und vor ihm auch, über ihm war ein schmaler Streifen Himmel, angeschwärzt vor Angst. Fliegen können, hat wer gesagt, weg aus dieser Mausefalle von Gasse. Jetzt war daheim ein weißer Tisch gedeckt. Hinter ihm saß die Frau, die fremde, glitschige, verteilte unschuldig Suppe. Lieber wird er gar nicht heimgehen

als vorzeitig, so groß ist seine Angst gar nicht, wie sie ihm weismachen. Durch muß er. Alle drückten, die Posten schlugen zu. Im Klumpen wurde gestöhnt, der Mann sagte: »Den hat's wieder.« Der Kleine sagte: »Ohne das geht's nicht.« Der Mann sagte: »Nein.«
Es war eine schmale Straße zwischen Gartenmauern. Hinten glänzte etwas Helles, ein weißer Platz. Helle, weiße Plätze glänzten in allen Augen. Auf dem Gesicht des Mannes bekam die Kruste Sprünge. Er erkannte die Fassade eines Hauses, unterschied sogar die Säulen. Wenn der, den er suchte, überhaupt irgendwo wohnte, dann nur da drinnen. Er hatte ihn endlich gefunden, stieg die Treppe hinauf und schlug mit der Faust auf den Tisch. »Ist das die Botschaft?« – »Nein, das ist das Savoy-Hotel.« – »Ist es noch weit bis dahin?« – »Oh, ziemlich.«
»Wir müssen um zwei dort sein.« Ihre beiden Gesichter, krank vor Todesangst, gespannt vor Hoffnung, wandten sich gegen ihn, den Kleinen. Quer durch ihre Gesichter stieß wie ein dünner Pfeil der Pfiff des Mannes am Feigenkarren. Aus den Balkons und Fenstern des Savoy-Hotels betrachteten Menschen die Einfälle der fremden Stadt, den ankommenden Zug, ein Muster aus dunklen Menschen und blauen Polizisten. Fremdlinge und Neuankömmlinge. Die waren dort oben in der Luft, die waren sicher. Er hatte sein Gepäck am Bahnhof abgestellt. Er wollte kein Zimmer drei Stockwerke über der Stadt, keine Sicherheit, keine vier Wände um sich. Die lernten nie, was eine Stadt war, spürten dort oben niemals solche Angst, die einen ganz hart machte, fügten niemals ihre Körper in eine Kette und stemmten. Der Kleine stemmte dünn und zäh, die Frau stemmte mit schwachem ausgelatschtem Körper, in dem vielleicht noch was drin war, der Mann stemmte seinen grauen mürrischen Block von Rumpf. Dann wurde der Platz umgekippt wie ein Teller. Alle flossen einfach wieder in die Straße zurück, aus der sie gekommen waren, vorbei an der eben durchbrochenen Querstraße, einer zweiten, einer dritten.

»Wir laufen ganz umsonst immer rund im Kreis herum.« – »Gar nicht umsonst, gar nicht im Kreis. Hier entlang.«
Die Straße war leer und schnurgerade, aber sie war so lang, daß niemand sehen konnte, wohin sie führte. Sie zog sich wie Straßen im Schlaf, die erst dadurch aufhören, daß man aufwacht. Auf einmal war der Fremde gewiß, daß er gleich aufwachte. Er fühlte schon die Sonne auf seiner Steppdecke, abgestandener Nachtgeruch süßlich-bittren Schlafes, den hereinbrechenden Tag. Er machte eine verzweifelte Anstrengung, nicht aufzuwachen. Enge, endlose Schlafstraße zwängte einem das Herz in Grauen, führte aber zur Botschaft. Er wachte immer zu früh auf, er wollte hinkommen, bevor der Tag dazwischenkam.

Auf einer fremden langen Straße, dicht voll Menschen, hatte sie mal ihren Jungen getroffen, Johann, den ältesten, liebsten. Er war plötzlich vor ihr hergegangen, sie war ganz erschrocken vor Freude. Sie war heimlich ein Stück hinter ihm hergegangen, hatte sich mal endlich heimlich von oben bis unten an ihm satt gesehen, alle teuren Stücke gierig mit ihren Augen zusammengelesen. Geplatzte Hinternaht an den Schuhen, zusammengenäht, was Männerarbeit war, Strümpfe im Ausverkauf gekauft, zwischen Knien und Hosen ein nackter Streifen, der sie dauerte. An den Schulterblättern geflickte Jacke, runder wolliger Hinterkopf – dann hatte er sich herumgedreht und war ein fremdes Kind.

Daß diese lange enge Straße nicht glatt zu Ende ging, war ihr anzufühlen, wußte man wenigstens, wozu man herunterging. Immer hielt man alles hin und wurde einem nie abverlangt. Wenn sie kommen, nicht zurückgehen, kleine Gruppen und nebenherum! Es ist schrecklich spät.

Ihm war es einerlei, ob es lang oder kurz dauerte. Sie werden sich sowieso ganz umsonst die Schädel einrennen. Ganz umsonst werden sie ihnen die Bäuche eintrampeln. Berittene Polizei wird das zittrige, helle Getrappel dort hinten am äußersten Ende der Straße sein, welche auf einmal gar nicht so hoffnungslos lang ist, aber sein Gesicht leuchtete beinahe

fen Autos aus einer aufgeplatzten unerschöpflichen Autowolke. An der schlechten Stelle, wo immer Angst in ihm aufkam, pochte es schon, warum, wußte er nicht. Er starrte geradeaus, alle starrten geradeaus nach den Posten auf dem Brückenkopf. Weiter! Der ganze Zug schwenkte in einem heftigen Ruck auf den Brückenkopf, es ging ganz glatt, nichts war gesperrt, die Posten rührten sich nicht, der ganze Ruck zuckte die Reihen zurück und war vertan. Der Kleine runzelte die Stirn und fing zu pfeifen an. Der Fremde verstand gar nichts, es hörte in ihm zu pochen auf, warum, wußte er auch nicht.
Es gab keinen Grund zum Umkehren. Sie hätte gern vor der Brücke den Zug verlassen, aber sie schämte sich vor den Männern, die glaubten dann, daß sie sich fürchtete. Sie fürchtete sich auch wirklich, fürchtete sich vor den Polizisten, die mit ihren Knüppeln den Heimweg zu den Kindern versperrten. Gustavs Weinen zog sie ohnedies über die Brücke wie ein ewiger, von einer endlosen Spule abgerollter, in ihre Stirn eingefädelter Faden. Sollten andere mit solchen Umzügen gehen ans letzte Ende der Stadt, Freie, Glückliche, die nicht so ein Zimmer hinter sich herschleifen voll Kinder und Teller und Wäsche.
Der Fremde sah über den Fluß, Kähne und Flöße lagen breit und fest auf einem Geflimmer von ungewissen zittrigen Wolken und Städten. Wo die Ufer enger wurden, lag eine zweite geschweifte Brücke. Über diese Brücke wollte er zurückkehren.
Er schlüpfte zwischen zwei am rechten Brückenkopf aufmontierte Pfosten. Da hieß es: »Hier herum!« Die Brücke herunter, quer über die rechte Uferstraße wurde der Zug, genau wie sie es selbst vorhatten, zwischen zwei Gendarmenreihen in die Oststadt hineingeleitet. »Das geht ja glatt heute!« – »Abwarten!« Enge schmierige Cafés, vollgestopft, genau wie drüben, aber dichter. Leere Stühle schnappten nach seinem Hintern, denn er war sehr müde. Gut, daß der Zug da war, der rollte einen glatt durch die große Stadt! Es kam auf den

ersten Tag nicht an. Er brauchte die Nacht. Gassen und Plätze, Türme und Brücken lagen alle bloß rundherum um den kleinen weißen Kern, um das Eine, Fremde. Damit tun, was er wollte. Seine Begierde war noch viel heftiger, jetzt, wo die Stadt rund um ihn herum war. Lange Schweife von blauen Siphonpunkten vor seinen schmüden Augen und zu seiner Begierde verzweifelte Traurigkeit, die die unmöglichen Begierden begleitet. Er erschrak.
In den schmierigen, billigen Cafés der Brückenstraße klitschige Jungens, bunte schludrige Mädchen, aber auch nackte Hälse und Blaujacken. »Eilt euch, Kinder! Da sind schon vor euch welche vorbei, dortherum!« Stühle wurden leer, und in die alten Reihen klemmten sich neue. »Eilt euch!« riefen sie aus den Fenstern der an- und absteigenden Straße. Eine Minute lang wurden die niedrigen Zimmer von Fahnen gestreift, die ihre flatterigen Schatten über Herde und Betten zogen. Frauchen drehten sich rum und sagten ins Innere der Häuser: »Die schlagen die Botschaft zusammen.« Unter ihren Füßen schnurrte die Straße ab, kurbelte sich geschwind um einen Brunnen herum, bis der runde Platz voll war.
Vom Sockel herunter warf eine Stimme Sacco – Venzetti – Proteste – Klassenjustiz in die offenen, hochgehobenen Stirnen.
Nein, sie werden nicht sterben. Der Fremde glaubte nicht daran. Die Frau glaubte es auch nicht, auch nicht der Mann an ihrer Seite. Auch der Kleine dachte: Nein, sie werden nicht sterben. Sie waren wieder im Totenhaus, aber er mußte sie herausbringen. Sein Herz zog sich in einer verzweifelten Anstrengung zusammen, die genügt hätte, um heilige, übermenschliche Taten zu verrichten, fiel wieder auseinander in müder, gleichgültiger Trauer. Sie werden sicher sterben. Bomben waren ebenso nutzlos wie Bitten, der ganze Umzug war nutzlos. Daheim konnte der Alte mit dem Karren allein nicht fertig werden, pfiff gegen die Haustür, aus der dann gleich Marie auf die Straße trat, und die Feigenkäufer am Karren starrten nach ihr hin: Brust und Arme, dünne, ganz

hohe Schenkel, daß jeder sofort gerade darauf sah, und im blassen Gesicht dünne glitzernde Augenspalten. Er faßte Marie unter die Achsel, schüttelte sie, warf sie weg und schlug die Tür zu. Er sagte: »Sie werden bestimmt sterben.« Der Mann begriff es, verlor sofort seinen Glauben und stimmte bei: »Die sind vielleicht schon tot, man wird sie schon heimlich gehenkt haben. Da nutzt alles nichts.«
Der Zug drehte sich langsam vom Sockel ab in die einmündende Straße. Der Fremde erkannte den leeren Platz, Kirchenportal, Häuser und Brunnen, die fielen jetzt auseinander wie Schalen, und der Brunnen war dumm auf dem leeren Platz ohne Stimme. Seine Begierde fiel ihm ein, wie eine Sache, die einem entfallen ist. Sie war gar nicht mehr stark, und er wurde traurig. Er wollte sie wiederhaben, aber es fiel ihm nichts ein. Dann machte er etwas in seinem Kopf: Brust und Arme, dünne, ganz hohe Schenkel und im bleichen Gesicht schmale glitzernde Augenspalten. Es hielt eine Zeitlang, dann war es vorbei. Niemand sprach ihn an, fragte ihm seinen Gram ab.
Rechts von ihr ging der mürrische Mann, immer bloß mit dem Kopf zu dem Vierten. Links von ihr guckte sie überhaupt nicht hin, der war ganz fremd, wie ein Brett dazwischen. Sie fing wieder an zu zählen und schüttelte sich zornig. Sie wollte an ihre eigenen Kinder denken, nie bekam sie den Tag der Kinder zu sehen, drei Schläfer auf dem Bett, wenn sie nachts heimkam. Frühmorgens machte sie sich wild her über die Stücke, die von den Kindern zurückgeblieben waren, Strümpfe und Jacken und Wäsche. Unter dem Fenster war der frühe Hof, ratzekahl, wie der Himmel darüber. Man hätte die beiden Vierecke miteinander vertauschen können. Sie war todmüde von dem Tag, der noch gar nicht da war. Es langte nur in ihr, um kleine Stiche zu machen, einen neben den anderen. Sie wollte sich etwas ausdenken, aber ein jeder Stich stach ihr einen Gedanken durch. Niemals würde sie einen dieser leuchtenden Gedanken denken, wie sie die Männer ausdenken, damit man sich daran festhalten und

leben konnte.
Keine Gendarmen, nicht mal Posten, gar nichts. Das liegt denen nicht auf. »Die lassen uns glatt durch.« Der Fremde war erleichtert, sagte über die Reihe weg zu dem Vierten: »Die lassen uns glatt durch.« Der dritte Mann fing seine Frage ab, erwiderte mürrisch, wie man den Fremden erwidert: »Ganz bestimmt nicht.« Hinten sagten sie: »Die lassen uns mal ruhig ran, die sperren rund um die Botschaft.« Wie Stiche von einer geheimen Krankheit, vor der man sich fürchtet, hatte er Stiche von Angst, die kriegte er immer, im Amt, auf der Straße, im Bett. Er hatte geglaubt, in der fremden Stadt blieben sie fort.
Der Zug zwängte sich durch die graue Schlucht der Bankhäuser. Die Läden waren vollkommen geschlossen. Es war, als ob man die Transparente an Blinden vorbeitrüge. Sie überquerten eine Allee. Die Stadt zog sich vor ihnen zurück, dehnte sich breit und grün nach allen Seiten. Nichts wird ihnen geschehen, niemand braucht den Kleinen, nichts wird von einem verlangt, sie werden einfach umkehren. Morgens geht man weg, reißt sich von allem los, wie für immer, macht sich ganz hart, dann wird man gar nicht benutzt und kehrt abends heim. Zarte, rieselige Vormittagsschläfrigkeit lähmte einem die Beine, dusselte die Gedanken. Er wurde immer langsamer, holperte, stolperte, einer torkelte schläfrig an den anderen, die Fahnen sackten, aus. In kleinen Villen hinter den feuchten, stillen Gärten brannten Lichtchen in den fusseligen Vormittag. Hunde schlugen an. Die Botschaft war sicher sehr weit. Alle fühlten im Rücken, daß der Zug nicht lang war. Sohlen kostete das, Stephans Schuhe waren zwei Nummern zu klein, seine Schuhe und seine Kleider, den ganzen Krempel, sollte man mal endlich wegtragen, Stephan, lustig, würde sagen: Das kann ich ja doch nicht brauchen, mich haben sie so platt gequetscht, da müßt ihr mir ein extra Futteral nähen, nun trag mal den ganzen Kram zum Jud, Vater, und mach dir 'nen guten Sonntag. Oh, solche Ströme von Mürrischkeit flossen aus ihm heraus, genug, eine

Stadt zu ersäufen.

Sie überquerten wieder eine Allee, zögerten. Eine breite, mäßig belebte Straße öffnete sich, wurde völlig kahl vor dem roten, langsam heranrückenden Querstreifen. Die Häuser waren grau und tot wie Kulissen, die man rechts und links aufgestellt hatte, um eine Straße herzustellen, auf der ein Zug gehen kann. Ging der Zug auseinander, dann war der Fremde wieder allein, wie frisch angekommen, dann fing alles nochmals von vorne an. »Dauert's noch lange?« Die Frau zuckte beschämt die Achseln. »Ich weiß doch nicht.« Kommt sie mal gar nicht heim, werden aus Annas Augen schwarze Löcher von Mißtrauen: Habe mir immer gedacht, daß du mal ganz wegbleibst. Voriges Jahr hatte sie mal solche Angst bekommen, da war sie eine Zeitlang nirgendswo mitgegangen. Sie hatte sich eins der Kinder nach dem anderen vorgenommen und soviel an jedem gebürstet, genäht und gerieben, wie man an einem Kind reiben und bürsten kann, dann hatte sie sich's rum überlegt.

Vorn kam wieder ein Lied hoch, löste sich ab, zu leicht und dünn für einen schweren und finstern Zug. Nur der mürrische Mann sang noch weiter, weil er gar nicht merkte, daß er allein sang. Er sang mit voller, ja, reiner Stimme, weil es ihm guttat, den ganzen Zug entlang. In allen Häusern hörten sie ihn allein, das wußte er gar nicht. Er hörte erst bei der letzten Zeile auf, glaubte, die anderen hätten mit ihm aufgehört und brauchte sich nicht zu schämen. Seine Mundwinkel krümmten sich wieder, sein Gesicht überzog sich mit einem Reif von Mürrischkeit. Einer vorn drehte sich rum und schrie nach dem Kleinen: »Da stehen welche, nu also, Reihen halten.« Der Kleine sah seine herunter, Mann, Frau, Mann. Am Ausgang der Straße waren Posten aufgestellt. Sie ließen sie langsam durch, Reihe für Reihe, wie Schafe zur Schur. Es war dem Fremden, als ginge er über eine Schwelle. Auf einmal, ritsch, riß Gustavs Weinen hinter ihr ab, so lang war der Faden gewesen, aber nicht länger, das ganze Zimmer rutschte ins Dunkle herunter. Sie sah die neue Straße herunter, mit

Posten vor jedem sechsten Haus. Die Falte in ihrer Stirn spannte, daß es ihr inwendig weh tat. »Ho, ihr vorn, einbiegen!« Der Kleine legte die Hände an den Mund und schrie. Er reckte sich böse, aber der Vordermann war viel größer als er. Weiter voran schrie einer zurück: »Laß mal, daneben ist zu!« Der Kleine spitzte; die rannten an ihrer ausgemachten Straße vorbei, wie Gänse an einem Zaun. Er drehte sein Gesicht vom Zug ab, der Querstraße zu, die schnappte nach ihm, er stemmte sich einfach hinein, es war gar nichts. Er lief vorwärts, schlug aufs Geratewohl mit den Knöcheln gegen die nächsten Fensterscheiben, drehte sich rum, die kamen nach, der vordere und der hintere Teil des Zuges waren wie zwei Flügel zusammengeklappt und durchgestoßen. Die Polizisten waren gegen die Wände gedrückt. Die Gasse bäumte sich auf, schrie und stöhnte; als ob ein Wind nach einem unbekannten Gesetz kreuz und quer durch die Gasse blase, flogen manche Fenster auf und manche zu. Der Fremde verlor seinen Hut, fuhr sich über das bloße Haar und rannte. Blind vor Angst rannte er gegen etwas flattrig Rotes, prallte gegen den Kleinen, der sagte lächelnd: »Wir sind durch.« Es gab einen neuen Zug. Der Kleine lief zwischen dem Mann und der Frau, ihre Ellenbogen in seinen hohlen Händen, und drückte sie vorwärts. Der Fremde lief nebenher. Die Gasse war dunkel vor Angst. Er lief aufs Geratewohl nach dem Geräusch der Schritte. Hinter ihnen am Eingang der Straße tönte ein Schrei, ein langgezogenes »Aah!« Der Mann sagte: »Die haben auch was weg.« – »Solang du nicht rüberfliegen kannst, mußt du unten durch.«
Posten sperrten die Straßenkreuzung, die Leute klumpten sich, stutzten – laß die mal erst gar nicht ausschnaufen. Hinter dem Fremden war zugesperrt und vor ihm auch, über ihm war ein schmaler Streifen Himmel, angeschwärzt vor Angst. Fliegen können, hat wer gesagt, weg aus dieser Mausefalle von Gasse. Jetzt war daheim ein weißer Tisch gedeckt. Hinter ihm saß die Frau, die fremde, glitschige, verteilte unschuldig Suppe. Lieber wird er gar nicht heimgehen

als vorzeitig, so groß ist seine Angst gar nicht, wie sie ihm weismachen. Durch muß er. Alle drückten, die Posten schlugen zu. Im Klumpen wurde gestöhnt, der Mann sagte: »Den hat's wieder.« Der Kleine sagte: »Ohne das geht's nicht.« Der Mann sagte: »Nein.«

Es war eine schmale Straße zwischen Gartenmauern. Hinten glänzte etwas Helles, ein weißer Platz. Helle, weiße Plätze glänzten in allen Augen. Auf dem Gesicht des Mannes bekam die Kruste Sprünge. Er erkannte die Fassade eines Hauses, unterschied sogar die Säulen. Wenn der, den er suchte, überhaupt irgendwo wohnte, dann nur da drinnen. Er hatte ihn endlich gefunden, stieg die Treppe hinauf und schlug mit der Faust auf den Tisch. »Ist das die Botschaft?« – »Nein, das ist das Savoy-Hotel.« – »Ist es noch weit bis dahin?« – »Oh, ziemlich.«

»Wir müssen um zwei dort sein.« Ihre beiden Gesichter, krank vor Todesangst, gespannt vor Hoffnung, wandten sich gegen ihn, den Kleinen. Quer durch ihre Gesichter stieß wie ein dünner Pfeil der Pfiff des Mannes am Feigenkarren. Aus den Balkons und Fenstern des Savoy-Hotels betrachteten Menschen die Einfälle der fremden Stadt, den ankommenden Zug, ein Muster aus dunklen Menschen und blauen Polizisten. Fremdlinge und Neuankömmlinge. Die waren dort oben in der Luft, die waren sicher. Er hatte sein Gepäck am Bahnhof abgestellt. Er wollte kein Zimmer drei Stockwerke über der Stadt, keine Sicherheit, keine vier Wände um sich. Die lernten nie, was eine Stadt war, spürten dort oben niemals solche Angst, die einen ganz hart machte, fügten niemals ihre Körper in eine Kette und stemmten. Der Kleine stemmte dünn und zäh, die Frau stemmte mit schwachem ausgelatschtem Körper, in dem vielleicht noch was drin war, der Mann stemmte seinen grauen mürrischen Block von Rumpf. Dann wurde der Platz umgekippt wie ein Teller. Alle flossen einfach wieder in die Straße zurück, aus der sie gekommen waren, vorbei an der eben durchbrochenen Querstraße, einer zweiten, einer dritten.

»Wir laufen ganz umsonst immer rund im Kreis herum.« – »Gar nicht umsonst, gar nicht im Kreis. Hier entlang.«
Die Straße war leer und schnurgerade, aber sie war so lang, daß niemand sehen konnte, wohin sie führte. Sie zog sich wie Straßen im Schlaf, die erst dadurch aufhören, daß man aufwacht. Auf einmal war der Fremde gewiß, daß er gleich aufwachte. Er fühlte schon die Sonne auf seiner Steppdecke, abgestandener Nachtgeruch süßlich-bittren Schlafes, den hereinbrechenden Tag. Er machte eine verzweifelte Anstrengung, nicht aufzuwachen. Enge, endlose Schlafstraße zwängte einem das Herz in Grauen, führte aber zur Botschaft. Er wachte immer zu früh auf, er wollte hinkommen, bevor der Tag dazwischenkam.

Auf einer fremden langen Straße, dicht voll Menschen, hatte sie mal ihren Jungen getroffen, Johann, den ältesten, liebsten. Er war plötzlich vor ihr hergegangen, sie war ganz erschrocken vor Freude. Sie war heimlich ein Stück hinter ihm hergegangen, hatte sich mal endlich heimlich von oben bis unten an ihm satt gesehen, alle teuren Stücke gierig mit ihren Augen zusammengelesen. Geplatzte Hinternaht an den Schuhen, zusammengenäht, was Männerarbeit war, Strümpfe im Ausverkauf gekauft, zwischen Knien und Hosen ein nackter Streifen, der sie dauerte. An den Schulterblättern geflickte Jacke, runder wolliger Hinterkopf – dann hatte er sich herumgedreht und war ein fremdes Kind.

Daß diese lange enge Straße nicht glatt zu Ende ging, war ihr anzufühlen, wußte man wenigstens, wozu man herunterging. Immer hielt man alles hin und wurde einem nie abverlangt. Wenn sie kommen, nicht zurückgehen, kleine Gruppen und nebenherum! Es ist schrecklich spät.

Ihm war es einerlei, ob es lang oder kurz dauerte. Sie werden sich sowieso ganz umsonst die Schädel einrennen. Ganz umsonst werden sie ihnen die Bäuche eintrampeln. Berittene Polizei wird das zittrige, helle Getrappel dort hinten am äußersten Ende der Straße sein, welche auf einmal gar nicht so hoffnungslos lang ist, aber sein Gesicht leuchtete beinahe

vor Geringschätzung. Der Mann weiß keinen Grund, warum es ihm nicht einerlei sein soll. Er drehte sein Gesicht nach dem Kleinen hin, der sagte auch: »Einerlei.«
Gerade hatte er es gesagt, da flogen alle, als sei der Zug zu einer Staubwolke geworden, rechts und links gegen die Mauern. Kleine Wolken von Menschen pufften in die Seitengassen. Bis auf drei oder vier, die ächzend auf den Knien nachrutschten und dann platt liegenblieben oder sich fluchend von einer Seite auf die andere wälzten. Sie rannten um einen Block herum, um eins, zwei Ecken. Sie waren auf einmal unter sich, andere kamen erst nachgerannt, die Enden des rotfransigen Tuches wehten. Rasch rannten die Jungen, was gab es denn groß einzuholen, wie war Stephan gerannt, morgens und abends. Er rannte schnaufend hinter seinem leichtfüßigen Jungen her. Aus den Fenstern schrien sie: »Hier rum, da vorn sind welche.«
Die ganze Nacht hatte er im Abteil wach und aufrecht zwischen Schlafenden gesessen und seine Schläfe am Holz gerieben. Seine Frau hatte spottend den Koffer gepackt, aber sie hatte ihn packen müssen. Im letzten Augenblick war es ihm so schwer ums Herz gewesen, und er wäre gerne geblieben. Aber er tat, was er wollte. Er ließ sich nichts vormachen, wer ihn dauerte, der dauerte ihn, wohin er wollte, da ging er hin. Im Stehen war die Angst am größten, geringer im Gehen, gar nichts im Rennen.
Die Frau stolperte, fiel auf die Knie, verbiß ihren Schmerz und rannte. Sie waren rund um den Block herum wieder in der alten Straße. Im Scheinwerfer eines kalten und klaren Lichtes zeigten sich in allen Stockwerken der Magazine, bis unter die Dachkammern, aufgerissene Mäuler und Augen. Die starrten und fielen ab ins Dunkel der Werkstätten. Aus allen Seitengassen kamen sie wieder mit Fahnen und Transparenten. »Dichter! Reihen halten!« Eins hatte das andre wieder, Frau, mürrischer Mann, Kleiner, alle feucht und schnaufend. Sie stellten sich schnell wieder ein, der Fremde drückte sich durch ein paar Reihen, der Kleine sah über die

Schulter zurück und winkte ihm mit einem Daumen, winkte, das war schon beinahe nicht mehr allein sein, fast so gut wie ansprechen. Der Fremde wäre gern neben ihm weitergelaufen, kriegte aber seinen alten Platz neben der Frau. Die war so müde, ihr Leib war so schwach, daß es gar nicht zu verstehen war, wieso er noch eine Frau trug. Sie konnte es nicht zurückhalten, es schnurrte in ihr los und zählte wieder. Sie stellte es wütend ab und knurrte. Der Fremde sah sie schnell an, in ihrem grauen Gesicht war die Müdigkeit in schwarzen Flecken geronnen. Sie liefen weiter, endlose, unsichere Straße, auf der man auf einem Seil lief, mit weichen Knien, zwischen zwei festen Punkten. Der Fremde wußte nicht, ob das noch altes Getrappel in seinem wunden Kopf war oder neues. Beides zugleich; die Berittenen machten kehrt, und von unten ritten Neue an. Sie stürzten in die nächste Seitenstraße, aber der Schwanz des Zuges wurde noch eingeklemmt. Aus den Fenstern riefen sie: »Da kommt ihr nie bei, die sperren den ganzen Platz!« Alles war dem Kleinen zuwenig, glänzen wollte er, konnte nicht mal ein paar Menschen durch abgesperrte Gassen zwingen, kam nicht mal selbst durch, weil er nicht zusprang, weil er sich schonte. Er drehte sich rum, betrachtete mit zugekniffenen Augen, was er am Morgen gelassen hatte, Feigenkarren, ein halbes Dutzend Feigenkäufer, deren Blicke alle Mariens hohe und dünne Schenkel hinauf- und herunterrutschten, sah es genau an, litt, stieß es weg, stieß es nicht nur, verachtete es schon.

Sie wandten sich um einen Häuserblock herum, um noch einen. Jetzt fühlten alle, wie spät es war, selbst die Trägsten. Die Frau lief und lief mit niedergeschlagenen Augen, betrachtete laufend mit ungeteilter Aufmerksamkeit etwas auf der Innenseite ihrer Lider. Die warteten auf sie, hatte sie aus sich herausgepreßt, herumgetragen, im Stich gelasssen, schöne starke Jungens. Sie schlug mit kurzen harten Händen verzweifelt den Rücken ihres Vordermannes. Der Zug füllte mit seinen Windungen schnell viele Krümmungen der kleinen Gassen. Es war, als ob die Gassen selbst weiterliefen,

sich wanden und krümmten. Dann hielt es vorn an, so plötzlich, daß alle zurückflogen. Vollkommene Stille füllte die Gassen bis in die offenen Fenster und Torfahrten. Kommandorufe der Polizei, sehr weit entfernt, irgendwo an der Spitze des gewundenen Zuges, unterbrachen die Stille so wenig wie Uhrschläge die Stille eines feierlichen Raumes. Zwei winzige Schüsse verspritzten weit hinter den Häusern. Der Fremde faßte den Ärmel der Frau, aber die zog ihren Arm zurück und sah ihn streng an. Dann schrie er so laut auf: »Weiter!«, daß ein paar Reihen weit weg alle zustießen. Die Frau trommelte mit ihren Fäusten auf den Rücken des Vordermannes. Der Stoß mußte sich bis in die Spitze des Zuges fortgepflanzt haben, denn vorn gab es Luft, es ging weiter. Bei jeder Windung der kleinen Gasse konnte die offene Stelle kommen, aus der die Schüsse gefallen waren. Sein Herz verlangte danach, in die offene Stelle hineinzuspringen, er hatte aber Ketten von Angst um Hände und Füße. Der Fremde riß und schrie. Vor die Krümmung legte sich ein großes schiefes Haus, mit offener Torfahrt, in der sich Menschen zusammendrängten. Aus einem der Fenster blickte ein Mädchen in schwermütiger Trägheit auf die abziehenden Männer. Rot war ihr Mund und außerordentlich golden ihr Haar. Seine Knie waren weich vor Angst, aber etwas in ihm sprang doch in die Torfahrt, suchte und fand die Treppe, die Glastür und das Zimmer, riß das Mädchen herum, nutzlose und quälende Werbungen überspringend, in verrückte endlich mögliche Umarmungen.
Ganz unerwartet, dicht hinter dem großen Haus, lief die alte enge Straße. Sie passierten sie zum drittenmal. Posten gab es keine, die liefen in der Richtung eines Pfiffes gegen die letzten grauen, von blassen Sonnenpflastern beklebten Häuser. Der Fremde war fast enttäuscht.
Sie rückten in die Querstraße. Die Transparente, die in breiten faulen U heruntergeschlappt waren, strafften sich alle, einer hielt mit senkrechtem Arm den Stumpen einer abgeknickten Stange. Die Hinteren starrten gegen die Rücken der

Vorderen, mit glänzenden Blicken stießen sie gegen die vier Windjacken, die sie vielleicht noch vom Platz abtrennten.
Mit gerunzelter Stirn horchte der Kleine nach ein paar schwachen Schüssen vier, fünf Längsstraßen weiter. Sie wurden deutlicher, je schärfer er hinhorchte. Er unterschied sogar noch schwächere an einem anderen Punkt. Er sagte: »Horch mal, immer rund um den Platz.« Der Mann sagte: »Die sperren ganz umsonst rundherum.« Der Kleine sagte: »Ja, ganz umsonst.« Die Frau horchte jetzt auch auf. Weil sie sonst nichts hatte, um sich festzuhalten, faßte sie in die Falten ihres Rockes. Alte Gedanken rieben sich innen an ihrer Stirn, um nochmals ausgedacht zu werden; aber so kam sie nie auf den Platz, so voll und schwer. Wegstoßen mußte sie endlich diese Kinder und verlassen. Durchbeißen alle Nabelschnüre. »Schneller! Dichter!« Die nahen Schüsse hielten an, schwache und schwächere dauerten auch fort, ein Kranz von Schüssen rund um den Platz. Alle mußten durch, der Fremde begriff jetzt, daß auch er durch mußte. Es war kahl in ihm, wie leergescheuert. Er sah seine Reihe herunter, alle waren übermäßig deutlich nachgezeichnet auf kahlem leerem Grund. Alle starrten geradeaus, scherten sich nicht um ihn, fanden nichts Sonderbares daran, daß auch er durch mußte.
Die Vorderen sahen schon keine Mauern mehr, sondern ein Gebüsch. Ein schöner Park endete in einem frischen, von Hecken eingesäumten Rasen, auf dem sich in der dazugehörigen Sonne ein Wassersprenger drehte. Rascher! Dichter! Sie schwenkten um den Rasen herum. Dann wurde es vorn langsam, als sei die Luft hinter dem Park eine zähe Masse, in die sich der Zug einschraubte. Sie liefen nicht mehr, eine Reihe drückte schweigend die andere. In der Luft waren Schüsse und der Geruch von feuchtem, sonnendurchwärmten Gras. Der Fremde wollte sehen, was kam, nicht immer nur Abfall von Stadt zwischen Schultern und Köpfen. Mit wilden Schlägen widersetzte sich sein Herz der feierlichen Stille.
Zurück – weiter – zurück. Die Vorderen drängten rückwärts, und die Hinteren wollten sie zwingen und stemmten

dagegen. Der Zug riß durch und strömte in zwei Teilen gegen Park und Querstraße. Sie hatten jetzt keine Windjacken mehr vor sich, sondern alles. Die kleine Straße, die vom Park nach dem Platz führte, war von Polizisten aufgefüllt. Zwischen der Polizeistraße und den beiden Teilen des Zuges gab es ein großes weißes Dreieck. Einige Sekunden lang hielt das Dreieck die Menschen zurück, wie eine magische Fläche, deren bloßer Anblick die Gedanken erstarrt und die Muskeln erfriert. Von den Hinteren fiel es zuerst ab, es zuckte von hinten nach vorn; der Mann regte sich, er war alt, lange genug am Westbahnhof, er kannte sich aus. Mögen sie ihm keine Rente geben, keinen vom Verband schicken. Er setzte den Fuß darauf. Da riß die Sprungfeder, die die Reihen im Zug und die Menschen in den Reihen gehalten hatte; die einzelnen schnellten ab, Schwere und Leichte, die Stille war aufgeplatzt, und alle Wildheit, die in ihr drin gewesen war, zerknallte in Schüssen. Der Fremde flog unter dem Arm des Mannes durch, drehte sich und blieb liegen. Als wäre er hier geboren, schlug die Stadt über ihm zusammen, Beine und Röcke, Himmel und Häuser. Der Zug war in einem Ruck tief in die weiße Straße geschnellt.

Der Kleine war abgedrängt, schlug um sich und kriegte ein paar vor die Brust und ins Genick. Arme und Beine von Polizisten wickelten sich um seinen Rumpf, der Knäuel schlingerte und kugelte in den großen Platz. Verstärkte Polizei drückte alle in die weiße Straße zurück, knickte die Parkgitter, den Rasen, drückte sie in die engen grauen Gassen hinter dem Park, immer platter, fester, bis ihre Wildheit erstickt war. Mit zusammengepreßten Fäusten, zugebissenen Zähnen machte jeder auf seinem Fleck kleine harte Schritte vorwärts, aber alle zusammen wurden doch weitergedrängt, fest in die engen Gassen, wie man Säcke vollquetscht. Der Mann suchte wütend in sich herum, bekam nur Brocken von Mürrischkeit, umsonst gelaufen, Stephan, verheulte Frau, abgestandener Abendfraß. Er sah sich um und suchte nach etwas, was er verloren hatte. Die Frau war es nicht, da war sie, der Fremde

auch nicht, der war fertig. Er suchte rundum den Kleinen, fand ihn nicht und konnte ihn auch nicht finden; denn der ging indessen zwischen zwei Polizisten die kleinen gekrümmten Gassen zurück, die er gekommen war. Er hob sein rundes braunes Gesicht gegen die Fenster und prägte sein Lächeln für immer den Knaben ein, die ihn neugierig und eifersüchtig betrachteten.
Auf einmal sahen welche durch die Querstraße in der nächsten Längsstraße einen neuen Zug ankommen. Sie vergaßen alles und brachen seitwärts durch. Der neue Zug saugte den alten auf, Menschen und Fahnen. Die Vorderen dieses Zuges mußten schon den weißen Platz sehen, denn sie fingen zu rufen an, während die hinteren noch sangen. Der Mann schwankte, was er mit seiner Stimme tun sollte, fing zu singen an, brach plötzlich von Zorn geschüttelt ab und rief. Die Frau verstand auf einmal, daß sie noch hinkommen konnte. Sie vergaß den Mann, an den sie sich bisher gehalten hatte, weil sie sich drüben am Westbahnhof mit ihm aufgestellt hatte, und zwängte sich nach vorn. Polizei stieß durch die Querstraße nach, einen Augenblick sah es aus, als ob der Zug gespalten würde. Es war still, weil aller Atem zum Stoßen gebraucht würde. An der Spitze des Zuges fing es zu schießen an, der schwere doppelte Zug duckte sich und stieß vor. Über dem großen sechseckigen Platz lag ein weißlicher trüber, von hellen Lichtadern durchzogener Mittagshimmel. Es war kurz nach zwei. Aus den einmündenden Straßen brachen schnell nacheinander die anderen Züge aus den übrigen Stadtteilen in den Platz ein, alle zerrauft, zerschlagen und blutig. Der weiße Platz füllte sich mit rufenden Menschen, bis auf einen schmalen Streifen vor dem Posten am Gittertor der Botschaft. Sacco, Vanzetti! Aus einem Sumpf von Mürrischkeit schrie er um Hilfe. Große, harte Schreie, wie Steine in einem zum Untergehen bestimmten Sack. Er sparte sie nicht länger, er zerschrie sie. Auf der linken Seite des Platzes fing die Polizei an, die ins Rufen vertieften Menschen nach rechts abzudrücken. Sie drückte stärker, die Ausgänge der rechtsseitigen

Straßen fingen wieder an, sich zu füllen. Es war schon wie vorbei. Der Frau fiel der Heimweg ein, Fahrgeld, Montag vor Montag. Die Faust des Mannes entspannte sich in der Tasche und fing an zu krümeln; er fühlte ein Geldstück zwischen Daumen und Zeigefinger.
Aus einer der linken unbewachten Straßen kam gerade der letzte große Zug aus dem Südvorort an. Die Abgedrängten stürzten zurück, die Polizei wurde wieder auseinandergedrückt, der Platz füllte sich von neuem bis zum Rand. Die Frau wurde noch einmal herumgerissen, so fest wurde ihr Körper in den Platz hineingeknetet, daß sie ihn selbst nicht mehr herausfand; ihr Gesicht wurde gegen die vergoldeten Stäbe des Gittertores gepreßt. Aus dem Gesicht des Mannes fiel die Mürrischkeit wie Mörtel herunter. Es war unmöglich, daß es im ganzen Haus auch nur einen Winkel gab, in dem man sie nicht rufen hörte.

FRANZ JUNG
Floyd David

Die Rauchfahnen der Schlepper ballen sich nach oben und stehen –
Dann trifft sie ein Windstoß und drückt sie nach St. Pauli hinüber, ziehen sich auseinander, ganz schnell –
Und die Bäume längsseits sind triefend braun, roßbraun, überall sprößt Grün, die Bäume schimmern schon grün –
Donnerwetter, es ist Frühling; es wird Frühling. Muß ja auch Frühling werden.
Der Frühling in Hamburg ist anders wie in New York.
Und das soll wahr sein!

Floyd David auf dem Wege. Floyd zwischen den grünen Bäumen, querwegs durch die Anlagen, Blumenrondells, Farn-

ecken. Großartig das Leben, heilig die Aufgabe, ungeheuer die Verantwortung – Großartig. Floyd David geht dahin, springt und fliegt – tänzelt.
Floyd ist der Sohn eines Arztes in Minneapolis. In St. Louis die hohe Schule besucht. Nach New York durchgebrannt. Der Vater hat verziehen, der gute gemütliche Doktor, mit anständiger Landpraxis, großgeworden, bescheiden groß. Floyd kann mit einem leidlichen Wechsel rechnen. Floyd studiert und hat so seine Freunde.
Die Jugend, sagt Josuah David, ist eben jung. – Der Alte liest die europäischen Fachblätter, er studiert und denkt dabei, und ist so weise, so vollgepfropft studiert, und pfeift vor sich hin, die Brille oben auf der Stirn: das ist der Negerdoktor Josuah David, eingeschriebenes Mitglied der Ärzte-Gesellschaft, bekannt und registriert, Methodistengemeinde, Vereine dutzende.
Floyd nickt dem Alten über den Ozean hinüber zu. »Mein Herz hat Dich gefragt« – hoppla, ganze zwanzig Jahre.

Gewerkschaftliches aus dem *Hamburger Echo:*
Gegenwärtig findet in Hamburg eine Veranstaltung statt unter dem hochtrabenden Titel »Erster Internationaler Kongreß der Negerarbeiter der Welt«. Die Veranstalter sind in jenen Kreisen zu suchen, die noch immer alles Heil unentwegt von Moskau erwarten. Die wachsende Unruhe und Unzufriedenheit im Innern, der Mangel an Lebensmitteln und Textilien zwingt die Moskauer Machthaber ihrer Komintern (Moskauer Internationale), eine intensive Tätigkeit in den Kolonialländern und besonders unter den Negern vorzuschreiben.

Im Lokalen Teil der *Hamburger Nachrichten:*
Eine Tagung von schwarzen Agitatoren, die nach Liverpool einberufen, aber von den englischen Behörden verboten worden war, ist jetzt scheints nach Hamburg übersiedelt. Hoffentlich gelingt es der Polizei, die Stadt von diesen mehr

als unerfreulichen Gästen so bald als möglich zu befreien. Unser armes Deutschland als Tummelplatz bolschewistischer Neger-Agitatoren – das hat uns gerade noch gefehlt!

Aus dem *Polizeibericht* des Tages:
In den Nachmittagsstunden wurde eine im Bezirk nicht gemeldete politische Versammlung, die hauptsächlich von Negern besucht war, von einer Polizeistreife ausgehoben. Dabei wurden 11 Personen, die sich nicht genügend ausweisen konnten, und überdies nicht im Besitz eines ordnungsmäßig ausgestellten Passes waren, sistiert. So weit es sich dabei um ausländische Seeleute handelt, die ein Schiff nachweisen können, oder bei einer der hiesigen Heuerstellen registriert sind, werden diese im Laufe des nächsten Tages wieder in Freiheit gesetzt werden. Die übrigen werden, sofern sie nicht wegen eines Verbrechens gesucht sind, unverzüglich über die Grenze abgeschoben werden.

Hamburger Volkszeitung:
Heraus zur Protestversammlung!
Bei Sagebiel – Sagebiels Festsäle
Polizei überfällt den Kongreß der Negerarbeiter der Welt.

Floyd David wurde am dritten Tag nach dem Untersuchungsgefängnis am Holstenplatz überführt. Der Junge hat sicher was ausgefressen, das war die Meinung des die Aktion überwachenden politischen Beamten; ein braver Mann, früherer Gewerkschaftsbeamter, guter Familienvater, der Kommissar konnte nur die Achseln zucken. Es ging ihn auch weiter nichts an.
Floyd David wurde mit einem umfangreichen Laufzettel eingeliefert. Der Inhaftierte behauptet usw. – Es ist nachzufragen usw.
Floyd David, Sohn des Dr. Josuah David, Arzt in Minneapolis.
Von Beruf Student.

Der Aufenthalt in der Zelle ist zu ertragen, wenn er erstens das Ungewohnte des Abenteuers in sich trägt, aber auch ein guter Schuß Phantasie ist vonnöten.
Zeitweilig wurde Floyd betrübt, daß Bob Johnson nichts von sich hören ließ. Quälender Gedanke, daß Bob möglicherweise nichts von sich hören lassen konnte. Entweder hatte er schon ein Schiff genommen, oder war zwangsweise abgeschoben worden, oder saß irgendwo im Versteck, oder die Versuche, die Bob unternehmen würde, drangen nicht zu Floyd vor. Denn Bob Johnson war der Kamerad, wie kein zweiter in der Welt. Bob besaß die Mitgliedskarte der Skandinavischen Heizer-Union, eine Auszeichnung, die ihn geradezu für die amerikanischen Behörden unangreifbar gemacht hatte. Der beste Mann der Organisation in den Staaten. Der Untersuchungsbeamte vorn im Büro, zu dem Floyd jeden dritten Tag vorgeführt wurde, schien auf das Zeugnis dieses Mannes kein Gewicht zu legen. Johnson war der einzige, der David hätte ausweisen können. Er hatte ihn mit hinübergenommen. Johnson hatte so ein Stück Papier ausgestellt, und David war unten an Bord unbehelligt geblieben, denn Bob Johnson war eben eine Respektsperson –
Inzwischen wurde Floyd David photographiert, gemessen, und daktyloskopiert.
Es war für ihn einfach unmöglich, jemanden um Rat zu fragen. Ein Anwalt kümmerte sich nicht um ihn, Floyd hatte auch nicht das Geld in der Tasche, einen Anwalt zu bezahlen. Weder war eine Parteistelle vorhanden, ein offizieller verantwortlicher Veranstalter, und wenn einer vorhanden gewesen wäre – die Beamten hätten davon den David nicht unterrichtet, um ihm die Möglichkeit zu geben, den Behörden Scherereien zu machen.
In dem Bericht der Hamburger Volkszeitung, der einige Tage nach dem Auffliegen der Konferenz veröffentlicht wurde, stand zwar Floyds Name. Am zweiten Tage sprach zum Punkt »Jugendbewegung« der amerikanische Negergenosse Floyd David: er betonte die Notwendigkeit zum Auf-

bau einer eigenen Jugendbewegung und legte Richtlinien für die organisatorische Zusammenfassung, den Austausch der Informationen, Berichte u. a. vor. Den Lesern der Volkszeitung, den Parteigenossen, den Funktionären der Roten Hilfe war indessen gar nicht bekannt, daß dieser gleiche Floyd David im Hamburger Untersuchungsgefängnis festgehalten, noch festgehalten wurde, weil ein Beamter der Fahndungsabteilung der Meinung war, daß David durchaus ein von der amerikanischen Polizei gesuchter Gangster sei – die übrigen Sistierten waren nämlich schon zwei bis drei Tage später sämtlich abgeschoben worden, sang- und klanglos. Daher verhielt sich auch die Partei ruhig, die Sagebiel-Versammlung war sogar auf Sieg aufgezogen gewesen.

Das Abenteuer – das Abenteuer wechselte die Farbe.

Der Frühling war draußen.

Der Student Floyd David aus USA hatte sogar Mühe zu verstehen und erst recht sich verständlich zu machen.

Die Schließer in seinem Flügel, mochten es auch brave Leute sein, liebten klare Verhältnisse. Ein Mörder war ein Mörder, ein Dieb, ein Kinderschänder – schließlich waren es auch Menschen, manchmal durchaus nette Leute, die ganz umgänglich waren. Ein Gefängnisbeamter ist kein Stück Holz, er hat – seit dem Umsturz – freundlich zu sein gegen jedermann. Aber dieser David, davon wurde im Büro, wo der Mann, der seine Wache geht, sich einzutragen hatte, davon wurde direkt gesprochen, dieser David war nicht richtig. Der Junge hatte etwas auf dem Kerbholz; tut so fein, hat Sachen auf dem Leibe, die bestimmt gestohlen sind, ein Neger und seidene Wäsche – da stimmt etwas nicht. Der Junge sieht nicht aus, als ob er je eine Arbeit anfassen wollte.

Der Inspektor auf diesem Flügel, ein braver Beamter, leutselig, beliebt bei den Gefangenen, weil er fünfe gerade sein ließ, gab das Signal. Auf seinem Kontrollgang ließ er sich die Zelle Davids aufschließen, fuhr mit dem Finger die Bordleiste ab nach Staub, drohte, zeigte auf den Handfeger, Gesicht wie eine Bulldogge, Floyd David lächelte ihm zu, der

Mann sah auch zu komisch aus. Der Inspektor kam ins Fluchen, bis dahin verlief noch alles programmäßig, dann aber ließ sich der Beamte gehen, es kam ihm einfach so herausgeschossen: Schwarze Sau! Die beiden Wärter waren herbeigeeilt, die Kalfaktoren, Fluchen und Geschrei: Schwarzes Schwein, Nigger! Floyd wurde am Arm gefaßt, gestukt, demonstriert unter wieherndem Gelächter – und dann wurde Floyd scheu, er bekam Angst, er wurde ganz verzweifelt. Er wurde gejagt, er fühlte sich getreten und beleidigt, abgeschnitten von der Welt, verurteilt zum Ersticken. In der Nacht schüttelt sich Floyd erstmalig in dieser entsetzlich großen Angst, von der er schon früher in den Erzählungen der Alten gehört hatte.

Es ist ganz ohne Zweifel, daß der Neger sich der weißen Rasse unterlegen fühlt. Im Allgemeinen nimmt er die Fußtritte der Weißen hin wie etwas Selbstverständliches. Die Negerväter in den Staaten müssen sich daher eine besondere Mühe geben, so etwas wie Aristokratie unter ihren Sprößlingen zu entwickeln. Die amerikanische Regierung fördert diese Bestrebungen mit allen Mitteln, man hat ein Garderegiment für die Schwarze Miliz geschaffen, eine Universität und mehrere Spezialschulen sind gestiftet worden, und die Negerväter, deren Söhne solche Schulen besuchen, sind hochgeehrt. Die Jugend indessen hat für diese Form von Aristokratie weniger Verwendung. Sie ist vielleicht in zu engen Grenzen, die schwarze Leistung wird niemals gleichgesetzt der weißen, und so gleiten die Jungens ab, während die Mädchen in einem Beruf sich eher bescheiden, zumal wenn sie auch ihrerseits wieder Akademiker heiraten, und künftig auf Kinder verzichten. Den Jungens aber wird ihre Welt zu eng. Das ist der Weg des Floyd David. Aus einem Lesezirkel in den politischen Debattierklub, die Negerfrage wird zum Brennpunkt, sich aufzuopfern, für die große Gemeinschaft der schwarzen Rasse und zur brüderlichen Verständigung der schwarzen und weißen Rasse in der Welt. Heil Moskau!

Und berauschend war es, viele hundert Zuschauer hatten sich von ihren Plätzen erhoben, unter großem Beifallklatschen, lauten Zurufen, Getrampel und Geschrei, oben auf dem Podium saßen die Neger-Delegierten aus aller Welt, die Vertreter der Negerarbeiter aus den Vereinigten Staaten, aus Nigeria und Südafrika, von der Goldküste, Sierra Leone, Senegal und Gambia, Vertreter waren eingetreten aus den ehemaligen deutschen Kolonien in Afrika und aus Trinidad. Berauschend, als Storey und Brody, die im Zuchthaus von Atlanta schmachten, zu Ehrenvorsitzenden des Kongresses gewählt wurden, und als James Ford, der Obmann des amerikanischen Gewerkschaftsbundes der Negerarbeiter, über die Aufgaben der internationalen Verbrüderung und die Notwendigkeit einer straffen und schlagkräftigen Organisation zu sprechen begann – und das alles vor vielen hundert weißen Arbeiter-Delegierten, Kameraden aus aller Welt, Vertreter der Gewerkschaften, der Kultur- und Sportverbände, und alle waren begeistert, und sie hatten sich erhoben, wenn einer der Delegierten zu sprechen aufgehört hatte, um gemeinsam, weiße und schwarze Arbeiter, das Kampflied zu singen.

Floyd David spürt in dem unruhigen Halbschlaf, das Haus atmet so seltsam und schwer bedrückt, spürt das Dämmern des neuen Tages, die Zelle weitet sich, die Gitter spreizen auseinander, ein geheimnisvolles Weben zu neuem Tag. –

Ein paar schüchterne Vogellaute, ganz fernes Zirpen, es reißt immer wieder ab und verliert sich in die Tiefe und die große Weite, die heller wird. Floyd David wartet auf den befreienden Schlag, der als Lied aufsteigt und jubelt, der Gefangene wartet und dämmert dahin, einmal nur den Laut zu hören, der heimatlichen Finken, der pfeifenden Goldammern. Die Negerfrauen von Gambia, die vor dem englischen Residenten gegen die Kopfsteuer demonstriert haben, sind mit Maschinengewehrfeuer empfangen worden, 120 Tote und 465 Verletzte. Die Kopfsteuer treibt die Neger von ihren Farmen, die Männer werden in Konzentrationslager gebracht und von dort zum Bahnbau gepreßt, 70 tote Neger-

arbeiter kommen auf den Kilometer der Strecke, die Nigeria mit dem Osten verbindet – Statistik.
In Belgisch-Kongo, in Léopoldville, streiken die Boys, die Unterstützungskasse hat man ihnen genommen, verboten, sich gewerkschaftlich zu organisieren, die Führer sind aufgehängt.
Ein französischer Offizier in Tschandala läßt seinem Burschen mit dem Hammer die Hoden abschlagen, der Sozialverräter Boncour spricht davon in der Pariser Kammer mit Bedauern und Achselzucken, drei Ärzte kommen auf vier Millionen Menschen, das Gebiet ist verseucht, völlig abgesperrt von der Sanitätsbehörde, Schlafkrankheit, und die Leute vom Pasteur- und Koch-Institut experimentieren daran herum, die Bewohner fliehen aus den Hütten, wenn die Sanitäts-Expedition im Anmarsch ist.
Und in Haiti und San Domingo in Cuba – die allmächtige United Fruit Company stellt das Land auf Fruchtkultur um, die Negerfarmer werden verjagt, die gesetzlichen Besitztitel auf das Land sind für ungültig erklärt, die Neger werden auf das Festland deportiert, die Beamten, die Vorsteher, die Landesvertretung ist eingesperrt.
Floyd David ist wach geworden, in Schweiß gebadet, blutvoll wach.
Das Glockenzeichen schrillt: Aufstehen – Floyd David ist schon aufgestanden.

An einem solchen Tage fliegt das Leben schneller. Der Untersuchungsgefangene Floyd David ist schon darauf vorbereitet, daß seine Nummer von unten zum Stationswärter hinaufgerufen wird; und wie er denn durch die endlosen Korridore ins Gerichtsgebäude hinübergeführt wird, ist auch nicht die geringste Scheu mehr zurückgeblieben. An einem solchen Tage gehen alle Schwierigkeiten dieses Lebens ein Stück vorwärts.
Der Beamte, dem Floyd David jetzt vorgeführt wird, ist ein höflicher und gebildeter Mann. Er hat ein schmales Ak-

tenstück vor sich auf dem Tisch, blättert darin und blättert, während er von Maßnahmen, Vorsorge, Staatsbedenken, internationalen Vereinbarungen und ähnlichem spricht, alles in einer Sprache, von der David nur einen geringen Bruchteil der Worte versteht. Aber der Junge lächelt den Herrn tapfer an, was soll es schon, und der Herr lächelt zurück, das ist ja alles Humbug und unnützes Palaver.
Soviel wird klar, daß Floyd David mit einigen Tagen Haft bestraft ist, aber daß diese Strafe auch bereits verbüßt ist, und daß er zurückgeschafft werden wird, über die Grenze – David kann sich darunter nichts Schreckliches vorstellen; er möchte nähertreten und dem freundlichen Mann danken. Die Akten werden zugeklappt. Sie gehen in eine andere Abteilung der Behörde. Der Fall ist erledigt. Das Generalkonsulat hat um Zustellung des Protokolls gebeten, um den Fahndungsbericht der Polizei über besagte Konferenz; dafür wird David schon ab Hamburg auf einem amerikanischen Dampfer übernommen, zur Verfügung des Untersuchungsgerichtes in New York. Die Sache regelt sich, die Hamburger Polizei ist alle Scherei los. Wenn es passend wäre, würde der höfliche Beamte sich die Hände reiben.
Aber er winkt dem Jungen, der geradewegs auf ihn zukommt und ihm die Hand reichen will, lächelnd ab. Aber fast wider Willen streift er den Burschen mit einem neugierigen forschenden Blick – was geht es ihn an, ein Fremder, für die Hamburger Polizei ein Namenloser, nicht mal reif für die Identifizierung. Irgendetwas stört den Beamten an der Haltung des jungen Negerstudenten – schließlich ist es doch ein gebildeter, ein studierter Mensch – der Blick ist ein wenig getrübt, unschlüssig. Für eine kleine Weile ist der Beamte unsicher, dann bekommt er sich in die Gewalt, bewahrt seine Haltung, sachlich, kühl. Dieser Blick hat auch dem Jungen nicht gefallen. Er stutzt, wendet sich zum Gehen, der begleitende Wärter ist schon an der Tür voraus – Floyd David verbeugt sich nur, dann ist es vorbei. Er marschiert wieder die Korridore entlang. Es wird bald alles vorbei sein, es

ist ein großes Abenteuer. Hoffnung strahlt übers ganze Gesicht, die Freude, alles schon hinter sich zu haben; die glückliche Jugend vergißt so schnell –

Schon am gleichen Tage wird Floyd David von einem in Civil gekleideten besseren Herrn aus dem Gefängnis abgeholt. Der Mann spricht ein tadelloses Englisch und sagt, sie gehen an Bord, David solle ihm folgen und sich nicht von seiner Seite entfernen, dabei lächelt er ihm drohend zu. David versteht nur zu gut, er ist ja so froh, er verspricht alles und sprudelt tausend Fragen heraus und schwatzt. Der Mann sagt darauf ein paar nichtssagende Phrasen. Das Wetter ist wundervoll, die Sonne steht noch hoch am Horizont. David empfindet so recht, wie schön doch die Welt ist. Bis er an Bord des Überseers vor den 1. Offizier geführt wird, der ihn mustert von Kopf bis Fuß, sehr bedachtsam und ihm, als er zu reden anfangen will von dem Vater, der die Passage bezahlen wird, barsch das Wort abschneidet und einen Mann von der Wache ruft und den Quartiermeister. Bis schließlich David vorn, zwei Stock tief unter Deck, in der Arrestzelle untergebracht ist, Flüche und Drohungen zu hören bekommen hat, und fest davon überzeugt, man verwechselt ihn hier mit einem entsprungenen Verbrecher.
Das ist nicht richtig, denkt Floyd David. Er ist noch ganz benommen. In diesem engen Loch, er ist gar nicht imstande klar zu denken. Es wird sich noch aufklären, denkt er, die Papiere werden gebracht werden, der Kapitän wird alles feststellen können, er wird sich zu ihm führen lassen, er trommelt mit den Fäusten an die Wand. Von der Ferne, ganz weit hinten im Gang, hört er, vielleicht als Antwort darauf, einen Stewart fürchterlich fluchen.
Noch in der gleichen Nacht finden sich an der Klappe ein paar Neugierige ein. David hört Flüstern, vorsichtiges Klopfen in Signalen, die er nicht kennt. Er ist vom Lager aufgestanden und fragt durch die Ritze. Alles wird sogleich totenstill. Beschwörendes Zischen. Er wartet; dann hört er schlei-

chende Tritte sich entfernen.

Am nächsten Morgen bringt ihm der Steward etwas zu essen. David beginnt auf ihn einzureden, will seine Geschichte erzählen. Der Steward aber ist abweisend. Mitten in der Erzählung geht er hinaus, die Klappe läßt er wie aus Versehen offen. Dann kommt einer und fragt in den Raum hinein. David versteht zuerst gar nicht. Endlich wird ihm klar, sie wollen wissen, was er ausgefressen hat, sie halten ihn für einen schweren Jungen, und sie fangen an zu fluchen, wenn er ihnen von dem Kongreß erzählt. Das wiederholt sich ein Dutzendmal. Zweimal wird er an diesem Tage nach vorn geführt, immer führt ihn ein Matrose, der ihm zuflüstert, er wird ihm die Knochen zerbrechen, wenn es ihm einfallen sollte, auszureißen. Floyd David wird vor einen Intendantur-Beamten geführt, der ein Bündel Papiere vor sich liegen hat und ihn nach dem Namen fragt. Der Beamte läßt ihn genau die Personalien aufschreiben, vergleicht umständlich, und läßt ihn dann seine eignen Angaben unterschreiben. Spricht sonst kein Wort, gibt auf Fragen überhaupt keine Antwort. Wie der leibhaftige Henker steht die ganze Zeit der Matrose hinter ihm. Das zweite Mal wird ihm nochmals verlesen, daß er nach New York zur Verfügung des Richters gebracht wird, kein Wort weiter. Abends sagt ihm der Steward, der ihm wieder Essen bringt, daß sie in der Nacht abgeschleppt werden, mittags sind sie schon auf See. Floyd David will wieder ein Gespräch anfangen und beginnt wieder, als der andere nicht direkt ablehnt, zu erzählen. Der Steward schüttelt nur den Kopf, nachdenklich, dann ablehnend, schließlich wird seine Ablehnung voller Verachtung. Nachts flüstert es wieder an der Klappe. Sie wollen es einfach nicht glauben, daß er nur ein Staatsverbrecher sei; einer fragt ihn direkt, ob er denn den Präsidenten habe ermorden wollen – mit höhnischem Unterton. Und dann bieten sie ihm Chancen. Er soll sagen, ob er in Hamburg oder sonst einer Stadt Beute versteckt hat. Einer, mehrere bieten sich an, sie für ihn rauszuholen. »Ich habe nichts getan, überhaupt nichts«, schreit Da-

vid. Stille. Dann schlägt einer mit dem Fuß an die Tür, daß es schauerlich hallt.
So vergingen die 24 Stunden. Wie im Traum, in einem bösen Alpdruck. In einem Fieber, aus dem der Gefangene sich erst allmählich wiederfand; es hatte sehr weh getan.
Irgendetwas war vorgefallen, das ihm die Feinde, die Welt der Ausbeuter und Sklavenhalter, zugefügt hatten. Er begann wieder Kraft zu sammeln und den Widerstand vorzubereiten – Floyd David muß durchhalten, muß stark sein im Kampf, das hohe Ziel, schuldlos zu leiden und ungerecht, gewann wieder Gestalt.
Irgendwo in diesem großen Schiff, fern von ihm und ohne Möglichkeit, sich mit ihm zu verständigen, waren sicher die Kameraden, die so fühlen wie er, Brüder im Kampf um die Befreiung der Welt von den Ketten, Kameraden, zu denen er gehört und mit denen er verbunden ist. Das gab ihm Trost und Zuversicht. Auch diese Prüfung wird vorüber gehen, nur aushalten.
Er hörte nicht mehr, wie der Kasten von der Pier abgeschleppt wurde. Er war erschöpft und müde, zerschlagen und endlich irgendwie doch beruhigt eingeschlafen.

Während der folgenden Tage verlief alles glatt und ohne zu tiefe Bedrückung. Einesteils schien man ihn völlig vergessen zu haben, oben auf der Brücke – er wurde nicht an Deck geführt, obwohl es ihm die Stewarts jeden Tag immer wieder von neuem versprachen; komische Hoffnung, als ob zur Verherrlichung amerikanischer Freiheit der Kapitän eines amerikanischen Schiffes seine Hand dazu bieten würde, einen deportierten Neger und Staatsverbrecher unter Bedeckung der Schiffspolizei seinen Gästen zur Schau zu stellen, Commodore Walsh hätte derartiges für krankhafte Phantasie eines besoffenen Reporters gedeutet. Der Dampfer hielt in Southampton, lag einige Stunden in Cherbourg und hatte dann direkten Kurs über den Atlantischen. Dagegen fanden sich an der Klappe regelmäßig Neugierige von der Freiwache ein, immer die gleiche Frage, das gleiche Kopfschütteln bis auf die gleiche höhnische Antwort, hinter der Floyd David bereits eine gewisse Kameradschaftlichkeit herausgefunden hatte; es begann ihm Spaß zu machen. Und auch die Stewarts zeigten sich ernsthafter zu einem Schwatz aufgelegt. Floyd David erfuhr aus solchen Plauderstündchen, daß die Jagd nach Roten und die Ausschnüfflung der Bolschis ein überaus heikles Thema ist, jeder wird sofort mäuschenstill und kneift die Augen zusammen, Jäger und Gejagter, Vorsicht – Floyd David war es einfach unmöglich, ein Gespräch darüber in Gang zu bringen, vollends aber erst, als ein schon recht bejahrter Handlanger des Zimmermannes ihn darauf aufmerksam machte, daß es garkeinen Zweck hätte, darüber zu reden; die Bolschis würden ihn nach vorn zu den Akten tragen, denn jetzt hätten sie die Chance, sich damit von dem Verdacht zu reinigen und ihm, dem Jungen, könne es ja nichts schaden, denn er sei ja sowieso schon festgemacht – und die andern, die seien auch nicht so schlecht, wie man sie immer mache, wenn sie auch nicht direkt zu den Roten gehören, und diese würden vielleicht auch schweigen und sich ruhig alles anhören und darüber nachdenken, aber zum guten Ende kommen sie damit selbst in den Verdacht der Bolschis, und das sei für einen gutgemeinten kleinen Schwatz reichlich teuer bezahlt – Floyd David kannte sich darin nicht mehr aus.

Das Abenteuer geht dem Ende zu. Allmählich verändert sich schon der Laut aus der Ferne, von oben vom Deck, alles wird einen Ton vertrauter. In der Nacht hört David mit dem Windzug einen Schwall Tanzmusik aus den Salons, die Türen oben sind nicht mehr verschlossen, der Bootsmann hört über die Funkkabine amerikanische Sender, das Schiff geht seinen guten Kurs.

Der Duft süßen Tabaks kam entlanggeweht, ein Lachen, Flüsterstimmen, und weit draußen das Signalhorn, das dieses Schiff im Vorbeifahren begrüßte, Musik auf der Brücke, Musik vom Turm, Musik in der Bar, Musik in der Pantry, auf den Gängen – Floyd reckte sich, daß die Gelenke knacken, glücklich und fiebernd. Es wird so vieles zu erzählen sein. Die Freunde kamen nicht mehr. Es ist schon alles im Aufbruch. Dann macht der Dampfer in Ellis Island fest, die Schraube wurde still, die Motore liefen noch, aber wie müde überhetzte Gäule, die noch eine Weile weitergaloppieren noch auf einen letzten Sprung.

Floyd David wird nach vorn gebracht, im Schalterraum des Zahlmeisters wird er zwei Herren vorgestellt und bekommt wieder seinen Bogen hinübergereicht zum Unterschreiben. Dann fordern ihn die beiden Herren auf zu folgen und voranzugehen, zwei Schritt Abstand bis drei Schritt.

In der Kriminalabteilung im Abfertigungsbüro der Einwanderungspolizei befindet sich eine geräumige Halle, die Tag und Nacht von Leuten überfüllt ist. In Gruppen stehen die Männer herum, die sonst nichts zu tun haben als möglichst unbefangen sich zu unterhalten, Scherze zu machen und Erfahrungen auszutauschen. Ein vielfältiges Stimmengewirr empfängt Floyd David, das Vertrauen erweckt. Sogleich ist der Neuankömmling umringt, Mittelpunkt einer Gruppe, die auf ihn einfragt. Floyd ist noch ganz benommen, und es dauert eine Weile, bis er auftaut. Er hat nicht viel zu erzählen, er ist ja schon von den Stewards bis auf die Knochen ausgepumpt, und was er von Hamburg und dem Zweck seiner Reise erzählen kann, findet wenig Interesse. Die Leute wollen mehr wissen. Der eine zieht den Jungen ein wenig auf, der andere hält ihn für einen besonders Gerissenen, der bloß mit der Sprache nicht heraus will, wieder ein anderer weist ihm einen guten Unterschlupf nach, wenn er einen Teil abgibt – Floyd fühlt beseligt, daß jetzt bald alles ein Ende haben wird, er will frei sein, er ist frei; Nummern werden aufgerufen, er muß nur noch warten, bis man ihn aufruft, auch Floyd hat eine Marke am Rock, Nummer 61.

Floyd will sich abwenden, er hat es genug, immer wieder ausgefragt zu werden, die Witze, die Stichelreden. –

Plötzlich fallen die Männer über ihn her. Vielleicht hat er einen beiseite gestoßen, er hätte es beim besten Willen nicht sagen können, er wurde ja sowieso hin und her gestoßen – sie fallen über ihn her. Er wird in den Bauch getreten, ehe er sich noch aufrichten kann, setzt es Schläge auf den Kopf, ins Gesicht, das Blut schießt ihm aus der Nase, die Lippe ist aufgesprungen. Er sieht nichts, er rudert verzweifelt mit den Armen, er kommt gar nicht dazu etwas zu schreien, zu brüllen – er sackt zusammen, stöhnend und dann lautlos, einer tritt noch den am Boden Liegenden – er hört nichts mehr. Er fühlt es nicht mehr, daß er aufgehoben wird und aus der Halle getragen. Er weiß nicht, was mit ihm geschieht.

Er erwacht erst wieder in der Zelle. Ein Mann steht neben ihm, und wischt mit einem feuchten Lappen das blutende, dick aufgeschwollene Gesicht. Floyd liegt auf der Pritsche und kann sich nicht rühren, es tut entsetzlich weh, sich zu erinnern, was mit ihm geschehen ist. »Steh auf, mein Junge«, sagt der Wärter; möglich, daß er das schon ein Dutzendmal wiederholt; möglich, daß Stunden, vielleicht ganze Tage vergangen sind – Floyd David ist noch nicht bei Sinnen. Er fühlt einen unerträglichen Durst, und er braucht kein Wort zu sagen, der Wärter versteht ihn schon so, und gibt ihm zu trinken, scharfes Zeug, irgendein Brandy, »raff Dich, Junge« – Floyd denkt nicht darüber nach, wie der Schnaps in dieses gelobte Land gekommen ist – aber es hilft ihm auf, er bekommt noch einen kräftigen Schluck, bis es ihn ekelt.
Der Mann faßt ihn an der Schulter und schiebt den Jungen hinaus auf den Gang, dort warten schon zwei, fassen ihn unter und schleppen ihn weiter; Floyd ist ja unfähig, ein Wort zu sagen, zu sprechen, zu fragen, sich zu wehren, aufzumucken. Sie schieben ihren Mann in ein großes Zimmer, ein freundlicher netter heller Raum, mit einem großen Schreibtisch drin, weiße Vorhänge, ein Blumenstrauß auf dem Tisch zur Seite, breite behagliche Lehnstühle, dicker weicher Teppich.

Hinter dem Schreibtisch kommt ein gemütlicher, behäbiger Herr nach vorn, schüttelt dem Jungen die Hand, will wirklich Floyd David die Hand schütteln, Floyd sieht alles nur wie im Traum, es ist so unwirklich. Er fühlt sich einsinken, er wird in einen der Sessel gesetzt, und der freundliche Herr, jetzt allein, bleibt neben ihm stehen, lächelt ihn an, hat eine Zigarre im Mund und holt einen tiefen Zug, lächelt väterlich-wohlwollend und sagt: »Na, und nun erzählen Sie mal.«

Floyd gibt stockend seinen Bericht und erholt sich langsam, in Hamburg hat die Polizei scheints Zweifel in seine Personalangaben gesetzt, er hat sich das auf der Überfahrt zurechtgelegt. Er spricht sich allmählich von seiner Befangenheit frei. Ohne eine Miene zu verziehen hört der Beamte zu, das Lächeln ist allerdings vom Gesicht verschwunden.

Ein Bote tritt ins Zimmer, Tablett in der Hand, ein Tablett mit einer Menge belegter Brote, Früchte, eine Schachtel Zigaretten, Zigarren – der Beamte weist ihn mit einer Handbewegung nach dem Schreibtisch. Als der Mann wieder gegangen ist, sagt der Beamte: »Sie werden Hunger haben, lieber Freund. Rauchen Sie?« Er greift nach der Schachtel, macht sie umständlich auf.

Gewiß, jetzt spürt er deutlich, Floyd ist hungrig, er hat sogar mächtigen Hunger, und er wird auch rauchen, brennend gern rauchen. »Aber Sie müssen mir auch die Wahrheit sagen«, fordert der durchaus nicht mehr so gemütliche Herr recht eindringlich den Jungen auf, »die volle Wahrheit. Was Sie da erzählen, ist für alte Tanten«.

Floyd David erschrickt.

»Mit wem sind Sie gefahren? Wer hat Sie geschickt? Die Namen der Leute, die Sie im Schiff untergebracht haben, die Heizer, der Bootsmann, und schnell! Wir haben hier nicht Zeit für solche Kindereien.«

Floyd holt tief Atem, er fühlt sich in einen Abgrund sinken. »Und mit welchen Leuten haben Sie sich hier abgegeben, Studenten, die Wohnung, die Wirtsleute, haben Sie Freunde

hier, auf den Tag genau und haarscharf alles angeben!«
»Ich habe nichts Unrechtes getan.«
»Rede nicht!«
»Mein Vater wird alles bezahlen, wenn sich die Schiffahrtsgesellschaft geschädigt fühlt. Sonst ist mein gutes Recht, ich bin niemandem Antwort schuldig, setzen Sie sich mit dem College in Verbindung ...« Floyd hat sich zur Abwehr aufgerafft. Der Herr pfeift überlegen durch die Zähne, schüttelt bedenklich den Kopf.
»Ich bin ein freier amerikanischer Bürger wie sie –«
Der Beamte drückt am Schreibtisch auf einen Knopf.
Zwei Kerle poltern ins Zimmer. Den einen kennt Floyd sofort wieder, es ist derselbe, der ihn in der Halle unten vor den Magen geboxt hat. Der Kerl grinst übers ganze Gesicht. Floyd David zittert am ganzen Leibe. »Ich habe nichts getan«, kann er noch herausbringen, dann wird er gegriffen, in Empfang genommen und aus dem Zimmer gezerrt; er ist wehrlos, nur ein Bündel Kleider. Wieder in die Zelle gefeuert. Er hatte sofort gefürchtet, daß sie ihn wieder prügeln würden, aber es war bei Püffen und einem kräftigen Stoß in den Rücken geblieben.
Am Abend bekam der Gefangene ein paar Scheiben Brot und Wasser.
Nummer 61 war damit in den gewöhnlichen Geschäftsgang eingereiht. Nach drei Tagen, nachdem er kurz vorher noch einmal den gemütlichen älteren Herrn kurz gesehen hatte – Floyd hatte ihm nichts Neues mitzuteilen – wurde er dem Distriktsrichter unterstellt. Und ins Gefängnis gesteckt, ohne Zulassung einer Bürgschaft, die Eltern werden benachrichtigt werden.

Das Gesetz, das eine Verschwörung gegen den Bestand des Staates unter Strafe stellt, ist ja sehr eigenartig, es läßt allen möglichen Auslegungen weitesten Spielraum. Der Hamburger Kriminalrat hatte sich die Behandlung dieser Ausweisung leicht machen wollen. Der Vigilanten-Bericht über die

Versammlung war einfach ins Englische übersetzt worden, nach den groben Stichworten, auch was über die Vereinigten Staaten berichtet worden war, zurechtgeschnitten auf den jungen Floyd David, der derart der amerikanischen Behörde besonders ans Herz gelegt wurde; denn für einen Landstreicher und Abenteurer harmloser Art bezahlt keine Regierung der Welt die Fahrkosten einer Ausweisung und der Mann wird auf dem kürzesten Weg nur bis zur Grenze gebracht.
Floyd David lernte erst am Tage der ersten Verhandlung seines Falles den Verteidiger, der sich seiner annehmen wollte, kennen. Der Anwalt erzählte ihm, daß Ford und Layton und die andern, die mit hinübergefahren waren, inzwischen in Moskau gewesen waren und jetzt frei und legal und von der Behörde völlig unbehelligt in New York herumgingen, und daß die Bewegung in gutem Fortschreiten sei, und die Hamburger Konferenz gute Arbeit geleistet habe.
Unverständlich, fühlte David, was man dann noch von ihm will. Die ganze Sache kann jedenfalls nicht schlimm sein. — Im Wartezimmer liest David aus der New York-Times den Bericht eines Tumultes in der Bronx, zwei Negermädchen, Studierte, beide Töchter eines Anwalts, der bei der Stadtbehörde beschäftigt und für die Arbeitsbeschaffung in der schwarzen Bevölkerung zuständig ist, hatten die Elektrische besteigen wollen, waren von einem Mann, der nachträglich als betrunken festgestellt werden mußte, daran gehindert worden. Der Mann war sogar handgreiflich geworden, die Mädchen hatten sich gewehrt, die kleinere war zu Boden geschlagen worden, ein kleines schmächtiges Ding, und die größere, die sich am Gestänge festgeklammert hatte, wurde ein Stück weiter geschleift, bis der Schaffner durch einen Schlag auf die Hand sie gezwungen hatte loszulassen – Die Insassen des Wagens waren empört, alle auf Seiten des Mannes, der verhindert hatte, daß diese schwarzen Mädchen den Wagen bestiegen und sich unter die weißen Bürger mischen – wenn auch der Mann, da er betrunken war, später über das erlaubte Maß hinausging, und die am Boden Liegenden mit

Füßen getreten hatte, bedauerlich, aber die Schuldigen werden der gerechten Strafe zugeführt! Es ist eine Herausforderung, Aufreizung, ungehöriges Benehmen, es wird gefordert, daß die beiden Mädchen rücksichtslos vom Gesetz angefaßt werden, wo würden die Vereinigten Staaten, der Staat New Jersey, New York etc. hinkommen...

Zwei Mädchen, Töchter eines Anwalts, fahren mit der Straßenbahn – ging es Floyd David immer durch den Kopf, synkopierend.

Die Strafsache Floyd David wurde unter dem Verschwörungsparagraphen kurz und schmerzlos erledigt. Dem Ankläger wurde von der Verteidigung entgegengesetzt; die große Presse war nicht zugegen, die Parteipresse nicht genügend unterrichtet.

Der Angeklagte wurde verurteilt zu 10 Jahren Gefängnis bis zu 16 Jahren.

Der Verteidiger erklärt vor Gericht, daß er die höhere Instanz anrufen werde.

Floyd David selbst war nicht in der Lage zu sprechen, irgendeine Erklärung abzugeben. Draußen liefen die gleichen Leute frei herum – die Tränen stiegen ihm in die Augen, er hätte laut herausschreien mögen, um sich schlagen, weinen und immer wieder weinen – später in der Zelle – aber er schämte sich, die andern hatten eben mehr Glück.

KURT KLÄBER
Streik in Korea

Von Söul kam ein Telegramm. Hanno, der kleine Telegraphist, nahm es auf, notierte es einmal für die Station und gab es dann weiter. Es war an sich ein ganz gewöhnliches Telegramm. Absender war die Inspektion: »Um 11 kommt ein

Ingenieur heraus. Alle, auch die Koreaner müssen sich pünktlich versammeln!«

Hanno trat ans Fenster. Es war erst zehn. Die weißen Wellblechdächer der Station lagen in der glühenden Sonne wie umgekippte Wassertonnen. Rechts auf den glänzenden Schienen stand eine der großen Lokomotiven. Links einige Wagen, die hinunter nach dem Hafen sollten. Sonst war alles tot, erstorben. Nur er war auf seinem Posten.

Er gab nach einer halben Stunde noch zwei längere Telegramme auf. Das eine betraf einen Holztransport, das andere eilig zu liefernde Kohle. Dann sah er nach der Uhr. Die ersten konnten schon drüben sein. Er schaltete das Läutewerk auf Sturm, schob sich die kleine Mütze ins Genick und ging hinüber.

Versammlungsraum war die Kantine. Vorn saßen zwei der schlitzäugigen Aufseher. Hanno ging ohne Gruß an ihnen vorbei. Hinten Glass, der Junge aus Hamburg. Ganz in der Ecke ein Schottländer, der die Maschine bediente, die beiden Italiener, der hagere Bacher, sogar der aufgedunsene, immer betrunkene Yankee war schon da.

Kurz vor der verabredeten Zeit überfluteten auch die Koreaner die Station. Sie brachen wie eine Herde schnatternder Gänse herein. Einige schimpfend die Hände erhoben, an der Spitze, die anderen, schmutzig, kleine Stoffetzen um die mageren Hüften, hinterher.

Der Ingenieur ließ auf sich warten. Die beiden Italiener und der Schottländer griffen deshalb zu den Karten. Der Yankee war hinausgegangen und trank wohl irgendwo. Glass erzählte dem horchenden Hannes eine etwas dunkle, schaurige Geschichte.

Als der Ingenieur kam, klein, mager schlitzäugig wie die Aufseher, nur noch eine Nüance undurchsichtiger, war es bereits zwölf. Er sagte nichts Besonderes. Daß dem Hamburger zwei Tage vom Urlaub abgezogen würden. Daß der Yankee das Saufen lassen sollte. Daß der Schottländer wahrscheinlich bald versetzt würde und daß Hanno in den

nächsten Tagen einen Gehilfen bekäme.
Als er unter die Koreaner trat, sprach er lauter. Der Schottländer, der an die Tür gegangen war, verstand etwas von den hohen, singenden Tönen. »Er zieht ihnen ab«, sagte er. »An Silber im Monat beinahe die Hälfte. An Reis ein Kilo. An Fischen ein ganzes Pfund!«
Hanno stieß den Hamburger an: »Wir müssen sehen, was sie dem Schinder antworten.« Hanno nickte und sie gingen hinaus.
Die Koreaner sagten nichts. Sagten nicht das geringste. Hoben nur ihre Werkzeugbündel wieder über die verschwitzten, gekrümmten Rücken, legten die Hacken dazu und verschwanden.
Glass lachte: »Pack! Ich glaube sie arbeiten noch, wenn man sie mit Dreck bezahlt!«
Hanno lachte nicht. »Abwarten!« Er kannte die gelbe Gesellschaft länger und besser.
Es schien aber als sollte Glass recht behalten. Die Koreaner sagten auch später nichts. Erschienen jeden Tag zur Arbeit, als hätte es nie eine Lohnkürzung gegeben, schotterten, rodeten rechts und links von den Gleisen das Gebüsch, aßen schmatzend und lärmend ihr mitgebrachtes Essen und auch nach ihrer Arbeit zeigte sich nichts Besonderes an ihnen. Sie gingen in ihre Dörfer wie sie sonst in ihre Dörfer gegangen waren.
Hatte sich aber die Lohnkürzung irgendwie auswirken müssen? In den ersten Tagen des nächsten Monats kam doch eine gewisse Erregung über sie. Es war keine stürmische. Sie redeten nur manchmal miteinander, und zwar redeten sie gewöhnlich mit ihrem Sprecher, einem hageren Vorarbeiter, der durch seine Größe weit über die anderen hinausragte.
Und einige Tage später mußten sie sich schon zu etwas entschlossen haben, wenigstens verließ der Lange plötzlich seinen angestammten Platz, schnürte sein Bündel und kam mit hüpfenden Schritten nach der Station.
Auf der Station war niemand weiter wie Hanno, Glass und die beiden Italiener.

Der Lange trat ein, sagte laut und mit nicht mißzuverstehender Deutlichkeit: daß seine Brüder von der Strecke Söul-Tschungtschön es probiert hätten, ob es sich mit dem gekürzten Lohn arbeiten ließe, aber wäre es vorher schon schwer gegangen, so ginge es jetzt überhaupt nicht mehr. Kurz: die Brüder von der Strecke Söul-Tschungtschön hätten deswegen ihre Arbeit niedergelegt, und sie würden sie nicht früher wieder aufnehmen, als bis das Silber, der Reis und die Fische in der alten Höhe ausgezahlt und ausgegeben werden!
Hanno sah Glass triumphierend an, dann ging er zum Apparat und gab die Rede des Langen weiter.
Am nächsten Morgen kam der Ingenieur das zweite Mal. Schimpfte, überschrie sich, drohte! Die Koreaner blieben aber fest. Als er ging, das schmale Gesicht zuammengezogen, lachte er: »Sollen sie streiken bis sie verrecken, der Abzug bleibt!«
Die Koreaner verreckten aber nicht. Ja als sie in der dritten Woche, die sie, ohne wieder zu ihren Hacken und Schaufeln zu greifen, verbracht hatten, merkten, daß ihr Streik und ihre Arbeitsverweigerung keinerlei Folgen hatten, warteten sie nicht erst, bis ihr Hunger und ihre Not noch größer wurden, sondern sie gingen einfach aus ihrer Passivität zu einer Art Angriff über.
Das erste, was sie taten, war, daß sie mitten auf die Gleise nach Söul einen Pfahl pflanzten. An dem Pfahl war eine Tafel. Auf der Tafel stand mit ihren sonderbar großen Schriftzeichen: »Wir hungern!« Da der Schottländer die Zeichen aber nicht lesen konnte, den Pfahl vielleicht gar nicht sah, fuhr er ihn glatt und ohne anzuhalten über den Haufen.
Einige Tage später brachten sie Steine und legten sie über die Schienen. Das war schon schlimmer. Hanno und einer der Aufseher mußten es weitergeben. Am Abend erschienen auch schon japanische Soldaten aus Söul. Sie zogen ein Dutzend aus den lagernden Koreanern heraus, banden sie, schlugen sie und fuhren mit ihnen zurück.

In der folgenden Woche taten sie das Letzte. Der Express dampfte aus der Station heraus. Schleppte sich mühsam und keuchend den Hügel hinauf. Als der Schottländer oben Volldampf geben wollte, sah er, daß die Koreaner, Kopf und Füße auf den blanken, blitzenden Eisen, selber zwischen den Schienen lagen.

Der Schottländer stieg aus und hob den ersten auf. Es waren aber, die Koreaner hatten auch ihre Frauen und Kinder mitgebracht, vierhundert Menschen. Als er merkte, daß er das nicht bewältigen konnte, ließ er einfach Express Express sein, die schimpfenden Passagiere schimpfende Passagiere, stellte die fauchende Maschine ab und setzte sich zu ihnen.

Gegen Abend, die Station war voller ausgepackter Koffer und Taschen, die Passagiere schon im Zustand der Verzweiflung, kam der Ingenieur das dritte Mal.

Die Koreaner bekamen wieder ihren alten Lohn und noch ein Kilo Fische als Zulage.

Hanno rieb sich die Hände.

Glass sagte: »Kerle wie Eisen!«

Der Schottländer: »Und wenn sie schon wegen drei lumpigen Silberlingen lieber ihre Köpfe opfern als nachgeben, was werden sie erst opfern, wenn sie um ihre Freiheit kämpfen?«

Der Amerikaner, der gerade nüchtern war, das heißt, in einem Zustand, in dem er wenigstens noch auf den Beinen stehen konnte, lachte: »Nichts Schottländer! Nichts! Höchstens uns, und die fünfmal hunderttausend Japanesen! An dem Tag, an dem sie aufstehen, werden sie uns alle miteinander in die Hölle schicken!«

ANNA SEGHERS
Der Führerschein

Unter einem Haufen verdächtiger Zivilisten, die die japanische Militärpolizei in dem Keller eines requirierten Hauses in Tschapei gesperrt hielt, gab es einen kleinen, kahlköpfigen, nicht unter vierzigjährigen Mann in nicht einmal besonders zerlumpter Kleidung. Das Gesicht des Mannes, vom Nachdenken wie zerknittert, unterschied sich durch nichts von allen Gesichtern im Keller, die der Druck des bevorstehenden Urteils einander in einer Stunde ähnlich gemacht hatte. In der Kellertür stand der japanische Posten in exakter Uniform, in seinem offenen Gesicht die feste, durch gar nichts erschütterte Überzeugung, daß es seine Pflicht sei, hier zu stehen und Menschen für das Urteil zu bewachen, die verdächtigt waren, auf seine Landsleute aus dem Hinterhalt geschossen zu haben.
Auf einmal traten durch die Tür ein japanischer Offizier und einige Soldaten, die den Befehl bekamen, die Gefangenen zum letzten Male gründlich zu untersuchen. Das Gesicht des Kahlköpfigen blieb unverändert, die seinen Körper und seine Kleider abtastenden Hände brachten seine Gedanken nicht in Unordnung. Da gab es eine Stockung. In seinem Rock wurde ein vergriffenes Papier gefunden: der *Führerschein* des Chauffeurs Wu Pei-li. Der Japaner schickte einen seiner Soldaten weg, der gleich mit einer Nachricht zurückkam. Wu Pei-li wurde abgeführt durch den Keller in den Hof und von dort durch die Torfahrt in den zweiten Hof zu den Garagen. Er mußte zwischen Gewehrkolben warten, vielleicht als erster, auf das Urteil.
Dann kamen aus dem vorderen Haus eine Ordonnanz, drei Generalstäbler, zwei Zivilpersonen. Man breitete eine Geländekarte vor ihm aus und zeigte eine Route an. Wu Pei-lis Gedanken wandten sich weg von dem eben noch unvermeidlichen Tod nach dem kleinen roten Punkt hinter den Forts.

Die Japaner brachten das Auto aus der Garage. Wu Pei-li kam auf den Führersitz, die Revolver der Zivilisten waren kalt auf seinen Schläfen. Die Generalstäbler stiegen ein. »Fahr was das Zeug hält!« Er schaltete ein, hupte wie verrückt das wilde harte Hupen der japanischen Militärautos, das ihn tage- und nächtelang rasend gemacht hatte und auch jetzt rasend machte. Sie fuhren durch Tschapei, durch zerstörte, von Geschossen aufgerissene Straßenzüge, von ratlosen Menschen wimmelnd. Er zog die Straßen hinter sich her, in sein Herz verknotet. Auf seinen Schläfen spürte er die Mündungen der Pistolen, hart, doch schon nicht mehr kalt. Sie flogen über den Kai, die breite Straße zum Brückenkopf aufwärts. Rechts und links führte eine steinerne Balustrade, die auf der Brücke eiserne Gitter ablösten. Die Blicke der Offiziere auf seinem Rücken, die Pistolen gegen seine Stirn kontrollierten all seine Bewegungen, aber die furchtbare Anstrengung hinter der Stirn entging ihnen, der Auftrag und der Kampf mit dem Entschluß. Sie hatten die Balustrade gerade passiert, den Strom schon unter sich. In diesem Augenblick begriff der Chauffeur Wu Pei-li, was von ihm verlangt wurde. Er drehte bei und fuhr das Auto mit den drei Generalstäblern, den beiden Zivilisten und sich selbst in einem kühnen, dem Gedächtnis der Masse für immer eingebrannten Bogen, in den Yangtse.

Nach einer chinesischen Korrespondenz

ANDOR GÁBOR
Der Blutmai
Erster Mai 1929

1. Es brodelt

Berlin, den 20. April 1929

Gestern abend ist am Wedding, in einigen Straßen, in denen ausschließlich Arbeiter wohnen, eine spontane Demonstration gegen das Maiverbot entstanden. Die Polizei war unvorbereitet. Sie meinte, Zörgiebels Verbot sei den Proleten so mächtig in die Knochen gefahren, daß sie sich nicht mehr zu bewegen wagen. Einige Polizisten hielten es für ihre Pflicht, herbeizueilen und »Ordnung herzustellen«, obgleich sich alles in größter Ordnung abspielte. Sie wurden entwaffnet. Das geschah in wenigen Minuten, es geschah leicht, einfach und schmerzlos. Wären die Polizisten nicht so rabiat gewesen, das heißt, hätten sie nicht um jeden Preis schießen wollen, wären sie mit heiler Haut davongekommen. Sie waren aber so aufgepulvert, so aufgeputscht von ihren Offizieren, daß sie immer wieder »knallen« wollten. Da bekamen sie einige – vielleicht unsanfte – Püffe, man nahm ihnen Revolver und Gummiknüppel ab, und man zeigte ihnen mit einigen – vielleicht energischen – Fußtritten den Weg zur Wachstube.

Huuh! sind heute früh die bürgerlichen und sozialdemokratischen Zeitungen aufgebracht! In den Reportagen flutet und sprudelt das Polizeiblut, obwohl in Wirklichkeit kein Tröpflein geflossen ist. Die demonstrierende Masse verhielt sich, wie immer, äußerst besonnen und würdevoll. Die Polizei aber soll zum 1. Mai »vorbereitet« werden, sie soll in »Pogromstimmung« versetzt und zur »Rache« aufgestachelt werden. Mit einem Wort: am 1. Mai *soll* in Berlin Blut fließen, damit nachher die Frage aufgeworfen werden kann: »Wer ist für das Blut verantwortlich?«

Wir sind in einem Lokal, in dem mit primitiven Mitteln die Transparente zum 1. Mai hergestellt werden. Auf die weiße Leinwand zeichnet und malt man rote Buchstaben, auf die rote Leinwand weiße. Es sind einige köstliche Figuren halbfertig da, Karikaturen aus Pappe, die allerhand schöne und ulkige Bewegungen ausführen, wenn man an einem Bindfaden zieht.
Die Älteren geben die Anweisungen, das junge Volk betätigt sich mit Lineal, Kreide, Pinsel und Farbtopf. Ein Jugendgenosse will das Wort »Kommunist« nur mit einem »m« malen. Er behauptet, wir könnten viel Mühe und Farbe sparen, wenn wir endlich dazu übergingen, Kommunist von nun an bloß mit einem »m« zu schreiben. Wir sollten praktisch sein und mit den kleinbürgerlichen Vorurteilen aufhören. Die anderen sind dagegen. Eigentlich ohne weitere Argumente. Plötzlich fällt dem Jungen ein unerwartetes Argument ein: »Die Komintern ist derselben Meinung!«
»Wieso? Woher nimmst du das? Hat man dir aus Moskau telegrafiert?«
»Sie schreibt ihren eigenen Namen nur mit einem ›m‹ ... Und der Name ist doch die Abkürzung der Worte: Kommunistische Internationale.«
Lachend wird beschlossen, daß für diesen 1. Mai noch beim kleinbürgerlichen Vorurteil geblieben wird, daß wir das Wort mit zwei »m« schreiben. »Sonst«, so sagt eine gutgelaunte Genossin, »wird Zörgiebel noch glauben, wir seien so erschrocken, daß wir einen Buchstaben fallenließen.«
... Es wird eine Kolonne, die mit kleinen Klebezetteln und Maiabzeichen ausgerüstet ist, in die Häuser geschickt. Durch den Verkauf der Abzeichen soll die Stimmung erkundet werden. Ich schließe mich der Kolonne an, wir beginnen den Vertrieb in der Reinickendorfer Straße, wo sich gestern der »Zwischenfall« mit den Polizisten abgespielt hatte.
Erste Wohnung: ein Mechaniker, Sozialdemokrat, trägt einen struppigen Bart, sieht uns unter der Brille hervor mißtrauisch an: »Was läuten Sie Sturm? Hab keinen Bedarf.

Hab genug Abzeichen.«
»Aber nicht für diesen Mai.«
»Dieser Mai ist wie die anderen.«
»Das sagen wir auch. Zörgiebel sagt aber was anderes.«
»Was sagt er?«
»Er sagt, daß wir an diesem 1. Mai nicht auf die Straße dürfen.«
Er winkt verärgert mit der Hand: »Quatsch! Das verbreiten nur die Kommunisten.«
Verblüfft sehen wir uns den Mann an. Wie sollen wir ihn gegen das Maiverbot mobilisieren, wenn er meint, daß das Verbot eine kommunistische Erfindung sei?
Zweite Wohnung: Schlachthofarbeiter, jung, parteilos, jung verheiratet. In der Wiege liegt ein Säugling von zwei bis drei Wochen. »Gebt drei Abzeichen her.«
»Wozu drei? Ihr seid bloß zu zweit.«
»Auch auf die Windeln stecken wir eins.«
Die junge Frau bemerkt: »Das wird Trudchens erster Spaziergang sein.« Und sie zeigt auf die Wiege.
»Ihr kommt also auf die Straße?«
»Wieso etwa nicht? Weil dem Zörgiebel der Ruhm zu Kopf gestiegen ist, sollen wir am 1. Mai zu Hause sitzen? Seit meinem neunten Lebensjahr war ich immer beim Mai-Aufmarsch dabei. Von den vier Kriegsjahren abgesehen, wo ich im Schützengraben hockte. Ich bin *sehr* gespannt, wie man das zustande bringen will, uns in die Stube zurückzuschicken. Na, dazu sind wir schon erwachsen genug.«
Dritte Wohnung: Metallarbeiter, Sozialdemokrat, seit mehr als einem Jahr arbeitslos. Aus der Gewerkschaft verbittert ausgetreten. Vier Kinder, ziemlich verwahrlost, da die Mutter in einer Papierfabrik Tüten kleben muß. Das ist der einzige Verdienst der Familie. »Hab keinen Groschen, Genossen, kann das Abzeichen nicht kaufen. Ich geh aber auf die Straße. Mich wird es keinen Lohn kosten, am 1. Mai bin ich ebenso frei wie an allen anderen Tagen. Ich hab schon die Nase voll. Seit vierzehn Monaten erwerbslos. Man vertrö-

stet mich immer auf die Konjunktur. Wohin soll das führen? Soll meine Frau mich noch fünf Jahre lang erhalten? Ich schäm mir schon die Augen aus dem Kopf. Ich geh zu jeder Demonstration. Ich sag mir: brüllen müssen wir, aufbrüllen, sooft nur eine Gelegenheit da ist, die Herrschaften sollen uns wenigstens hören.«

Im Korridor schreiben wir den Namen auf. Hier muß man noch vorsprechen.

In der vierten Wohnung finden wir eine wahre Volksversammlung vor. Hier wohnen zwei junge Arbeiter der AEG, Kommunisten, Sportler. Sie haben die anderen Führer der Sportbewegung im Werk zu sich eingeladen, um sie zu einer Stellungnahme zum Maiverbot zu bewegen. Prächtige junge Burschen sind alle, in kurzen Hosen, mit freien Knien. Politisch... hm... politisch ist der eine Freidenker, der andere Anhänger der Nacktkultur, der dritte, mit einem zierlichen Christusbärtlein, begeisterter Vegetarier, der vierte Mitglied der Gruppe »Zukunftsmensch«, von der ich zum erstenmal höre. Ich habe keine Zeit, zu erforschen, was diese Sekte darstellt. Der junge Zukünftler hat nur mit einigen Worten erklärt, daß sie nicht trinken, nicht rauchen und zu keiner politischen Partei gehören wollen.

Die zwei jungen Kommunisten leiten die Verhandlung sehr geschickt: »Zörgiebel meint, es wäre das beste, wenn wir am 1. Mai den Lohn nicht verpaßten und zur Arbeit gingen.«

Allgemeines Gelächter: »Nee, wir arbeiten nicht. Kommt nicht in Frage.«

»Zörgiebel meint, wer nicht arbeitet, soll zu Hause bleiben.«

»Nee, das kommt nicht in Frage.«

»Zörgiebel meint, wer schon unbedingt demonstrieren will, der soll sich in geschlossene Säle zurückziehen.«

Lustige Zwischenrufe: »Soll er's tun!«

»Kann sich einsperren lassen.«

»Die Schupo soll in die Säle, wir sind auch mit der Straße zufrieden.«

Es wird beschlossen, daß die Sportjugend des Werkes, ohne

Rücksicht auf politische Zugehörigkeit, das Verbot als nicht existierend betrachtet.
Sie kaufen sechs Abzeichen von uns, obgleich sie für den 1. Mai auch ihre eigenen Sportabzeichen haben werden.
Nach dem Beschluß sagt einer der Kommunisten: »Hört mal, Jungen, es kann aber dicke Luft geben ...«
Da sagt der Vegetarier mit dem Christusbärtlein: »Gestern abend gab's auch dicke Luft. Der Wachtmeister wollte unbedingt schießen. Wir reden ihm zu: ›Mensch, weg mit der Knarre! Wenn du losknallst, gibt es zwei, drei Tote von *einer* Kugel!‹ So dicht standen wir um ihn herum. Der Blöde zerrte aber wie toll an der Ledertasche, er zog am Ende doch die Pistole hervor: ›Ich werde es euch schon zeigen!‹ brüllte er und – bekam eins auf das Handgelenk, und im selben Augenblick hatte er die Kanone nicht mehr.«
Er streichelt sich das blonde Bärtlein: »Einer wollte auch den Tschako, der dem Polizisten vom Kopf geflogen war, als Andenken behalten, dann aber stülpten wir ihn dem Kerl auf den Schädel zurück, so daß man im Revier sicher Mühe hatte, den guten Mann aus dem Tschako herauszuschälen.«
Wir gehen ins Lokal zurück. Auch die Klebekolonne ist mit ihrer Arbeit fertig.
Wir fragen einander: »Also? Was ist in den Häusern los?«
Der Kolonnenführer antwortet: »Es brodelt, die Leute wollen sich das Verbot nicht gefallen lassen.«

11. Bürgerkrieg

Berlin, den 2. Mai 1929

Wir stehen unter dem Viadukt der Stadtbahn in der Gerichtstraße und starren rostbraune Flecke auf dem kieselbelegten Bürgersteig an.
»Blut! ...«, sagt still ein Arbeiter. »Und hier auch Blut!«
Er zeigt auf eine eingetrocknete Lache. Dann zeigt er noch zwei ähnliche Flecke. Sie sind unbedeutend. Sie bedeuteten

gestern fünf Menschenleben. Er erzählt, wie es geschah.
In der Mitte des Nettelbeckplatzes steht ein Kiosk. Der war von der Polizei besetzt, von der Polizei Zörgiebels, des Sozialdemokraten. Maschinengewehre, Minenwerfer waren vorbereitet. (Wozu?) In der Pankstraße knüppelte die Polizei die Demonstranten unbarmherzig auseinander. Die Passanten retteten sich nach allen Richtungen hin, und hier, unter dem Viadukt, standen neun Leute und sahen neugierig auf den Platz, auf das kriegerische Polizeizentrum. Plötzlich knallten von dorther Schüsse. Warum? Die neun Arbeiter standen ruhig unter dem Viadukt, sie meinten, es würde in die Pankstraße hineingeschossen, wo Demonstranten marschierten. Hätten sie gewußt, daß sie beschossen werden, so hätten sie hinter den Stahlpfeilern des Viadukts Deckung finden können. Sie suchten aber keine.

»Die Schüsse krachten«, erzählte der Arbeiter, »man gewöhnt sich schnell an das Geknatter. Da fiel mein Nebenmann rechts. Nanu? Ich dachte, er duckt sich bloß, weil er's mit der Angst bekommen hat. Dann fiel der andere, links von mir, und noch zwei fielen nieder und bewegten sich nicht mehr. Erst als der fünfte fiel und zu zucken begann und stöhnte, sahen wir, was los war. Die vier aber waren tot. Das sind die vier Blutlachen. Dem fünften rann das Blut in den Mantel, er wollte sich wegschleppen, wir wollten ihm helfen, die Polizisten gingen aber in Attacke über und brüllten uns an: ›Laß das Gesindel liegen!‹
Ich beugte mich über den Verwundeten, bekam aber von hinten einen Fußtritt, daß ich auf ihn fiel. Das war gut, die nachrennenden Schupos dachten, ich sei schon erledigt, sie schossen nicht mehr auf mich.«
Das war gegen Mittag, als das Märchen über die »Dachschützen« noch nicht ausgedacht war. So wurde die Stimmung am Wedding für die Ereignisse, die die Polizei für den Nachmittag plante, vorbereitet ...
Vom frühen Morgen bis in die späten Nachmittagsstunden gejagt, gehetzt, niedergeknüppelt, wie Hasen niedergeschos-

sen, raffte sich die Weddinger Arbeiterschaft zur Abwehr auf. Ganz in der Nähe, an der Ecke der Kösliner und der Weddingstraße, wurde schnell eine Barrikade gebaut, um die toll gewordene Polizei nicht in die Straßen hineinzulassen.
Wir gehen hin.
Die Barrikade von gestern ist schon zerstört, die zwei kurzen, grauen Proletenstraßen wimmeln von Arbeitern. Man will sich das Schlachtfeld des Bürgerkriegs anschauen. Es sind keine vierundzwanzig Stunden seit der großen Spannung vergangen. Die Asche glüht noch. In beiden Straßen summt es wie in einem Bienenkorb. Alles wird genau erklärt und gezeigt. Die Arbeiter verteidigten sich fünf Stunden lang hinter der sehr primitiven Barrikade. Sie bestand aus Balken und aus etwas Baumaterial, Pflastersteinen und Teertonnen. Die Polizei ging mehrmals zum Sturm vor und wurde immer wieder zurückgejagt, nicht etwa mit Schüssen: mit Steinhagel bloß. Es »mußte« also ein Panzerauto mit Maschinengewehren herangeholt werden. (Im Schlachtbericht nennt der »Vorwärts« das Panzerauto einen »Sonderwagen«.) So kam die Zörgiebel-Armee in die Kösliner Straße und begann ihre Strafexpedition. Beide Häuserfronten wurden mit Scheinwerfern beleuchtet, mit Maschinengewehren »bestrichen«. Erstes Opfer ein alter Sozialdemokrat (Max Gemeinhart hieß er), der zum Fenster gegangen war, um nachzuschauen, ob seine Genossen, die angeblich sozialdemokratisch organisierten Schupos, »tatsächlich so brutal seien«. Zweimal wurde auf den gefährlichen Feind, auf den ahnungslosen alten Mann im Fenster gezielt. Der zweite Schuß traf. Die ganze Kösliner Straße wurde ausgeräuchert, man trieb die Männer mit Kolbenschlägen aus den Häusern. Auf der Straße: »Hände hoch, Hund, sonst knall ich dich nieder!«
Die Straße wimmelt und summt. Alle erzählen Einzelheiten, alle waren dabei. Man kann sich die viehische Brutalität der Szenen gar nicht vorstellen – so glauben sie. Ich kann's aber. Auf einmal, wir sind im Gespräch vertieft, hören wir Rufe: »Die Schupo kommt!«

Wieso? Warum? Hier ist doch jetzt nichts los?
»Straße frei!« brüllen die Schupos. »Straße frei!«
»Pfui! Bluthunde! Schämt euch!« ertönt es von allen Seiten. Die Leute sind mutig, sie meinen, sie hätten sich ihre Meinungsfreiheit mit dem gestrigen Blut erkauft.
Da kracht es wieder. Man traut seinen Ohren nicht. Was war das? Hat die Schupo wirklich wieder geschossen? Bloß weil man »Pfui!« gerufen hat?! Erregtes Drängen und Laufen, erbittertes Aufheulen der Massen. Sie lichten sich, wir sehen von der einen Seite die anmarschierende Polizei mit den noch rauchenden Waffen, und in der Mitte der Straße liegen wieder fünf Menschen. Der eine ist tot, von den anderen werden wir in den Zeitungen lesen ...
Wir stehen unter einem Torbogen. Mir zittern die Knie vor Erregung. Ist das möglich?
Die Polizei zieht durch die Straße.
Hinter ihr schließt sich die Masse wieder. Man spricht über die gestrigen Toten und die, die vor fünf Minuten gefallen sind. Man weiß noch nicht, wer sie sind ...
Rasch bildet sich ein Demonstrationszug. Zu den Pharus-Sälen, in die Müllerstraße, wo eine Protestversammlung stattfinden soll. Die Internationale lodert zum Abendhimmel empor. Eine Querstraße, dann noch eine. Wir sind in einem Park und werden vom Zug durch einen Straßenbahnwagen, der zwischen uns hindurchfährt, getrennt. Als sich der Straßenbahnwagen in Bewegung setzt (er hielt gerade an der Haltestelle, denn alles spielt sich ordnungsgemäß ab in der Stadt, nur daß die Polizei schießt und die Menschen sterben), flitzen zwei Polizeiautos auf der anderen Seite des Parks vorbei.
Schüsse krachen. Kurz, unbedeutend. Zwei Leute fallen hin, bis sie sterben, sind die Polizeiautos schon weit weg.
Man drängt uns in die Müllerstraße. Vor den Pharus-Sälen ein aufgestöbertes Straßenbild. Eine alte Frau erzählt etwas mit weit aufgerissenen Augen, was sicherlich gestern geschah. Sie weiß noch nicht, daß es auch vor einigen Minuten gesche-

hen ist und daß es auch jetzt geschieht.
»Wie die Wilden ... alles haben sie niedergeschlagen. Ein vierzehnjähriger Junge bekam zwei Hiebe auf den Kopf...«
Sie kann die Erzählung nicht beenden. Doppelpfiff des Polizeiautos. Uns gegenüber ist eine Straßenmündung, dort liegt Baumaterial, liegen Ziegel und Kieselsteine. Eine verdächtige Straße ... dort könnten Barrikaden gebaut werden ... Das Polizeiauto hält, und ehe wir uns besinnen, kracht eine Salve in die Straßenmündung hinein. Die Straße scheint leer zu sein. Das Polizeiauto fährt weiter...
Was war das wieder?
Ein junger Mann kommt aus der Straßenmündung herausgelaufen. Er weint: »Das kann man doch nicht mit ansehen... Der eine fiel tot hin ... Nackenschuß ... der andere bekam einen Bauchschuß ... Ich stand dazwischen ... Wo ist eine Bahre? ... Der mit dem Bauchschuß lebt noch...«
Arbeitersamariter laufen hin.
Die Straße summt.
Die Polizei lauert: Wo könnte man noch einige Kugeln hineinfetzen? Ich bin verwirrt. Ich kam, um das Schlachtfeld des 1. Mai zu sehen, und sah, wie am *zweiten* Mai auf einem kleinen Fleck Berlins sieben oder acht Arbeiter ermordet wurden.
In der Untergrundbahn laute Gespräche, aber nicht besonders erregt: »Ja ... in Neukölln auch ... die Arbeiter besetzten die Barrikaden von gestern ... Jjaaa ... die Schupo kam mit dem Panzerauto. Drei Tote...«

III. Bei den Witwen

Berlin, Mai 1929

Abends im vornehmsten Kino Berlins, klein- und großbürgerliches Publikum; Menschen des Wohllebens und der Ruhe. Auf der Leinwand: die Wochenschau, ziemlich lang-

weilige Bilder aus aller Herren Ländern; Großfeuer, ich weiß nicht wo; Sturmverwüstungen, ich weiß nicht wo; Jeanne-d'Arc-Feierlichkeiten, ich weiß nicht wo.
Auf einmal Spannung, Erregung, Flüstern, Stille: Der Blutmai!
Bilder der Maidemonstration aus ganz Deutschland. Unabsehbare Massen in den großen Provinzstädten Hamburg, Leipzig, Dresden, München. Die Massen überfluten Straßen und Plätze, und wo sie auf verbotenes Gebiet kommen, werden sie von der Polizei zurückgedrängt. Es gibt nämlich in fast allen deutschen Städten ein verbotenes Gebiet, »die Bannmeile« – meistens im Zentrum der Stadt, das heilige Geschäftsviertel –, in der Demonstrationen nicht erlaubt sind. Überschreitet die Masse irgendwo die Grenzen der Bannmeile, dann versuchen die Polizisten Ordnung zu schaffen, die Menge wegzuschieben. Sie stemmen sich gegen die Masse, drängen sie zurück, dabei bekommen sie rote Gesichter vor Anstrengung. Es wird gelacht, und es geschieht nichts Schlimmes. Am Ende geben die Polizisten ihr Vorhaben auf, die Demonstration zieht ruhig weiter, und man sieht, daß die Staatsautorität nirgends zusammengebrochen ist.
Wieso? Das ist doch gar nicht blutig? Das ist bloß imposant. Das bürgerliche Publikum bewegt sich ungeduldig auf den Stühlen. Wo ist da der Blutmai?
Plötzlich bricht die Musik ab: man erkennt auf der Leinwand die Berliner Straßen. Aha! Wieder Spannung, Erregung, Flüstern: die brutalen Szenen des Bürgerkrieges, den die Polizei heraufbeschworen hat, flitzen vorbei: Polizei stürmt von allen Seiten her, der Gummiknüppel schwingt sich hoch, saust nieder, Menschen fallen um. Der Filmstreifen reißt plötzlich ab, um die Szene anderswo, in einer anderen Straße Berlins von neuem zu beginnen, die Mannschaft springt ab, die Jagd beginnt. Der Film bricht ab. Genug: jeder weiß, was nachher geschah. Dann: Barrikaden, und zwar die, die die Polizei baute, um bequem dahinter hervorzu-

schießen. Ein Gruseln geht durch den Saal, der diese Barrikaden selbstverständlich den Arbeitern zuschreibt. Jetzt eine Attacke berittener Polizisten, schußbereite Karabiner, gezückte Maschinenpistolen auf der einen Seite, auf der anderen junge Genossen, die nichts, nicht einmal ein Spazierstöcklein in der Hand haben, um sich zu verteidigen. Ein ungleiches Spiel. Die Pferde galoppieren martialisch. Wer nicht unter die Hufe geraten will, muß laufen, und die Polizeipferde sind wirklich schneller als die jungen Arbeiter. Der Abstand zwischen Jäger und Gejagten wird immer kleiner, die Spannung im Publikum steigt, die Berittenen sind hart am Rand des Bürgersteiges, ein stolzer Sprung vom Pferde, die jungen Genossen werden gepackt, bevor sie den rettenden Torbogen erreichen: der Gummiknüppel saust auf die jungen Köpfe nieder. Das Wild ist gestreckt.
Wie nachher die Polizei tagelang ihr Feuergefecht weiterführte, wird nicht gezeigt. Wie die Arbeiterfrauen von den Balkonen »runtergeschossen« wurden, wird nicht gezeigt; wie man Greise und Krüppel, die nicht weglaufen konnten, von hinten, mit »feingezielten« Schüssen erbeutete, das wird nicht gezeigt.
Das Publikum strömt auf den Kurfürstendamm hinaus. Es ist Mitternacht, hier beginnt aber erst jetzt das Leben zu wogen. Von weißen, roten, blauen, grünen und violetten Lichtern überrieselt, sitzen die Menschen auf den Terrassen der Kaffeehäuser und Restaurants. Die Schaufenster der Geschäfte blitzen mit allen Warenschätzen der Welt. Die geschminkten Frauen leuchten mit den Augen in die Gesichter von Männern, die mit goldenem Gebiß das Lächeln zurückblinken.
Für *sie* geschah es. Damit *sie* ungestört weiterverdauen können, mußten dreiunddreißig Menschen sterben.
Am anderen Vormittag war ich bei den Besiegten. In den Straßen, die jetzt weltberühmt geworden sind: Kösliner Straße, Weddingstraße, Mainzer Straße, Handjerystraße. Egal, wie sie heißen: es sind dieselben Berliner Arbeiterstra-

ßen mit den überfüllten Mietskasernen, mit den überfüllten Wohnungen, mit denselben fassungslosen Frauen, die vor wenigen Tagen noch nicht ahnen konnten, daß sie zu Witwen gemacht und dazu gezwungen würden, ihre Kinder ohne Väter im schwarzen Elend zu erziehen.
Die Namen dieser Frauen sind nebensächlich. Man kann diese Frauen schwer unterscheiden: alle sind mager, ausgetrocknet. Bei der fünften, sechsten Familie vergesse ich schon die Gesichter, die ich bei der ersten und zweiten sah. Dasselbe Leben, dasselbe Schicksal hat sie gleichgemacht, derselbe Feind hat sie niedergetrampelt.
Nein, sie weinen nicht. Keine hat geweint, als sie vom Tod ihres Mannes erzählte. Weinen hat keinen Sinn, das wissen sie alle. Dennoch reagieren sie verschieden auf das Geschehene. Einige von ihnen sind so eingeschüchtert, daß sie fast nicht wagen, mit mir zu reden. Oh, die Polizei ist mächtig! Wie mächtig sie ist, hat sie gezeigt: sie durfte den Mann, der nichts mit der Demonstration zu tun hatte, der Bier aus der Kneipe holte, glatt erschießen. Wenn sie das durfte, dann darf sie alles. Sie könnte doch die Witwen und auch die Kinder weiterverfolgen. Warum denn nicht? Die Arbeiter, die als Opfer der Polizeibrutalität verhaftet wurden, werden jetzt obendrein noch vom Schnellrichter verurteilt. Die Journalisten, die sehen wollten, was geschah, wurden teils erschossen, teils verprügelt, andere werden jetzt aus Deutschland ausgewiesen, weil sie ein Bruchstück der Wahrheit veröffentlichen. Man kann die Witwen schon verstehen, die nicht zu sprechen wagen und mich mit Augen anblicken, die um Entschuldigung bitten, wobei der Blick mich anfleht: Du mußt mich verstehen! Ich fühle mich wehrlos, ich stehe da einem übermächtigen Feind gegenüber. Ich trau mich nicht! Ich darf nicht!
Es gibt aber auch Witwen, denen das Licht der aufblitzenden Karabiner die Augen öffnete. Sie lebten in dumpfer Unbewußtheit in diesem Arbeiterviertel, sie überließen den Kampf gegen die Herrschenden ihren Männern. Jetzt aber,

da der Mann hingemordet ist, jetzt bäumen sie sich auf.
Die eine sagt: »Am ersten Tag wußte ich nicht, was ich denken soll. Es war doch nicht zu fassen, nicht zu glauben. Ich meinte, ich muß mein Kind nehmen und ins Wasser gehn. Dann aber sagte ich mir, als diese Tiere hier in der Straße weiterschossen: Nein, ohne Rache darf ich das Feld doch nicht räumen. Das wäre himmelschreiend! Ich wollte das große Küchenmesser packen und es dem ersten besten ›Grünen‹ in die Kehle stoßen: Es fiel mir aber ein: Vielleicht ist es einer, der nicht geschossen hat. Da wird seine Frau ebenso getroffen wie auch ich.«
Eine andere sagt: »Viermal wagte mein Mann sein Leben für dieses Gesindel. Im Krieg. Beinschuß, Armschuß, Lungenschuß, Halsschuß. Damals war aber bloß Krieg, da gab es noch Sanitäter, mein Mann wurde immer vom Schlachtfeld geholt, operiert und ›gesund‹ gemacht. Am Ende war er ›bloß‹ siebzig Prozent kriegsbeschädigt. Diesmal war es aber anders, weil es Bürgerkrieg war. Er hat einen Bauchschuß bekommen, und man ließ ihn verbluten. Ich bekam nur die Leiche zu sehen. Die Ärzte sagen, er wäre leicht zu retten gewesen, wenn man ihn sofort verbunden hätte. Mein Ältester ist acht Jahre alt, der versteht schon, was hier gespielt wird. Den anderen werde ich's erzählen. Hundertmal werde ich's ihnen erzählen, bis sie's begreifen und wissen, was sie zu tun haben.«
Was die vierte sagte, war am empörendsten: »Es war ihnen nicht genug, daß sie meinen Mann ermordet haben. Ja, ich kann's nicht anders sagen, denn er befand sich allein auf der Straße, und sie schossen auf ihn wie auf eine Zielscheibe. Ich sah es vom Fenster, mit eigenen Augen, ich verlor fast den Verstand dabei. Dann kamen sie mit der dreckigen Lüge, daß mein Mann von den Kommunisten, von den ›Aufständischen‹ erschossen worden sei. Und ich sagte ihnen, daß in unsrer Straße nicht ein einziger Schuß von anderen als von den Polizisten abgefeuert wurde. Die Polizei beschoß die Häuser, die Fenster, die Balkons und am Ende auch sich

selbst, sie war ganz rasend. Und als ich die Leiche meines Mannes haben wollte, um ihn ordentlich bestatten zu lassen, wie es sich für einen Arbeiter ziemt, der für die anderen Arbeiter gefallen ist, da hat die Polizei noch die Frechheit aufgebracht, einen Kriminalbeamten zu mir zu schicken, der mit mir verhandeln sollte, daß ich ›um Gottes willen die Leiche nicht den Kommunisten ausliefere‹. Da riß meine Geduld, ich nahm einen Schürhaken und sagte dem Spitzel: ›Wenn Sie nicht sofort die Wohnung verlassen, hau ich Ihnen den Schädel ein!‹ Dennoch wollte er mich weiter beschwatzen, da packte ich ihn von hinten und stieß ihn auf den Korridor ...«
Unten auf der Straße zeigen mir Genossen zwei Gruppen spielender Kinder: »Da spielen auch die Waisen mit.«
Ich fragte einen der Jungen: »Wo ist dein Vater?«
»Erschossen.«
»Im Krieg?«
»Nee, am 2. Mai.«
»Wer hat ihn erschossen?«
»Die Jrünen.«
»Warum?«
Der Junge macht große Augen, dann antwortet er mit einem Achselzucken der Verachtung, daß ich so etwas nicht weiß: »Weil er ein Arbeiter war. Die Jrünen erschießen die Arbeiter.«
Alle Kinder nicken mit dem Kopf.
Da ist nichts mehr zu sagen.

IV. Ein bißchen Justiz

Berlin, den 17. Juni 1929

Wir sitzen im Raum des Neuköllner Schöffengerichtes. Hier wird jetzt der 1. Mai bestraft. Die deutsche Justiz trägt ihr Scherflein bei. Die Polizei hat soundso viele Tote geliefert (keine eigenen!), die Justiz muß nachträglich noch Sträflinge liefern.

Die Angeklagten: Zwei junge Arbeiter. Der eine heißt Schönknecht – ein halbes Kind noch, zum Glück der Justizmaschine aber schon sechzehn, so daß er notfalls zu den schwersten Strafen verurteilt werden kann. Nun, das Gericht wird schon sein möglichstes tun. Der andere Angeklagte heißt Koch. Welche fürchterlichen Dinge haben sie verbrochen? Aus Zeugenaussagen wird genau festgestellt: Am 1. Mai wollten die Arbeiter in einer der Neuköllner Straßen den Straßenbahnverkehr verhindern, da sie ihn als Streikbruch betrachteten. Die Arbeiter stellten sich vor den Tramwagen, und der junge Schönknecht – aha, der Mörder! – schleuderte einen Stein gegen den Wagen und zertrümmerte mit diesem Steinwurf eine Fensterscheibe des Wagens. Es wird hier amtlich bewiesen, daß der Stein keinen anderen Schaden verursacht hat, also konnte er kein Felsblock gewesen sein. Aber was tut das zur Sache?

Ein Polizeispitzel namens Ackermann beobachtete den gefährlichen Aufrührer, den jungen Schönknecht; doch angesichts der Masse wagte er nicht, an ihn heranzutreten. Erst später, als die Straße schon halb leer war, packte er ihn und wollte ihn zu einem uniformierten Polizisten zerren, damit eine »Verhaftung vorgenommen werde«. Dabei schlug er auf den jungen Mann los, wie das schon zur Geschichte des 1. Mai gehört.

Der andere junge Mann, namens Koch, sah von der Elektrischen aus – die wieder ungestört verkehrte –, daß Schönknecht von einem in Zivil gekleideten Mann geschlagen wurde. Er stieg aus dem Wagen aus und wollte dem Mißhandelten zu Hilfe eilen, denn er war der Meinung, daß nicht jeder x-beliebige Passant auf einen jungen Arbeiter losschlagen dürfe. Dazu gehört schon Polizei! Daß der Mann in Zivil ein verkappter Polizist, ein Spitzel war, konnte Koch nicht wissen. Gerade darum steckt man doch die Spitzel in Zivil, damit sie unerkennbar bleiben.

Der Spitzel – hier steht er vor mir, ich kann mich an ihm satt sehen – prügelte auf Schönknecht los und schrie dabei:

»Warte, mein Junge, dich mache ich fertig!«
Koch wollte die Schläge, die auf den jungen Arbeiter niederhagelten, abhalten. Da kam der Schupo, und schon war auch Koch verhaftet.

Gegen Schönknecht wird Anklage erhoben wegen »vorsätzlicher Transportschädigung« und gegen Koch wegen »Versuchs der Gefangenenbefreiung«.

Und wie der Spitzel sich nicht schämt, so schämt sich auch der Vorsitzende nicht (er heißt Landesgerichtsrat Schäfer), so schämen sich die Schöffen nicht, so schämt sich auch der Staatsanwalt nicht. Sie alle fungieren hier vor mir im Bewußtsein ihrer höchsten Behördenwürde und finden es natürlich, daß sie einen Jungen, der eine Fensterscheibe im Werte von zwei Mark zertrümmerte, und einen anderen, der es nicht zulassen wollte, daß ein Junge von einem stärkeren Erwachsenen geschlagen wird, ins Zuchthaus schicken wollen. Dazu muß man wissen, daß der Paragraph »Transportgefährdung« gegen Eisenbahnattentäter geschmiedet ist und der Paragraph »Gefangenenbefreiung« gegen Leute, die in ein Gefängnis eindringen, um Sträflinge zu befreien. Tut nichts, Hauptsache, daß diese ganze bürgerliche Justiz sich nicht schämt. Sie verhört mit steinernem Gesicht, das viel härter ist als der Stein, den der junge Arbeiter geworfen hat, die Angeklagten und die Zeugen, die die Wahrheit sagen, und verliest die Polizeiprotokolle, die ausschließlich – aber ausschließlich! – Lügen enthalten, als ob die allererste Aufgabe der Polizei das Lügen wäre. Das Gericht weiß genau, daß die Angeklagten die Wahrheit sagen und daß die Polizei lügt; dennoch weiß es schon im vorhinein, daß es die Angeklagten schwer bestrafen wird.

Die Verhandlung geht ruhig weiter. Dabei kommen ganz unglaubliche Dinge zum Vorschein. Nachdem man den jungen Schönknecht verhaftet und auf das Polizeirevier geführt hatte, erlaubte man ihm, da es in dem überfüllten Raum zu heiß war, die Jacke auszuziehen, und ein Polizist warf die Jacke auf eine Bank nebenan. Bevor der junge Arbeiter zum

Verhör geführt wurde, untersuchte man ihn auf Waffen. Man fand keine, aber ein Polizist hob die Jacke auf, und darunter lag ein Revolver ... Darüber gibt es ein Protokoll, das soviel bedeutet: der junge Arbeiter, der in Wirklichkeit einen Stein geworfen hat, ist ein Aufständischer, der – eigentlich – mit der Waffe in der Hand verhaftet wurde.

Daß die Waffe im Polizeirevier einfach unter die Jacke des jungen Arbeiters gesteckt wurde, das sieht auch *dieses* Gericht klar. Deshalb ist ihm dieses Protokoll ein wenig unangenehm, unter irgendeinem formellen Vorwand wird es beiseite gelegt. Statt gegen eine solche Polizei, die mit solchen Mitteln arbeitet, Anklage zu erheben, wird die Verhandlung gegen die Angeklagten fortgesetzt.

Der Staatsanwalt hält eine donnernde Rede gegen »die Aufwühler einer friedlichen, segensreichen Ordnung«, beruft sich auf die Sozialdemokraten, die selber für das Maiverbot waren, und beantragt *ein* Jahr Zuchthaus für Schönknecht, sechs Monate Gefängnis für Koch.

Die Mutter des jungen Arbeiters, eine magere Arbeiterfrau, sitzt neben mir, sie war bisher schon nervös, jetzt aber schnellt sie auf und ruft dem Gericht zu: »Henker! Schufte! Ihr wollt ihn zugrunde richten!«

Beim Richtertisch entsteht ein wenig Verwirrung. Nicht viel. Sie wissen doch selbst, daß sie Schufte sind, nur sind sie nicht daran gewöhnt, daß es ihnen gesagt wird. Man sieht klar auf dem Gesicht des Vorsitzenden, wie er mit dem Gedanken »kämpft«: Vielleicht könnte man auch die Mutter ins Zuchthaus stecken? Dann tut er so, als ob er die Worte, die die Mutter rief, nicht gehört hätte, und begnügt sich damit, sie wegen Ruhestörung vom Gerichtsdiener aus dem Raum führen zu lassen. Unter dem Eindruck dieser Szene sagt der Staatsanwalt: »Ich entschloß mich schwer, den Zuchthausantrag gegen Schönknecht zu stellen, *doch ist es mir nicht möglich, die Tatsachen zu verfälschen, um ihm zu einem milderen Urteil zu verhelfen* ...

Also ist der Staatsanwalt ein Menschenfreund. Die Richter

werfen einen wohlwollenden Blick auf den Angeklagten, dann verkünden sie das Urteil: es waren keine mildernden Umstände da – das Gericht *mußte* Schönknecht zu einem Jahr Zuchthaus, Koch zu einem halben Jahr Gefängnis verurteilen.

Die zwei Angeklagten betrachten sich und das Gericht und mich, der ich neben dem leer gewordenen Platz der Mutter sitze, mit großen Augen. Sie wollen ihren Ohren nicht trauen. Ich auch nicht, obwohl ich die deutsche Justiz ziemlich gründlich kenne. Und dennoch ist es wahr. Man kann das Urteil in bürgerlichen Zeitungen lesen. Auch sie schämten sich nicht, es zu drucken.

Linksstehende deutsche Schriftsteller pflegen von der deutschen *Justizhure* zu schreiben. Ich bin überzeugt, daß sie die Huren damit beleidigen.

SLANG
Maifeier erster Klasse

Der Arbeitslose Emil Vogel guckt erstaunt auf die Karte, die ihm der Briefträger eben gebracht hat. »Werter Gesinnungsfreund!« steht darauf gedruckt. »Der Herr Präsident nebst Gemahlin erlauben sich, Sie zu der heute abend stattfindenden intimen Maifeier ganz ergebenst einzuladen. Straßenanzug.« Straßenanzug! Wie das klingt. Als hätte er noch etwas anderes anzuziehen als seine Manchesterhose und das schäbige blaue Jackett. Natürlich ist das Ganze ein Versehen. Er kennt zwar den Genossen Präsidenten noch von ganz früher her. Aber seit der Revolution im Jahre 1918 sind die Beziehungen zwischen ihnen abgebrochen.

Trotzdem sehen wir Emil am Abend des ersten Mai auf dem Wege zur Wohnung des Präsidenten. Das Dienstmädchen

sieht ihn erstaunt an. Das ist selbstverständlich, denn solche Leute wie Emil pflegen den »Wirtschaftsaufgang« zu benutzen. Und dann kommen sie nicht mit leeren Händen, sondern tragen entweder einen Sack Kohlen, oder sie bringen den reparierten Staubsauger.
Emil will wieder gehen. Aber da hört er die Stimme des alten Kollegen: »Iss 'n los, Marie?« Und im nächsten Augenblick steht der gute Albert – im modernen Straßenanzug – schon vor ihm. Sie erkennen sich. Emil weiß nicht, ob er ihm die Hand geben soll. In seiner Verlegenheit kramt er die Karte aus der Tasche. Die Einladung an den werten Gesinnungsfreund. Der andere wird feuerrot. Aber er ist ein Gentleman. Das lernt man, wenn man so lange an verantwortlicher Stelle im öffentlichen Leben steht. »Komm nur 'rein. Leg ab.«
Emil hängt seine Mütze an die Garderobe. Die anderen Gäste scheinen noch nicht da zu sein. Jedenfalls hat noch niemand etwas »abgelegt«.
Der Präsident führt Emil ins Herrenzimmer. Ein Bild von Ebert hängt da, eins von Hindenburg und eins, das man nicht erkennen kann, weil es mit dem Gesicht der Wand zugekehrt ist.
»Wann geht's denn los?« fragte Emil.
»Das kann sehr spät werden.« Der Präsident zieht die dichten Augenbrauen hoch. »Weißt du, eigentlich ist es gar keine richtige Maifeier. Du weißt doch, daß unsere Partei diesmal auf die offiziellen Maifeiern verzichtet hat mit Rücksicht auf den von der Reichsregierung verkündeten Mai-Burgfrieden. Ich habe bloß ein paar Freunde mit ihren Frauen eingeladen. Aus dem Ministerium und aus der Reichstagsfraktion. Aus dem Nebenzimmer klingt Klavierspiel. Dazu eine Stimme. »Wenn du erst in Hawaii bist – und dein Herz noch frei ist – und wenn dann wieder Mai ist...«
»Meine Tochter«, sagt der Präsident. »Sie übt schnell noch ein bißchen – für die Maifeier.«
Der Präsident steht auf, geht hinaus. Auf dem Korridor klingt eine Frauenstimme: »Bloß aus Spaß? – Schöner

Spaß! Das sind eben immer wieder mal deine Zahlabendmanieren!«

Wieder Klavier. Und die Stimme: »Es kommt ein Tag – im Monat Mai – da klopft das Herze – doch geht es nicht entzwei.«

Der Präsident erscheint wieder. Er hat eine Flasche Kognak in der Hand. »Sieh mal an, Emil«, sagte er, »weißt du was? Du fühlst dich hier nicht ganz wohl. Und da habe ich gedacht, ich gebe dir die Flasche mit, und du hebst einen – zu Hause. Wie Genosse Heilmann gesagt hat: ›Wenn euch die Tolerierung nicht paßt, dann geht erst mal einen Schnaps trinken!‹«

»Ich gehe schon, mich könnt ihr nicht mehr besoffen machen«, sagt Emil, »aber vorher will ich mir doch mal das Bild da ansehen.«

Emil geht an den Bildern Eberts und Hindenburgs vorbei gerade auf das dritte Bild zu, das mit dem Gesicht gegen die Wand hängt.

»Um Gottes willen!« ruft der Präsident, »so weit ist es doch noch gar nicht!«

Aber Emil hatte sich die Kehrseite schon angesehen. »Heil!« sagte er. Und dann:

»Nichts für ungut, Albert. Ich wollte mir bloß mal euer nächstes kleineres Übel ansehen.«

Emil nimmt seine Mütze und geht.

Wie er aus der Tür tritt, kommen gerade die ersten »richtigen« Gäste. In einer Maybach-Luxuslimousine. Und jetzt soll mal einer sagen, daß die besseren Genossen nichts mehr mit dem Völkermai zu tun haben wollen!

Noch eins: Was Emils und euere letzten Bedenken glatt über den Haufen schmeißen wird: nach dem Dessert – Ananas, Fürst Pückler, Frühlingstörtchen, Maibowle – verteilt der Herr Präsident eigenhändig kleine, rotseidene Nelken für das Knopfloch. »Zahlabendmanieren!« stöhnt die Frau Präsident.

Ja, trotz alledem – Präsident Albert ist eben immer noch der alte ... Klassenkämpfer.

BODO UHSE
Worte und Waffen

Der junge Offizier war verärgert. Der Klempner, der die dringend erforderliche Reparatur an der Heizung vornehmen sollte, war gerade gekommen, da Claudia ihn – der durch einen nicht ungefährlichen Sturz vom Pferd gezwungen war, das Bett zu hüten – in seiner Wohnung besucht hatte. Sie war gegangen; der Arbeiter hockte mit seinen Werkzeugen hantierend vor dem Heizkörper, indessen der Leutnant seinen Revolver auseinandernahm, dessen einzelne Teile er auf ein vor ihm über das Bett gebreitetes Papier legte, nachdem er sie auf ihre Sauberkeit geprüft hatte. Der Klempner hatte seine Arbeit nahezu beendet, da sprang infolge einer unwillkürlichen Bewegung des Leutnants, die wohl durch die stärker sich regenden Schmerzen im Bein verursacht war, die kleine am Abzugshahn befindliche Feder leise klingend zu Boden und rollte neben den Heizkörper. Der Arbeiter hob sie auf. Er wandte sich mit entschuldigenden Worten an das Bett des Offiziers, zunächst wohl in der Absicht, die Feder dort wieder niederzulegen, doch schien es ihm dann besser, sie mit dem Abzugshahn zu verbinden. Unbedachtsam und spielerisch fügte er Teil an Teil, bis er den Revolver vollständig zusammengesetzt, doch ungeladen, in seiner Hand hielt.

Auf die erstaunte Frage des Leutnants, wo er das gelernt und ob er bei der Reichswehr gedient habe, antwortete der Arbeiter mit einem lachenden Kopfschütteln. Der Offizier meinte, daß es wichtig und gut sei, wenn die Bevölkerung in diesen Dingen Erfahrung habe. Er fügte hinzu, es müsse, wer den Frieden wolle, für den Krieg gerüstet sein.

Ein schlechter Maßstab sei das, gab der Arbeiter zurück, denn wer den Krieg wolle, rüste ja auch. Damit wandte er sich wieder seiner Arbeit zu. Doch der Leutnant fragte, ob er Pazifist sei.

Das sei nicht richtig, lautete die Antwort des Mannes, immerhin halte er den Frieden für einen den Völkern weniger gefährlichen Zustand als den Krieg.
»Auch einen schlechten Frieden?« lauerte der Leutnant.
Doch ohne darauf zu antworten, stellte der Arbeiter lachend fest, daß man also doch den Krieg wolle.
Es habe einmal Leute gegeben, spottete der Offizier, die Bücher gegen den Krieg geschrieben hätten, heute sei das glücklicherweise in Deutschland wohl kaum mehr der Fall.
Dafür rede ja der Kanzler sehr viel vom Friedenswillen, setzte im gleichen Ton der Arbeiter fort.
Der Offizier verließ die Ebene des Spottes nicht und wurde doch aufrichtig; das sei den ausländischen Staatsmännern so hingeredet wie der Leipziger Legalitätseid den Trotteln der Republik. Wenn jene ebenso dumm seien, wie diese es waren, so würden sie auch erfahren müssen, daß, wer ihnen glaube, daran sterbe. Es seien keine Worte, Wortwaffen seien es. Aber er griff, während er dies sprach, von einem unbestimmten Gefühl des Ekels erfaßt, die auf dem kleinen Tischchen liegende Pistole, deren Metallteile die warme Haut seiner Hände wohltuend kühlten.
So sei es, meinte der Arbeiter bedächtig, mit den anderen Worten des Kanzlers ja auch. Als der Offizier hochfuhr, setzte er hinzu, eben so, daß sie Wortwaffen seien.
Erregt rief der Offizier, mit pazifistischer Gefühlsduselei könne man natürlich keine erfolgreiche Politik machen. Der Arbeiter berichtigte ihn, daß es mit der Spekulation auf sie recht wohl möglich sei.
Wenn er das sähe, meinte der Offizier, so stehe es ihm nicht an, darüber gekränkt zu sein.
Nun, sagte der Arbeiter, ihn beträfe es nicht, denn er glaube keineswegs den Worten des Kanzlers – die dieser an die ausländischen Staatsmänner richtete.
Nun war der Offizier durch den Ton des Arbeiters und seine merkwürdige Art, durch Pausen zwischen den einzelnen Worten und Sätzen dem Inhalt des Gesprochenen eine ge-

fährliche Zweideutigkeit zu geben, so aus dem Gleichgewicht gebracht, daß er es für geraten hielt, diese, wie ihm schien, sinnlose und suspekte Unterhaltung abzubrechen. Es war sein militärisches Bewußtsein, das ihm riet, sich aus einem Gelände zurückzuziehen, das er nicht genügend kannte, um auf ihm überlegen operieren zu können. Aber da er jung war und von den politischen Bemühungen der herrschenden Schichten berührt, gab es eine Art zivilen Bewußtseins in ihm, das ihn agitieren lassen wollte, so daß er dem Arbeiter doch entgegnete: Gegen einen Zustand des Raubes, der Unterdrückung und Ausbeutung müsse, wer sein Leben behaupten und seine Freiheit wiedererringen wollte, eben kämpfen, und zwar mit allen Mitteln.

Das sei ein schönes Bekenntnis, nickte der Arbeiter, das aber Wert nur habe, wenn man wisse, wer die Unterdrücker seien, was geraubt wird und wer ausgebeutet werde.

»Die Westmächte – Elsaß, Korridor, Reparationen – das deutsche Volk«, stieß der Offizier hervor.

So sei es also, fragte der Arbeiter, der seine Geräte zusammengepackt hatte und nun wieder aufgestanden war, die Meinung des Leutnants, daß, wenn dieses wiedergutgemacht, ein gerechter Friede hergestellt sei. Er gab zu bedenken, ob nicht, wie der Friede von Versailles kaum das zweite Jahrzehnt überleben werde, auch dieser auf den kommenden Krieg folgende kommende Friede nur geringe Aussichten habe, *der* Friede zu sein. Darüber Klarheit zu schaffen, mutete sich der Offizier leicht zu.

So versicherte er mit Lebhaftigkeit, daß es nicht darum gehe, alte Zustände wiederherzustellen. Die Wiedergutmachung des Deutschland zugefügten Unrechts müsse in einer Neuordnung Europas bestehen, die die anderen Mächte verhindere, diesen Zustand anzutasten. Wie die Vollendung der nationalen Revolution nur in einem Befreiungskriege liege, so könne dieser Befreiungskrieg seine Vollendung nur erreichen in einem durch die Erfüllung der imperialen Ansprüche Deutschlands gesicherten Frieden.

Damit sei wohl klar, erwiderte der Arbeiter mit einer Stimme, die trocken und verhalten gegen die lauten und ein wenig fiebrigen Worte des Offiziers stand, daß es nicht um Freiheit in diesem Kriege gehe, sondern um neue Knechtschaft, daß nicht Friede das Ziel sei, sondern neuer Raub.
Der Offizier lehnte sich in die Kissen zurück und ließ die Pistole auf dem Bett liegen. Der Arbeiter lachte. Der Offizier, so meinte er – und griff, während er sprach, nun seinerseits wieder nach der Waffe –, unterliege einem Mißverständnis, wenn er glaube, ihn überzeugen zu können; er – der Arbeiter sprach von sich – sei ein Gegner dieses Krieges, der neue Unterdrückung schaffen werde, der nicht von Unterdrückten für die Abschaffung der Ausbeutung geführt, sondern von solchen Unterdrückern geführt werde, die sich in ihren Fähigkeiten, auszubeuten, von anderen Ausbeutern gehindert fühlten. Der Krieg der Unterdrückten gegen die Unterdrücker richte sich gegen den Frieden wie gegen den Krieg, er gehe durch sie hindurch, und er umfasse alle Zonen des Lebens. Er werde geführt hier wie dort, in Deutschland wie in Frankreich, und er erfahre kein Ende mit der Aufrichtung einer Herrschaft von Blut und ...
Mit einem Schrei von Zorn und Empörung riß der Offizier dem Arbeiter das Wort ab, der ruhig, immer noch mit der Waffe in der Hand, auf seinem Platz verharrte. Nur seine Augen faßten den erregt im Bett sich aufrichtenden Offizier schärfer, der lärmend wiederholte, daß man den Mann der Polizei übergeben müsse. Da nun machte der Arbeiter zwei Schritte gegen den Tisch, griff sich mit einer raschen Bewegung den Ladestreifen und schob ihn mit geübter Hand in den Revolver. Er setzte, als das Knacken des Sicherungsflügels den Offizier schweigen ließ, fort, was er vorhin zu sagen begonnen hatte. Er versicherte dem Leutnant, daß das *Proletariat,* so wie er sich eben den Revolver genommen habe, sich seine Waffen da nehme, wo es sie finde, daß es sogar die Waffen nehme, die ihm die Bourgeoisie biete, aber daß es diese Waffen gegen die Bourgeoisie richten werde, so wie er

jetzt den Lauf der Pistole gegen den Leutnant richte. »Und« – so schloß der Arbeiter mit einer durch die von der Erregung zusammengezogenen Lippen gedämpften Stimme, während er sich dem Offizier mit vorgestrecktem Revolver entgegenbeugte, der Leutnant aber die kaum hörbaren Worte wie ein Dröhnen empfand –, »und wir werden schießen, so wie ich jetzt ...« – und der Arbeiter wich zurück und öffnete sein Werkzeugbündel – »das Ding zu meinem Werkzeug packe.«

Mit diesen Worten schon hatte er die Tür erreicht und verließ die Wohnung, bevor der Offizier, fiebrig und blaß, etwas hätte unternehmen können. Sekunden vergingen, in denen er seine Benommenheit niederkämpfte. Dann erst griff er nach dem Telefon, dessen Hörer taub blieb. Mühsam aus dem Bett sich erhebend, stellte er fest, daß die Leitung in der Nähe des Heizkörpers durchschnitten war.

ADAM SCHARRER
Werkmeister Bohnenstroh und seine Erfahrungen

Er wohnte im Vorderhaus. Vier Treppen, aber im Vorderhaus. Er hatte morgens und abends eine Stunde Weg mit der Bahn und eine halbe zu Fuß zurückzulegen, denn er war weit draußen im Norden beschäftigt. Er wog zirka zwei Zentner. Er hätte in die Nähe der Fabrik ziehen können. Bohnenstroh wollte das nicht. Er sagte: »Ich wohne vierundzwanzig Jahre in meiner Wohnung. Meine Tochter wurde hier geboren. Diesen Platz hier« – er saß in einem Polstersessel an seinem Schreibtisch, als er so sprach – »würde ich zeitlebens vermissen. Ich muß einen Winkel haben, in den ich mich zurückziehen kann. Sie glauben gar nicht, wie mich das anekelt: diese Aufregung in unserer Zeit, dieses Durcheinander, diese sogenannten modernen Ansichten. Ich bin fünfzig Jahre alt, und weiß, was ich will. Ich habe meine Erfahrungen.«

Ich war nicht neugierig auf die Erfahrungen des Herrn Bohnenstroh. Ich legte ihm seine elektrische Leitung um und hoffte, zu meinen zwanzig Mark Erwerbslosenunterstützung noch einen Zehner hinzuzuverdienen. Ich nahm eine Zigarre von ihm, trank ein Glas Wein mit ihm und sagte: »Lassen Sie bitte die Blumen von dem Schreibtisch fortbringen, damit wir ihn, ohne etwas zu beschädigen, abrücken können.« Er rief nach seiner Tochter. Sie räumte das zur Ehre des fünfzigsten Geburtstages des Herrn Bohnenstroh aufgetakelte Gebirge von Blumen beiseite.

Sie war kaum fertig, da klingelte es.

Bohnenstroh schlürfte ebenfalls mit zur Tür, kam aber gleich wieder und schimpfte: »Ich hab' dir schon so oft gesagt: höre diese Leute nicht erst an! Du hörst scheinbar nicht früher, bis dir einmal einer ein Ding vor den Kopf gibt?! Passiert jeden Tag.«

»Aber Papa...!«

»Red' nicht! Du glaubst jeden Schwindel, den sie dir auftischen. Die Leute bekommen ihre Unterstützung und haben nicht nötig, von Tür zu Tür zu betteln. Die meisten wollen gar nicht arbeiten.« –

Ich hatte den Steckkontakt angeschlossen und ging in die Küche, um die Birne der Küchenlampe zu holen. Ich wollte sehen, ob die Schreibtischlampe des Herrn Bohnenstroh brennt. Ich wollte rasch fertig werden, mich ärgerten diese sattfrechen Redensarten.

Vor dem Bratofen saß Frau Bohnenstroh auf einem Schemel und begoß die Geburtstagsgans mit dem brodelnden Fett. Frau Bohnenstroh füllte den Raum vom Herd bis zum Tisch fast vollständig aus und konnte sich nicht so rasch erheben, wie ich wünschte. Sie war zu fett und zu schwer. Sie pustete wie ein Sauggasmotor, als sie sich erhoben hatte.

»Schon fertig?« fragte sie. Als ich bejahte: »Das ist ja fabel-

haft! Wissen Sie: ich wundere mich, daß Sie so lange arbeitslos sind. Ein solch geschickter Mensch!«
Ich verschluckte, was sich mir auf die Zunge drängte und sagte: »Sie bemerken aber auch alles!« Dann begab sich die Familie Bohnenstroh in das Herrenzimmer, um sich von der Vollendung meines Werkes zu überzeugen. Herr Bohnenstroh griff noch einmal nach der Zigarrenkiste und der Weinflasche.
Vom Hof herauf klang der schlechte Gesang zweier Männer. Bohnenstroh befahl, das Fenster zu schließen.
»Noch nicht einmal sonntags hat man seine Ruhe!« protestierte er. – »Prost!«
Vor mir an der Wand hingen zwei überkreuzte Säbel. Darüber Bismarck. Auf dem Tisch der Generalanzeiger, an der andern Wand ein Riesenbild irgendeiner militärischen Vereinigung. An der Tür: »Habt Sonne im Herzen! –«
Ob ich dem Mann sage, was ich von ihm denke? Ich hatte keine Lust zu einer völlig zwecklosen Diskussion und begnügte mich mit der kühlen Bemerkung, daß ich anderer Meinung sei als er. Dann ging ich, und ließ Herrn Bohnenstroh samt seinen Erfahrungen zurück.

Ein Jahr später traf ich Herrn Bohnenstroh dann wieder in einer Mieterversammlung. Dort belehrte er uns, wie der Kampf gegen das Wucherkapital geführt wird, und daß die Juden uns im Sack haben; daß sie das deutsche Volk ausziehen wie eine Spinne. Er hat laut und lang gesprochen, aber ein paar Arbeiter sind dann bös mit ihm umgegangen. Wenn das deutsche Volk intellektuell und physisch so minderwertig sei, erklärten sie, daß eine an Zahl verhältnismäßig geringe Rasse sich so hoch über es erhebt, dann wäre dieses Volk doch sowieso unfähig, sich zu »erneuern«. Dann wäre es besser, all jene, die ihre eigene Minderwertigkeit so offen bekennen, kurzerhand totzuschlagen. Herr Bohnenstroh saß ganz geknickt. Er hatte nicht mit Einwürfen gerechnet, die er nicht begriff, und ahnte wohl, daß eine neue Entgegnung ihm eine neue Blamage bringen würde. Er verfärbte sich und war ganz benommen, als er unter die gezählt wurde, die totzuschlagen seien. Und daß man ihm das so ins Gesicht sagte, das wäre eine Roheit, meinte er.

Das sagte er jedoch nur zu mir. Draußen im Hof. »Ich bin über fünfzig Jahre alt und weiß aus Erfahrung, daß ein Mensch, der ehrlich vorwärtsstrebt, nicht untergeht.« Dann begann er von seinem Betrieb zu erzählen. Als der große Abbau kam, wäre auch beinahe er drangewesen. Aber die Firma habe gewußt, wer er sei, was er könne. Und daß manch einer mit dran glauben mußte, – das sei nicht die Schuld seines Chefs. Dieser sei ein rechtschaffener Mann. Er hat den Betrieb hochgebracht, ohne dem Zinskapital die Hand zu reichen. Das ging nur, indem jeder Mann im Betrieb das einsah und das letzte hergab. »Glauben Sie mir, das Herz hat mir geblutet, als ich sah, wie der Mann gekämpft hat. Diese Unsummen von Steuern, die dem Betrieb doch glatt entzogen wurden! Und wenn der Mann nicht durchgehalten hätte, wer würde am stärksten betroffen? – die Arbeiter! Sie fliegen auf die Straße. Heute haben wir es geschafft, trotz der Konkurrenz. Man muß eben die Dinge richtig kennen. Ich weiß, was ich sage, was ich will, auch wenn das mitunter falsch verstanden wird. Daß sich die Arbeiter aufhetzen lassen, das ist der Fehler. Und dahinter steckt doch nur der Jude, glauben Sie mir. Ich bin über fünfzig Jahre alt, ich habe meine Erfahrungen.«

Werkmeister Bohnenstroh ging dann. Er hatte doch noch Gelegenheit gefunden, zu beweisen, daß er mehr Respekt verdient, als diese rohen Menschen aus dem Hinterhaus. Man sah es ihm an. Nur eines störte ihn: daß ich gar nicht widersprach. Er sagte: »Ich weiß, Sie haben eine andere Meinung, aber Ihre Meinung achte ich. Mit Ihnen kann man wenigstens reden.«

Zwei Jahre später. In einer vom Moritzplatz ablaufenden kleinen Seitenstraße ist ein kleiner Radioladen. Dort drin-

nen saß Herr Bohnenstroh, seine Frau und seine Tochter.
Die Kugellagerfabrik, in der er war, hat sich aufgelöst. Sein Chef hat sie einfach verkauft, und der Konzern, der sie aufkaufte, hatte sie stillgelegt. »Der Kerl hat ein Bombengeschäft gemacht«, sagte Herr Bohnenstroh, »und noch dazu mit einem ausländischen Juden. Er hat sich um keinen seiner Leute gekümmert, keinen einzigen!«
»Hm! Und wie geht Ihr Geschäft hier?«
»Wissen Sie, zum Verzweifeln. Jeden Groschen, den wir seit 1924 erübrigt haben, hab' ich in den Laden gesteckt; selbst die Ersparnisse von Elfriede. Alles ist verloren, einfach verloren. Es ist zum Verzweifeln!«
»Na nu!«
»Ach, wissen Sie, wie gemein die Menschen sind, davon machen Sie sich keinen Begriff. Sie lassen sich stundenlang etwas vorspielen, und dann gehen sie wieder. Sie verlangen eine Platte, die wir nicht haben, und wollen nicht warten, bis meine Tochter sie holt. Sie bezahlen auf einen Artikel, der mich zwanzig Mark und mehr kostet, eine Mark an und lassen ihn, nachdem ich ihn besorgt habe, liegen. Zahle ich zum Ersten nicht die Miete, habe ich zum Zweiten einen Zahlungsbefehl. Und der Ärger mit den Reisenden! Sie verkaufen mir die Sachen weit über Preis. Wie kann man denn auch sämtliche Preise kennen! Diese Schwindler! Und mit drei Mann sind wir hier. Mutter kocht. Elfriedchen läuft sich die Hacken ab, um die Bestellungen zu besorgen. Sie hat ihre Schneiderei an den Nagel gehängt. Hat immer an die dreißig Mark wöchentlich gehabt. Hier haben wir die ganze Woche oft keine dreißig Mark Kasse. Die Konkurrenz ist zu groß. Sie glauben gar nicht...«
»Da hätten Sie wohl besser getan, Sie hätten sich arbeitslos gemeldet?«
»Hab' ich doch! Aber die Krise haben sie mir verweigert, weil wir einen Notgroschen hatten, und Elfriede auch verdiente. Da hab' ich gesagt: So geht das nicht weiter! Und dann haben wir den Laden gekauft, und nun sitzen wir da.«

»Hatten Sie keine Aussicht, wieder Stellung zu erhalten?«
»Gar nicht daran zu denken! Ganz ausgeschlossen! Ich bin ein erledigter Mann!«
Herr Bohnenstroh stand vor mir, mit altem Gesicht, hilflos, zerbrochen. Ich hätte ihn fragen können, wie er über seinen christlichen Chef denkt. Ob ihn nun auch hier nur die Juden so »gemein« behandeln. Daß jeder strebsame Mensch Arbeit bekäme, wenn er ernsthaft wolle. Daß ich mich wundere, daß ein Mann mit solchen Erfahrungen einen solchen Dreckladen kaufte und so sein Geld wegwirft. Ich sah nicht ein, warum ich ihn noch verhöhnen sollte. Es war mir zu billig.
Als ich gehen wollte, kam Elfriede aus dem kleinen Zimmer aus der dunklen Ecke. Sie ging mit mir ein Stück des Weges. Sie war blaß und traurig. Sie erzählte, daß ihre Mutter den ganzen Tag weint.
»Dann verlieren wenigstens Sie nicht den Kopf. Veranlassen Sie Ihre Eltern, den Laden wieder zu verkaufen, wenn auch mit Schaden, und versuchen Sie es wieder mit Ihrer Schneiderei. – Und denken Sie einmal darüber nach, wie viele Millionen Ihr Schicksal teilen, und daß Sie dazu gehören.«
»Ich möchte schon, ich weiß, daß Papa immer unrecht hatte. Aber Papa sagt, wenn er wieder aus dem Laden raus muß und sein Geld verliert, hängt er sich auf.« Sie sagte das leise und drohend, wie ein Geheimnis, und fügte dann hinzu: »Und er macht das auch!«

In den Anlagen spielen die Kinder im Sand, und die Arbeits- und Obdachlosen wärmen sich auf den Bänken in der Sonne. Die meisten kenne ich schon. Heute sitzt ein Neuer unter uns. Werkmeister Bohnenstroh a. D.
»Nanu! – Herr Bohnenstroh, nicht im Geschäft?«
»Nein! – Verhungern kann ich auch hier.«
Ich setze mich und laß mir erzählen: Sie wohnen in der Thürschmidtstraße im Hinterhaus. Den Laden haben sie wieder verkauft und für Laden und Ware tausend Mark bekommen. Kaum die Ersparnisse von Elfriede. Herr Bohnen-

stroh sagte mir das im »Vertrauen«. Elfriede näht wieder, und Herr Bohnenstroh bezieht »Krise«. Er hat eidesstattlich versichert, daß er keinerlei Geld hat. Er ist nicht so dumm, betont er, wie die Herrschaften glauben. Er schließt: »Ich bin fünfundfünfzig Jahre alt und habe meine Erfahrungen.«

BERTOLT BRECHT
Der Arbeitsplatz
oder
Im Schweiße deines Angesichts sollst du kein Brot essen

In den Jahrzehnten nach dem Weltkrieg wurde die allgemeine Arbeitslosigkeit und die Bedrückung der unteren Schichten immer größer. Ein Vorfall, der sich in der Stadt Mainz zutrug, zeigt besser als alle Friedensverträge, Geschichtsbücher und Statistiken den barbarischen Zustand, in welchen die Unfähigkeit, ihre Wirtschaft anders als durch Gewalt und Ausbeutung in Gang zu halten, die großen europäischen Länder geworfen hatte. Eines Tages im Jahre 1927 erhielt die Familie Hausmann in Breslau, bestehend aus Mann, Frau und zwei kleinen Kindern, in dürftigsten Verhältnissen, den Brief eines früheren Arbeitskollegen des Hausmann, in dem er seinen Arbeitsplatz anbot, einen Vertrauensposten, den er wegen einer kleinen Erbschaft in Brooklyn aufgeben wollte. Der Brief versetzte die Familie, die durch dreijährige Arbeitslosigkeit an den Rand der Verzweiflung gebracht war, in fieberhafte Aufregung. Der Mann erhob sich sofort von seinem Krankenlager – er lag an einer Rippenfellentzündung –, hieß die Frau das Nötigste in einen alten Koffer und mehrere Schachteln packen, nahm die Kinder an die Hand, bestimmte die Art, wie die Frau den jämmerlichen Haushalt auflösen sollte, und begab sich trotz seines geschwächten Zustands auf den Bahnhof. (Er hoffte, durch das Mitbringen der Kinder für den Kollegen auf alle Fälle gleich eine vollendete Tatsache zu schaffen.) Mit hohem Fieber völlig apathisch im Bahnabteil hockend, war er froh, daß eine junge Mitreisende, entlassene Hausangestellte, auf der Fahrt nach Berlin, die ihn für einen Witwer hielt, sich seiner Kinder annahm, ihnen auch Kleinigkeiten kaufte, die sie sogar aus eigener Tasche bezahlte. In Berlin wurde seine Verfassung so übel, daß er, nahezu bewußtlos, in ein Krankenhaus geschafft werden mußte. Dort starb er fünf Stunden später. Die Hausangestellte, eine gewisse Leidner, hatte, diesen Umstand nicht voraussehend, die Kinder nicht weggegeben, sondern sie mit zu sich in ein billiges Absteigequartier genommen. Sie hatte für sie und den Gestorbenen allerhand Auslagen gehabt, auch dauerten sie die hilflosen Würmer, und so fuhr sie, ein wenig kopflos, denn es wäre zweifellos besser gewesen, die zurückgebliebene Frau Hausmann zu benachrichtigen und herkommen zu lassen, noch am selben Abend mit den Kindern zurück nach Breslau. Die Hausmann nahm die Nachricht mit jener schrecklichen Stumpfheit auf, welche den jedes normalen Ganges seiner Verhältnisse Entwöhnten manchmal aneignet. Einen Tag lang, den nächsten, beschäftigten sich die beiden Frauen mit dem Ankauf einiger billiger Trauerartikel auf Abzahlung. Gleichzeitig betrieben sie die Auflösung des Haushaltes weiter, welche jetzt doch jeden Sinn verloren hatte. In leeren Zimmern stehend, mit Schachteln und Koffern beladen, verfiel die Frau knapp vor der Abreise auf einen ungeheuerlichen Gedanken. Der Arbeitsplatz, den sie zusammen mit dem Mann verloren hatte, war keine Minute aus ihrem armen Kopf verschwunden. Es kam alles darauf an, ihn, koste es, was es wolle, zu retten: solch ein Angebot des Schicksals war nicht ein zweites Mal zu erwarten. Der Plan, auf den sie im letzten Moment zur Rettung dieses Arbeitsplatzes verfiel, war nicht abenteuerlicher, als ihre Lage verzweifelt war: sie wollte anstelle ihres Mannes und als Mann den Wächterposten in der Fabrik, um den es sich handelte, einnehmen. Noch kaum mit sich einig, riß sie sich die schwarzen Fetzen vom Leibe, holte vor den Augen der Kinder aus einem der mit Bindfaden umschnürten Koffer den Sonntagsanzug ihres Mannes und zog ihn sich ungeschickt an, wobei ihr ihre neu gewonnene Freundin, die beinahe augenblicklich alles verstanden hatte, schon half. So fuhr in dem Zug nach Mainz, ein erneuter Vorstoß in der Richtung des verheißenden Arbeitsplatzes, eine neue Familie, aus nicht mehr Köpfen wie bisher bestehend. So treten in die Lücken durch feindliches Feuer gelichteter Bataillone frische Rekruten.

Der Termin, zu dem der jetzige Besitzer des Arbeitsplatzes sein Schiff in Hamburg erreichen muß, gestattet es den Frauen nicht, in Berlin auszusteigen und an der Beerdigung des Hausmann teilzunehmen. Während er ohne Geleite aus dem Krankenhaus geschafft wird, um in die Grube gelegt zu werden, macht seine Frau in seinen Kleidern, seine Papiere in der Tasche, an der Seite seines einstmaligen Kollegen, mit dem eine rasche Verständigung erfolgt ist, den Gang in die Fabrik. Sie hat einen weiteren Tag in der Wohnung des Kollegen damit verbracht, unermüdlich vor diesem und ihrer Freundin – all dies geschah übrigens nach wie vor unter den Augen der Kinder – Gang, Sitzen und Essen sowie die Sprechweise eines Mannes einzuüben. Wenig Zeit liegt zwischen dem Augenblick, in dem Hausmann die Grube empfängt, und dem Augenblick, wo der ihm verheißene Arbeitsplatz besetzt wird.

Durch eine Verkettung von Verhängnis und Glück wieder in das Leben, das heißt die Produktion, zurückgebracht, führten die beiden Frauen als Herr und Frau Hausmann zusammen mit den Kindern ihr neues Leben in der umsichtigsten und ordentlichsten Weise. Der Beruf des Wächters einer großen Fabrik stellte nicht unerhebliche Anforderungen. Die nächtlichen Rundgänge durch die Fabrikhöfe, Maschinenhallen und Lagerräume verlangten Zuverlässigkeit und Mut, Eigenschaften, die seit jeher *männliche* genannt werden. Daß die Hausmann diesen Anforderungen gerecht wurde – sie erhielt sogar einmal, als sie einen Dieb ergriffen und unschädlich gemacht hatte (einen armen Teufel, der hatte Holz stehlen wollen) eine öffentliche Anerkennung der Fabrikdirektion – beweist, daß Mut, Körperkraft, Besonnenheit schlechthin von jedem, Mann oder Weib, geliefert werden können, der auf den betreffenden Erwerb angewiesen ist. In wenigen Tagen wurde die Frau zum Mann, wie der Mann im Laufe der Jahrtausende zum Manne wurde: durch den Produktionsprozeß.

Es vergingen vier Jahre, während derer die allgemeine Arbeitslosigkeit ringsum zunahm, verhältnismäßig sicher für die kleine Familie, deren Kinder heranwuchsen. Das häusliche Leben der Hausmanns erweckte so lange keinerlei Argwohn der Nachbarschaft. Dann mußte aber ein Zwischenfall in Ordnung gebracht werden. Bei den Hausmanns saß gegen Abend oft der Portier des Mietshauses. Es wurde zu dritt Karten gespielt. »Der Wächter« saß dabei breit, in Hemdsärmeln, den Bierkrug vor sich (ein Bild, das nachmals von den illustrierten Zeitungen in großer Aufmachung gebracht wurde). Dann ging der Wächter zum Dienst, und der Portier blieb bei der jungen Frau sitzen. Vertraulichkeiten konnten nicht ausbleiben. Sei es nun, daß die Leidner bei einer solchen Gelegenheit aus der Schule schwatzte, sei es, daß der Portier den Wächter beim Umziehen durch eine offen gelassene Türspalte sah, jedenfalls hatten die Hausmanns mit ihm von einem bestimmten Zeitpunkt an einige Schwierigkeiten, indem sie dem Trinker, dem sein Amt außer der Wohnung wenig einbrachte, finanzielle Zuwendungen machen mußten. Besonders schwierig wurde die Lage, als die Nachbarn auf die Besuche des Haase – so hieß der Mann – in der Hausmannschen Wohnung aufmerksam wurden und auch der Umstand, daß die ›Frau Hausmann‹ öfter Speisereste und Flaschenbier in die Portierloge brachte, in der Nachbarschaft diskutiert wurde. Das Gerücht von der Gleichgültigkeit des Wächters ehrenrührigen Vorgängen in seiner Wohnung ge-

genüber drang sogar bis in die Fabrik und erschütterte dort zeitweilig das Vertrauen in ihn. Die drei waren gezwungen, nach außen hin einen Bruch ihrer Freundschaft vorzutäuschen. Jedoch dauerte die Ausbeutung der zwei Frauen durch den Portier natürlich nicht nur fort, sondern nahm sogar immer größere Ausmaße an. Ein Unglücksfall in der Fabrik machte dem Ganzen ein Ende und brachte die ungeheuerliche Begebenheit ans Tageslicht.
Bei einer nächtlichen Kesselexplosion wurde der Wächter verletzt, nicht schwer, aber doch so, daß er ohnmächtig vom Platz getragen wurde. Als die Hausmann wieder erwachte, fand sie sich in der Frauenklinik. Nichts könnte ihr Entsetzen beschreiben. An Bein und Rücken verwundet und bandagiert, von Übelkeit geschüttelt, aber tödlicheren Schrecken als nur den über eine nicht übersehbare Verwundung in den Knochen, schleppte sie sich durch den Saal noch schlafender kranker Weiber und ins Zimmer der Oberin. Bevor diese zu Wort kommen konnte – sie war noch beim Anziehen, und der falsche Wächter mußte grotesker Weise erst eine angewöhnte Scheu überwinden, zu einer halb bekleideten Frau ins Zimmer zu treten, was doch nur der Geschlechtsgenossin erlaubt ist –, überschüttete die Hausmann sie mit Beschwörungen, doch ja nicht der Direktion über den fatalen Tatbestand Mitteilung zukommen zu lassen. Nicht ohne Mitleid gestand die Oberin der Verzweifelten, die zweimal in Ohnmacht fiel, aber auf der Fortführung der Aussprache bestand, daß die Papiere bereits an die Fabrik gegangen seien. Sie verschwieg ihr, wie die unglaubliche Geschichte lauffeuerartig durch die Stadt sich verbreitet hatte.
Das Krankenhaus verließ die Hausmann in Männerkleidern. Sie kam vormittags nach Haus und von mittags an sammelte sich auf dem Flur des Hauses und auf dem Pflaster dem Haus gegenüber das ganze Viertel und wartete auf den falschen Mann. Abends holte die Polizei die Unglückliche ins Polizeigewahrsam, um dem Ärgernis ein Ende zu machen. Sie stieg immer noch in Männerkleidern in das Auto. Sie

hatte keine andern mehr.
Um ihren Arbeitsplatz kämpfte sie noch vom Polizeigewahrsam aus, natürlich ohne Erfolg. Er wurde an einen der Ungezählten vergeben, die auf Lücken warten und zwischen den Beinen jenes Organ tragen, das auf ihrem Geburtsschein angezeigt ist. Die Hausmann, die sich nicht vorwerfen mußte, irgend etwas unversucht gelassen zu haben, soll noch einige Zeit als Kellnerin in einem Vorstadtlokal zwischen Fotos, die sie in Hemdsärmeln, Karten spielend und Bier trinkend, als Wächter zeigten und zum Teil erst *nach* der Entlarvung gestellt worden waren, den Kegelspielern als Monstrum gegolten haben. Dann verschwand sie wohl endgültig wieder in der Millionenarmee derer, die eines bescheidenen Broterwerbs wegen gezwungen sind, sich ganz oder stückweise oder gegenseitig zum Kauf anzubieten, Jahrhunderte alte Gewohnheiten, die schon beinahe wie ewige ausgesehen haben, innerhalb weniger Tage aufzugeben und, wie man sieht, sogar ihr Geschlecht zu wechseln, übrigens größtenteils ohne Erfolg, kurz, die verloren sind, und zwar, wenn man der herrschenden Meinung glauben will, endgültig.

KARL GRÜNBERG
Spielmann schafft Arbeit

Zwei, die sich offenbar lange nicht gesehen hatten, trafen sich auf der Berliner Ringbahn. Einer in brauner Kletterweste, der andere im grauen Pullover. Beide im arbeitsdienstpflichtigen Alter. Beide Proleten. Und beide – das ergab sich aus ihrem Gespräch – schon seit längerer Zeit ohne Arbeit.
Sie fragten nach diesem und jenem gemeinsamen Bekannten. Bis dann plötzlich die Kletterweste fragte: »Sag mal, hast du nicht 'ne Zigarette für mich übrig?« Ja, der Pullover hatte

gerade noch eine. Und da er ein guter Kamerad und offenbar über das unverhoffte Wiedersehen erfreut war, wollte er sie dem Freund abtreten. Jetzt entstand ein kurzer Streit, wer der Glückliche sein sollte, dann einigten sie sich, den kostbaren Glimmstengel gemeinsam aufzurauchen.

Der mit der Kletterweste mußte diesen Genuß offenbar schon längere Zeit entbehrt haben, man sah das an der andächtigen Gier, mit der er den Rauch tief in die Lungen einsog. Plötzlich aber nahm sein blasses Jungengesicht einen – man kann sagen – etwas erschrockenen Ausdruck an. »Sag mal, du alter Kaffer, rauchst du etwa immer solche Trustmarke?«

Der andere blickte verwundert drein. »Was heißt hier Trustmarke? Für dreieinhalb Pfennige ist das immer noch die beste, mehr kann sich ja ein Arbeitsloser heute nicht leisten.«

»Siehst du, das ist es ja eben«, ereiferte sich die Kletterweste, »du hast eben auch noch nicht bedacht, daß man durch das Rauchen der maschinell hergestellten Trustzigaretten nur noch die Arbeitslosigkeit vermehrt. Hier, sieh mal her!« Er holte aus der Tasche eine zerknautschte leere Zigarettenschachtel. »Marke Spielmann mit dem Hakenkreuz; handverpackt ..., das ist unsere Marke! Hitler hat diese Fabrik fast nur auf Handarbeit eingerichtet, um die Arbeitslosigkeit zu bekämpfen. Wenn die Regierung ihm noch zehn Prozent der Banderolensteuer erläßt, dann will er noch viertausend Arbeiter einstellen. Ist das nicht eine pfundige Sache, die man unterstützen muß?«

Der Braune hatte so laut gesprochen, daß die Nächststehenden aufmerksam wurden; nun sah er sich beifallheischend um. Aber nur ein alter verbrauchter Arbeiter, der ein Bündel Latten zwischen den Knien hielt, knurrte vor sich hin: »Jaja, die Maschinen, die haben uns die ganze Arbeit weggenommen.«

Auf den Pullover schienen die Ausführungen des Braunen keinen Eindruck zu machen. In ironischem Ton begann er

den Reklameaufdruck der schwarzweißroten Pappschachtel vorzulesen:
»Zur Verminderung der Arbeitslosigkeit werden sämtliche Kameradschaftszigaretten handverpackt. (Bitte weiterlesen!) – Wir schalten die Maschinen aus, soweit als möglich. KZ rauchen heißt mithelfen, die Not zu bekämpfen...!«
Der junge Mensch lachte plötzlich laut auf. »Sag mal, Fritze, hier steht: ›KZ rauchen heißt mithelfen, die Not zu bekämpfen, darum hilf auch du, bekämpfe mit. Rauch KZ auf Schritt und Tritt!‹ – Da rauchst du wohl pro Tag mindestens Stücker dreißig?«
»Ja gewiß..., wenn du mir dazu das Geld gibst. Bis auf 3,30 Mark haben sie mir schon die Stütze 'runtergesetzt, von wegen in Notgemeinschaft mit meiner Mutter leben, diese Schwefelbande die.«
»Also stimmt doch der schöne Vers auch nicht«, antwortete der Pullover trocken, »wenn es einerseits heißt: ›das ist praktische Tat gegen die Arbeitslosigkeit und Not‹, andererseits du dir aber keine dieser handverpackten Zigaretten kaufen kannst! Ich will dir mal was sagen: Das ist echt Hitler! Er will ja doch die Erwerbslosenunterstützung ganz aufheben, weil die angeblich nur arbeitsscheu macht. Dann aber könnten wir alle der Katz' am Schwanz rauchen.«
Jetzt brauste die Kletterweste auf: »Mensch, komme doch nicht mit solchem jüdischen Dreh. Ist denn dir eine Arbeit nicht auch lieber als alle Wohlfahrt? Siehst du, das ist es eben, was Hitler will! Und darum bin ich auch in der SA... jawoll!«
»Na also..., aber warum rauchst du denn nun nicht Kette, damit es weniger Arbeitslose gibt?« kohlte der Pullover.
»Du willst eben nicht verstehen«, tat der Braune beleidigt, »dabei ist das doch so einfach. Hier, diese Zeilen mußt du lesen: ›An Stelle einer Tabaklösemaschine geben wir durch Handarbeit vierzig Personen Lohn und Brot!‹ – Also das sind schon vierzig weniger! Wenn so überall verfahren würde, dann...«

»Nun, was dann? – Dann schaffen wir die ganze Technik ab; alle Maschinen, Elektrizität, Eisenbahnen, Autos, Flugzeuge! Zurück bis zum ollen Fritz, bis zu Hermann dem Cherusker und noch weiter! Dann sitzen wir eines Tages wieder als Affenmenschen auf den Bäumen und fressen Gras mit wildem Honig! Meinst du wirklich, daß es dadurch mehr Arbeit gibt, daß es so besser auf der Welt wird?«

»Das sind doch Übertreibungen! Wir schalten Maschinen nur so weit als möglich aus, vaschtehste? Daß das möglich ist, beweist doch Adolf Hitler.«

»Das wollen wir uns doch mal näher ansehen. Warum haben denn die Fabrikanten Maschinen angeschafft? – Doch nur, weil sie billiger arbeiten! Also muß doch dein schlauer Führer seinen Handarbeitern noch niedrigere Löhne zahlen, wie sie sowieso schon in der Zigarettenindustrie gezahlt werden, stimmt's?«

»Na wennschon? Immer noch besser als die verfluchte Wohlfahrt.«

»Ja! – Und wenn die Arbeiter noch weniger verdienen? Dann können sie doch noch weniger deine duften Spielereizigaretten kaufen, die muß dann letzten Endes der Osaf* mit seinem Stab allein rauchen. ›Maschinen ausschalten soweit als möglich?‹ – das ist eine ganz dumme Phrase. Möglich ist das nämlich überhaupt nicht, weil sich das Rad der menschlichen Entwicklung nicht rückwärtsdrehen läßt. Das hat uns die Geschichte gelehrt. Die Handweber im Eulengebirge haben sich seinerzeit auch gegen den mechanischen Webstuhl gesträubt. Um dagegen zu konkurrieren, haben sie täglich bis zwanzig Stunden zusammen mit Frau und Kindern geschuftet. Dabei sind sie vom Brot auf die Kartoffeln und von den Kartoffeln auf Kartoffelschalen mit Kleie gekommen. Und als sie auch das nicht mehr erarbeiten konnten, schlugen sie die Maschinen kaputt. Dann schickte der König das Militär. Darüber hat Gerhart Hauptmann, als er noch jung und schön

---

* Abkürzung für Oberster SA-Führer

war, ein Drama geschrieben, daraus kann man doch was lernen. Wenn du also auch zwanzig Stunden für Kartoffelschalen mit Kleie schuften willst, dann laß dir von deinem Adolf nur weiterhin blauen Spielmannsrauch vormachen!«
»Richtig! – Gut gegeben!« riefen mehrere Stimmen aus dem Wageninnern. Nur eine Frau mit einem Stoß alter Morgenpostromane widersprach: »Seitdem die Maschinen aufgekommen, haben wir doch die vielen Arbeitslosen; als es die noch nicht gab, hatten alle ihr Auskommen.«
Der Pullover kam jetzt erst richtig in Fahrt. »Was glauben Sie wohl, was mehr Menschen Beschäftigung gibt, die heutige Eisenbahn, oder die Personenpost vor hundert Jahren? – Nach dem Hitlerrezept müßten wir wieder genauso wie beim ollen Fritzen mit Häckselmotoren reisen und Tiere quälen, statt Dampf und Benzin auszunutzen. Nein, die Maschine ist nicht der Feind, sondern der Freund des Menschen! Oder ist es ein Fortschritt, wenn sich, statt eine Tabaklösemaschine einzusetzen, vierzig Menschen die Lungen vergiften?«
»Das sicher nicht«, sagte der Alte von vorhin, »aber was sollen wir machen? Ich war Steinträger. Heute mit den mechanischen Fahrstühlen sind die meisten von uns überflüssig geworden.«
»Überflüssig, wieso überflüssig? Warum gibt es wohl in der Sowjetunion keine überflüssigen Arbeiter? – Warum werden dort täglich neue Fabriken eröffnet, während bei uns schon fast die halbe Produktion stilliegt?«
»Das kann ich dir ganz genau sagen«, nahm die Kletterweste noch einmal das Wort, »weil die noch rückständig sind, gegenüber uns. Wir haben ja schon alles. Warte nur ein paar Jahre, dann wird es dort genauso viele Erwerbslose wie bei uns geben.«
»Also wir haben schon alles? Das habe ich noch gar nicht bemerkt. Jetzt möchte ich doch aber mal jeden, der hier zuhört, fragen, ob er schon ein zweites Paar Stiefel hat? Ob eine menschenwürdige Wohnung und Nahrung? Ob seine Kinder

warme Wäsche haben und so weiter und so weiter. Ich habe kürzlich mal zwei junge Arbeitslose getroffen, die haben zusammen an einer Zigarette geraucht.«
Der Kletterwestige wurde jetzt rot und verlegen. »Ja, wenn man das so betrachtet?« Nichtsdestoweniger wollte er sich nicht schon geschlagen geben, deshalb setzte er hinzu: »Auch in deinem Rußland wird einmal der tote Punkt kommen, wo alles vorhanden ist. Und was dann, he? Dann werden auch dort Arbeiter auf die Straße fliegen.«
»Schafskopf«, sagte mitleidig der Pullover, »dann wird eben nur noch sechs Stunden gearbeitet, oder nur jeden zweiten Tag. Aber bei vollem Lohnausgleich, denn dort gehören ja die Maschinen nicht irgendeinem reichen Pg., sondern den Arbeitern selber, auch ihre Produkte. Das ist eben der Unterschied: Hitler will die Maschinen abschalten, wir wollen sie einschalten. Und damit uns keiner daran hindert, müssen wir sie erobern. Alles andere, deine handgemachten Spielmannzigaretten und dergleichen mehr sind Spielereien von eurem Oberspielmann Hitler! Aber nun komm, wir müssen hier 'raus. Deine Hakenkreuzzigaretten mußt du schon woanders absetzen, hier auf dem Gesundbrunnen hast du damit bestimmt kein Glück.«
Der Zug hielt mit scharfem Ruck. Im Menschengewühl des großen Bahnhofs verschwanden beide; die braune Kletterweste, und der graue Pullover aus der grauen Kolonne der Antifaschistischen Aktion.

RUDOLF BRAUNE
Der Kurier

Der Raum war fast völlig leer. Die Tapete zerblätterte an den Wänden, und helle Vierecke hoben sich von dem dunkelvioletten und verstaubten Rosettenmuster ab, vor kurzem mußten hier noch Bilder gehangen haben. Eine Theke halbierte den Raum, auf der linken Seite der Theke lag ein Stoß Leitzordner, auf der rechten saß ein Mann. Er rauchte aus einer Pfeife und starrte auf die Tür und baumelte mit den Beinen; weiter tat er nichts. Er saß eine lange Weile so, und draußen klatschte der Regen gegen die Scheiben.

Die Tür ging auf, ein junges Mädchen kam herein. Sie ging zur Theke und nahm die Leitzordner mit einem oberflächlichen Schwung weg. Der Mann sah nicht zu ihr hin, immer nur auf die Tür. Das Mädchen drehte sich um.

»Alles in Ordnung«, sagte sie. Er nickte, und das Mädchen ging hinaus. Der Mann rauchte seine Pfeife zu Ende, dann klopfte er sie sorgfältig aus und spuckte in die Zimmerecke. Jemand pochte kräftig. Die Tür ging wieder auf, ein junger Mann mit einer blauen Schirmmütze kam schnell herein, in der rechten Hand flatterte ein weißer Zettel. »War's denn wirklich so eilig?« schrie er lustig, aber das letzte Wort blieb ihm im Munde stecken, er drehte sich wie ein Kreisel herum, starrte auf die unzweifelhaft leeren Wände und stieß einen erstaunten Laut aus.

». . . nanu? Inventurausverkauf?«

Er steckte den Zettel schnell in die Jackentasche.

»Ist was los?«

Der Mann auf der Theke nickte.

»Jawohl, jetzt hat's geklappt.«

»Hm?« Der junge Arbeiter kam ein Stück näher und beugte seinen Kopf weit vor, so daß sein Gesicht fast das Gesicht des anderen berührte.

»Heute nacht kommt das Verbot.«

Der Regen klatschte breit und mit prickelnden Körnern gegen die Scheibe, hinter der das schmierige Grau einer verregneten Vorstadtstraße gespenstig schwamm. Die gegenüberliegende Häuserfront, eine langweilige, aufgequollene Fassade, war vom Zimmer aus nicht mehr zu erkennen. Regen, Dämmerung und Trostlosigkeit des Herbstes verwischten alles.

Der Mann starrte den Jungen an. Wenn man deine Gedanken erraten könnte, dachte er.
»Ich muß abhauen. Meine Zelle informieren, dann werde ich zu Thomas rübergehen...«
»Nichts wirst du tun, du bleibst hier, Franz.«
»Aber...«
»Für die nächsten achtundvierzig Stunden werden wir dich von hier aus verwenden. Uns fehlen Leute.«
»Ich war noch nicht zu Hause.«
»Schadet nichts. Du bist ja nicht verheiratet. Oder soll jemand eine Mitteilung bekommen?«
Der junge Arbeiter schüttelte den Kopf.
»Gib unseren Zettel her.«
Franz nahm den Zettel wieder aus der Tasche und legte ihn auf die Theke. Ein Streichholz flammte auf, das Papier krümmte sich, wurde rot, dann schwarz, zerfiel. Der Mann auf der Theke blies den Rest herunter.
»Nun? Wie ist es?«
»Einverstanden«, sagte Franz langsam und kratzte über das unrasierte Kinn.
»Du hast dich von diesem Augenblick an nur nach unseren Instruktionen zu richten. Du weißt, was ein Abweichen davon bedeutet?«
Nun war im Zimmer gar nichts mehr zu erkennen, und das ganze Haus schien leer und verlassen. Draußen klatschte der Regen weiter. Ein fröstelndes Gefühl lief stockend und langsam dem jungen Arbeiter den Rücken herunter. Ihm war einen Augenblick zumute, als sei er allein auf der Welt.
»Du fährst nach B. und sicherst das gesamte Material. Du mußt schnell machen, denn die ganze Sache muß heute nacht punkt zwei Uhr erledigt sein. Andernfalls...«
Der Mann auf der Theke brach ab. Pause.
»Hier ist die Adresse. Lerne sie auswendig. Aber sofort.«
Franz fühlte einen Zettel in seiner Hand. Eine Taschenlampe flammte auf. Zwei Zeilen Schreibmaschinenschrift. Der Mann, den er aufsuchen sollte, hieß Schreiber. Leicht zu mer-

ken. Oder nicht? Er starrte krampfhaft auf den kleinen Zettel.

»In Ordnung?«

»In Ordnung.«

Wieder flammte ein Streichholz auf. Die Adresse löste sich in Rauch. Das verkohlte Papier segelte zu Boden.

»Wie geht es Oma?«

»Hm??«

»Wie geht es Oma? Wiederhole das mal!«

»Wie geht es Oma?«

»Dein Stichwort. Du weißt, was es bedeutet, wenn einer ohne Kennwort ankommt?«

»Ja.«

»Komm.« Der Funktionär rutschte von der Theke herunter. »Der erste Mann, mit dem ich jetzt sprechen werde, bekommt von dir morgen, wenn du zurück bist, das Material.«

Sie tasteten sich durch das dunkle, feuchte Haus und hinaus auf die Straße. Der Funktionär sah nach oben, wo die glitzernden Tropfen durch den breiten Lichtschein einer Bogenlampe sprühten, und jeder einzelne Tropfen war zu erkennen. Ab und zu huschte ein Regenschirm vorbei. Die beiden Männer schlugen ihre Kragen hoch und stapften los. Das Wasser rieselte in den Hals, tropfte ins Gesicht, durchweichte die Schuhe, die Hosen klebten an. Franz überlegte sich, wer wohl der erste Mann sein mochte. Aus einer Eckkneipe kam lärmende Musik und Weibergekreisch. Sie gingen vorbei. Es konnte noch nicht sehr spät sein, aber der Regen erstickte jedes Gefühl für die Zeit.

Vor einem Laden blieb der Mann stehen. Auf der Scheibe stand:

»Tabak, Zigarren, Zigaretten«.

Die Türschelle rasselte laut. Beide traten ein. Der Laden war leer.

Franz fror, die nassen Sachen klebten am Körper.

»Guten Abend.« Hinter dem grünen Vorhang erschien ein

Mann in mittleren Jahren ohne besondere Kennzeichen, der Ladeninhaber anscheinend, ein richtiger kleiner Geschäftsmann.

»Sie wünschen?« sagte er teilnahmslos zu dem Mann, sah aber Franz dabei an.

»Päckchen Feinschnitt.«

»Wie immer?«

»Wie immer.«

Der Tabakhändler machte das Päckchen fertig.

»Ein miserables Wetter heute.«

»Ja, ein Sauwetter. Wird wohl so weitergehen.«

»Ah, meinen Sie?«

»Bestimmt.«

Der Mann legte einen größeren Schein auf den Tisch. Von dem Geld, das er zurückerhielt, schob er seinem Begleiter einen Schein zu.

»Hier«, sagte er, »das war ich dir noch schuldig.«

Franz starrte auf den Schein, nahm ihn aber schnell weg und steckte ihn sorgfältig ein.

»Guten Abend.«

»Guten Abend«, sagte der Tabakhändler und ging bis zur Tür mit. Die Schelle rasselte laut.

In unverminderter Heftigkeit troff das Wasser auf die Straße.

»Neun Uhr vier geht der nächste Zug.«

»Schön.«

»Beeile dich und vergiß' nichts.«

»Nein.«

»Vergiß' vor allem nicht, daß Punkt 2 Uhr alles in Ordnung sein muß.«

»Ja, ich weiß.«

»Hast du noch die Adresse im Kopf?«

Franz bewegte seine Lippen und sprach unhörbar den Namen und die Stadt und die Straße und: Wie geht es Oma ...

»Mach's gut.«

Sie drückten sich die Hände, und beide gingen nach verschiedenen Richtungen davon. Der Regen strömte weiter.

Rauchige, abgestandene Luft. Auf den Bänken der Bahnhofsvorhalle lagen Obdachlose und schliefen. Zwei schmuddlige Frauen kehrten die Fliesen. Franz kaufte eine Fahrkarte und dann eine Abendzeitung. Vom Verbot stand noch nichts darin.

Ein Uniformierter kam ihm entgegen. Franz sah den Mann an, und sein Herz klopfte. Der Beamte ging gleichgültig vorbei, ohne ihn zu beachten.

Als er im Zug war, sah er die Nacht draußen; die Räder glitten dahin, und sie trugen ihn fort von der schalen Alltäglichkeit, er fühlte, daß er wer war. Er fühlte die schweren Hände auf den Knien und die nassen Sachen, die leicht säuerlich rochen, und die Räder holperten auf einmal in seinem Innern. Er hörte genau, was sie holperten, erst nur undeutlich, dann schälte es sich heraus wie ein Leitmotiv: Illegal, illegal, illegal ...

Im Abteil saßen ein älterer Mann, der an der nächsten Station ausstieg, und ein junges Mädchen, das fast während der ganzen Fahrt las. Der Regen beschlug die Scheiben, und die Tropfen rannen ineinander. Er duselte vor sich hin, das Rattern schläferte ein. Einmal fuhr er hoch, im Halbschlummer hatte ihn einer nach der Adresse gefragt, und sie war ihm entfallen. Er fror. Seine Sachen waren noch nicht trocken. Draußen rauschte der Wind, und die Räder klopften eintönig. Das Holpern wurde stärker. Weichen, Überschneidungen der Geleise, Blockhäuschen, Signallampen, eine fremde Station.

Er öffnete mühsam die klemmende Tür. Das trübe Licht einer regenbeschlagenen Lampe fiel über den Namen der Station, der auf die gelbe Wand des Bahnhofsgebäudes gepinselt war. Der Regen ging strichweise herunter und wusch die Steinfliesen sauber, die zwischen Schienenstrang und Stationsgebäude lagen. Vorn an der Maschine stand eine kleine Handkarre, wie sie zum Fortschaffen des Gepäcks verwendet werden. Weiter hinten ging der Stationsvorsteher langsam auf und ab.

»Wann sind wir in B.?« rief Franz.

»In einer Stunde.«

»Danke schön.«

Der Zug fuhr noch nicht an. Franz sah in einem Zimmer des Stationsgebäudes Licht, das plötzlich erlosch. Der Zug ruckte, und langsam glitt der Stationsvorsteher und rascher die Postkarre, und schließlich sehr schnell die ganze Station vorbei. Das Mädchen in der Ecke war eingeschlafen. Franz ließ das Fenster herunter und beugte sich hinaus, um nicht wieder einzuduseln. Der Regen schlug ihm ins Gesicht, und das war ein angenehmes Gefühl. Er roch die nassen Wälder, die den Bahndamm säumten. Aus den Wäldern kam ein dumpfes Sausen. Ein Licht tauchte auf, flog vorbei. Der Wald glitt zurück, ließ Wiesen vor, es roch nicht mehr nach wassertriefenden Bäumen, die Nacht zerriß plötzlich. Riesige Feuergarben schossen hoch, blieben einen Augenblick in der Luft stehen und sackten müde zusammen, überdeckt von dem feurigen Sprühregen der Funken. Hochöfen, einer neben dem anderen, bald näher, bald ferner. Das war der Außenring der Stadt B. Er war wohl zwei- oder vielleicht auch dreimal in dem Nest gewesen.

In B. regnete es. Franz kaufte in der Wartehalle fünf Zigaretten und eine Schachtel Streichhölzer, dann erkundigte er sich nach der Straße. Die vollbusige Frau hinter dem Schanktisch gab ihm freundlich Auskunft. An den ungescheuerten, bierbefleckten Tischen saßen Kumpels, die auf ihre Anschlußzüge warteten. Ihre Köpfe lagen schwer auf den Tischen. Als Franz hinausging, sah er die erleuchtete Uhr am Ausgang. 11 Uhr 35.

Er kam selten in fremde Städte. Die Stadt sah kalt und unbewohnt und ganz gleichgültig aus. Alle Kohlenstädte haben das gleiche Gesicht. Die Straßen waren auf eine seltsame beängstigende Art leer, so daß er seine Schritte hallen hörte. Nur der Regen strömte. Die Straße, die er suchte, folgte einem Bahndamm. Er sah den Schein der Hochofenfeuer am Himmel, und ab und zu kam ein Zug. Es stimmte alles genau, auch die Nummer. Er sah sich das Haus von unten an, ehe er sich in den Hausflur drückte. Eine quietschende Holztreppe führte nach oben. Die Aborte rochen durchdringend. In einer Wohnung wurde Ziehharmonika gespielt. Die Streichhölzer zischten an und verlöschten. Er war froh, daß er sie gekauft hatte.

Als er in die dritte Etage kam, klopfte sein Herz ziemlich heftig. Hinter der Tür, die der Treppe gegenüber lag, hörte er Leute sprechen. Ein Name stand nicht an der Tür. Er blieb stehen und horchte. Auf einmal öffnete sich langsam die Tür und ein Mann mit einem dichten Schnauzbart stand im Türrahmen. Er schien genau so erstaunt wie Franz.

»Mach doch die Tür zu«, sagte eine Stimme.

»Was wollen Sie denn hier?« sagte der Arbeiter. Die Leute im Zimmer hörten auf zu sprechen.

Franz nannte den Namen des Mannes, zu dem er mußte.

»Das ist hier.«

»Ah, das ist gut ... wie geht es Oma?«

»He??«

Ein paar Gestalten tauchten im Lichtschein auf und starrten schweigend auf den Fremden.

»Deinen Ausweis?«

Eine gefährliche Pause entstand, ausgefüllt von der sentimentalen Ziehharmonika eine Etage tiefer.

»Wenn ich ein Kennwort habe«, sagte Franz langsam, »dann brauche ich keinen Ausweis. Seit wann tragen denn Kuriere Ausweise in der Tasche?«

Alle im Zimmer hörten zu. Eine Mädchenstimme rief heraus: »Kennst du ihn, Paul?«

»Wir kennen kein Stichwort.«

»Wieso denn? Ich soll zu Schreiber, und Schreiber kennt das Stichwort.«

In der Stube fiel ein Stuhl zu Boden, der Arbeiter sagte: »Warte mal«, und schloß die Tür. Franz stand im dunkeln

Flur. Sie flüsterten in der Stube. Nach einigen Sekunden ging die Tür wieder auf.
»Komm rein«, sagte der Arbeiter.
Fünf Personen saßen um einen Tisch, das Mädchen nicht gerechnet. Sie starrten ihn stumm an, und die Männer rauchten aus kurzen Pfeifen. Nebenan schien ein zweites Zimmer zu sein, er sah eine offenstehende Tür. Die Petroleumlampe warf einen scharf abgezirkelten Schein über den Tisch, auf dem Zeitungen und Papier lagen, ein angebrochenes Päckchen Tabak, Broschüren, Bleistifte.
»Wer von euch ist Schreiber?« sagte Franz.
Die Gesichter der Männer veränderten sich kaum, nur mit dem Mädchen war etwas nicht in Ordnung.
»Schreiber«, sagte der Mann, den sie Paul nannten, »Schreiber ist heute abend verhaftet worden.«
Franz war einmal unten über den großen Strom geschwommen und in die Strudel hineingeraten. Er kam aus einem in den anderen, sie zogen ihn glatt hinunter, und er machte sich ganz steif. Als er wieder oben war, kam der nächste. Das Spiel ging so eine Weile fort, und er hatte es eigentlich schon aufgegeben. Aber er konnte sich später genau erinnern, daß er bei jedem Strudel gesagt hatte: Du schwimmst nie mehr über den Fluß. Er war natürlich wieder herausgekommen. Man muß nur den Atem anhalten und sich steif machen.
So saß er auf dem Stuhl, den ihm einer hingerückt hatte. Er hielt den Atem an und machte sich ganz steif. Weil keiner zu sprechen begann, sagte er schließlich: »Das ist Pech. Heute nacht kommt das Verbot. Ich komme aus L. Ich habe keine Ausweise. Ich habe nur das Kennwort. Und das Kennwort kennt ihr nicht. Pech.«
»Wie man's nimmt«, sagte das Mädchen. »Bei der Polente hat man vielleicht schon raus, daß bloß Schreiber das Stichwort kennt.«
»Das soll auf Deutsch heißen«, sagte Franz, »daß ihr mir das Material nicht geben wollt.«
»Genau das«, sagte das Mädchen. Sie lächelte dabei. Franz

sprach nicht gern mit ihr, aber die Arbeiter machten ihre Mäuler nicht auf. Sie pafften nur und starrten ihn an.
»Dann mache ich euch einen Vorschlag.« Er überlegte einen Augenblick, nahm einen Bleistift vom Tisch und schrieb auf den Rand eines Zeitungsblattes seine Adresse.
»Das ist für mich ein gefährliches Spiel. Aber ich muß bis zwei Uhr aus dem verdammten Nest heraus sein, und zwar mit dem Material...«
Andernfalls, dachte er rasch: »... hier habt ihr meine Adresse, Funktion, Abteilung. Erkundigt euch rasch irgendwo. Telefonisch vielleicht.«
»Das ist verdammt ein guter Trick.« Das Mädchen drehte sich zu ihrem Nachbar um. »Wie denkst du, Oswald, wollen wir darauf reinfallen?«
Oswald machte eine Bewegung mit der Hand. Die Arbeiter und das Mädchen standen auf und gingen in den Nebenraum. Er hörte sie flüstern. Nur der Mann mit dem Schnauzbart war im Zimmer geblieben. Er rauchte heftig und starrte in die Zeitung. Aber Franz sah, daß er nicht las. Rechts stand ein Kachelofen in der Zimmerecke und daneben hing an der Wand ein vergilbtes Leninbild mit einem viel zu breiten Rahmen. Wladimir Iljitsch saß vorgebeugt da und hatte seine Augen genau auf Franz gerichtet. Franz hielt den Blick eine Weile aus, dann drehte er den Kopf weg. Er merkte, wie der Arbeiter rasch in seine Zeitung blickte. Die Fünf aus dem Nebenzimmer kamen zurück, zwei verließen schnell und ohne ein Wort zu sagen die Wohnung, die anderen setzten sich wieder auf ihre Plätze und schwiegen. Das Mädchen lächelte. Sie konnte infam lächeln. Franz sah sie an. Sie war noch jung und hatte verwaschenes blondes Haar. Der harte Glanz ihrer Augen, die auf ihn gerichtet waren, beirrte ihn, obwohl er ein reines Gewissen hatte. Sie muß eine hervorragende Funktionärin sein, dachte er. Sie handelt richtig. Ich bin gespannt, was sie tut. Er beachtete sie nicht mehr, um sich keine Blöße zu geben.
Seine Gedanken gingen die Treppe hinunter und den beiden

Männern nach. Er wußte genau, warum sie fortgegangen waren, er kannte das alte gefährliche Spiel, und nur die Frage, nach welchen Regeln gespielt werden sollte, stand noch offen. Er beschäftigte sich eine Zeitlang damit und ging viele Möglichkeiten durch und überlegte, was er in der gleichen Situation ausknobeln würde.
Auf einem Wandbrettchen befand sich ein Wecker. Die Zeit ging verdammt langsam herum. Nach einer Weile kam einer der beiden Männer zurück. Die Leute gingen in das Nebenzimmer, und als sie wieder herauskamen, sah das Mädchen nach der Uhr. Franz begann nun, alle Vorfälle genau zu registrieren. Er paßte scharf auf. »Hör mal«, sagte das Mädchen, »wir haben uns entschlossen, dir das Material zu geben, aber das Material ist nicht hier...«
Ich will einen Frosch fressen, wenn es nicht hier ist, dachte Franz, laut aber sagte er: »Ja.«
»Wir müssen ein paar Straßen weitergehen, dann bekommst du alles.«
»Die Hauptsache ist, daß ich das Zeug bis zwanzig vor zwei habe.«
»Wirst du haben.«
Auf der Straße also, dachte er.
Sie standen aber nicht auf. Der Mann, der die Nachricht überbracht hatte, stopfte seine Pfeife. Der Wecker zeigte vier Minuten vor halb zwölf. Das Mädchen sah immer auf den Wecker und Punkt halb sagte sie: »Wir müssen gehen.«
Der schnauzbärtige Arbeiter ging mit der Taschenlampe voran, die anderen schlossen Franz eng ein, so daß er an ihre Körper stieß, als sie die Treppe hinuntergingen. Zwei waren hinter ihm und dabei auch das Mädchen. Sie sprachen kein Wort. Unten blieben sie im Hausflur stehen. Der Mann, den sie Paul nannten, öffnete vorsichtig die Tür, ging hinaus und schloß sie hinter sich.
Sie hörten die Tropfen gegen die Tür schlagen. Nach kurzer Zeit öffnete der Arbeiter die Tür wieder. »Kommt«, sagte er. Sie gingen rasch hinaus in den Regen, mit eingezogenen

Köpfen. Das Wasser strömte gurgelnd aus den defekten Abflußrohren der Häuser und durchnäßte den Trupp. Kein Mensch war auf der Straße zu sehen. Sie stolperten rasch vorwärts, erst auf dem Fußsteig und dann, als die Häuser hinter ihnen blieben, auf dem Fahrdamm. Baugelände, Schrebergärten. Jenseits des toten Geländes schimmerte Licht. Vorstadtblocks mit Bauland dazwischen.
Franz beobachtete überwach und aufmerksam alles, was um ihn herum vorging. Hinter einem Bretterzaun sah er zwei Männer stehen, aber er wußte nicht, ob sie etwas damit zu tun hatten. Franz war nach einer Weile überzeugt, daß er im Kreise geführt wurde. Sie bogen von der Straße ab und gingen über einen zerweichten Weg nach rechts.
Der Regen ließ etwas nach. Sie plantschten durch große Pfützen, und niemand sagte ein Wort. Die beiden Arbeiter an der Spitze liefen nicht mehr so rasch. Beim Auftreten der Schuhe gluckste das Wasser. Auf einmal war noch ein anderes Geräusch da. Franz hörte es sofort und zog den Kopf ein. Die Tropfen rannen über sein Gesicht, blieben an den Lippen hängen und spritzten ab, wenn neue kamen. Er überlegte blitzschnell. Das metallische Knacken summte noch in seinen Ohren. Er blieb mitten auf dem Weg stehen und sah starr geradeaus. Die Arbeiter drehten sich um.
»Geh doch weiter«, hörte er die Stimme des Mädchens.
»Es ist nicht gerade ein Vergnügen, hier herumzulaufen«, sagte er, »noch dazu, wenn hinter dem Rücken die Revolver entsichert werden.«
Es war ganz still, nur der Regen spritzte noch.
Die Arbeiter sahen ihn an. Nicht weit vor ihnen zeichneten sich dunkle Umrisse einiger Häuser ab, und zur rechten auch. Er war nun überzeugt, daß sie aus den Häusern rechts gekommen waren. Die Straße senkte sich vor ihnen, und nicht weit davon stand ein einzelnes Haus mit einer blauen Laterne.
Franz drehte sich nicht um. Auf einmal verspürte er im Nacken, da, wo die Tropfen in den Hals und den Rücken

herabrannen, ein kaltes Gefühl. Kalt, eklig, metallen.
»So lauf!« sagte das Mädchen.
Er stolperte vorwärts und immer spürte er etwas Kaltes im Nacken. Er machte die Augen zu, um nicht mehr zu denken. Das war also der Trick, na ja ...
»Halt!« sagte das Mädchen.
Er blieb stehen und machte die Augen auf. Sein Rücken war eiskalt. Das einzelne Haus mit der blauen Laterne war nur noch wenige Meter von dem Trupp entfernt. Franz konnte die Laterne genauer sehen. Ja, eine Polizeiwache.
»Das ist 'ne Polizeistation«, sagte das Mädchen. »Versuche nicht, uns nachzuspionieren, wenn du erst mal drin bist. So, und nun lauf ...«
Etwas stieß heftig gegen seinen Nacken.
Aha, dachte Franz ruhig, jetzt kommt die Nervenprobe. Fein ausgetüftelt, alle Hochachtung. Das mit der Polizeiwache kannte ich noch nicht.
Die Arbeiter waren zur Seite getreten und sahen ihn an. Er blieb ruhig und unbeweglich stehen.
»Na, wird's bald?« sagte sie.
»Ich denke nicht daran. Ich muß das Material in L. abliefern.«
»Glaubst du, wir spaßen?«
»Keinesfalls. Aber ich spaße auch nicht.«
Ein kitzliges Gefühl kreiste seine Knie ein. Er fragte sich, ob sie noch einen Trick in Vorbereitung hatten. Die Arbeiter taten gar nichts. Sie hatten ihre Hände in den Hosentaschen und sahen aufmerksam zu. Auf einmal spürte er, wie der Nacken frei wurde.
»Du bist aber ein hartnäckiger Bursche«, sagte das Mädchen leise.
Er drehte sich nicht um. Durch den Regen hindurch waren deutlich die Schläge einer Uhr zu hören. Vier kurze, dann, sehr tief, ein langer Schlag.
»Noch 'ne halbe Stunde Zeit«, sagte Franz, »ich würde euch empfehlen, daß ihr ein bißchen rascher überlegt, wer das

Material kriegen soll.«
»Kommt«, sagte das Mädchen.
Sie bogen wieder vom Weg ab und gingen auf den Häuserblock zu, der seitwärts lag. Franz war hier schon einmal gewesen.
Da stand das Haus.
Vor der Tür sagte das Mädchen: »Paul, nimm ihn mit.« Die Arbeiter gingen in das Haus hinein, nur Paul und Franz blieben draußen.
Das Mädchen sah ihm gerade ins Gesicht, ehe sie den anderen folgte.
Franz lächelte. »Ich bekomme also das Material?«
»Abwarten.«
Er griff an die Mütze und sah ihr nach.
»Komm«, sagte der Arbeiter.
Sie gingen durch ein paar Straßen, die von niedrigen Koloniehäusern gesäumt waren, und der Regen rann immerfort. Paul blieb vor einem wackligen Gartentor stehen und schloß auf.
»Hier wohne ich.«
»Aha.«
»Willst du reingehen?«
»Ist mir egal. Ich möchte bloß aus dem Regen raus.«
»Hier ist's trocken.«
»Gut.«
Sie setzten sich nebeneinander auf die Türschwelle und warteten. Franz sah, daß auch diese Koloniestraße am Bahndamm lag. Sie hörten das Kreischen aus den Walzwerken jenseits des Dammes und sahen im Funkenflug die Konturen der Werke und Öfen. Angenehm frisch kam die regengereinigte Luft durch den ärmlichen Vorgarten. Eine ferne Uhr schlug.
»Die haben doch hoffentlich alles aus dem Haus geschafft?«
»Darauf kannste Gift nehmen...«
Ein Zug rollte dunkel über den Damm.
»Sag mal, wer ist eigentlich das Mädchen?«

»Das? Och, das ist die Frau des Genossen Schreiber.«
»Den sie verhaftet haben?«
»Ja.«
»So.«
Er nahm zwei Zigaretten aus der Tasche und reichte eine dem Arbeiter hin. Der schüttelte den Kopf.
»Ich rauche Pfeife«, sagte er.
Franz rauchte langsam, und sie schmeckte ihm gut. Er sah in den Regen, der wieder heftiger strömte, aber sie wurden nicht naß. Die Straße war leer und still, auf einmal hörten sie fern das Überfallauto. Es trillerte und surrte, und dann schluckte die Nacht das Geräusch.
Die beiden Arbeiter sahen sich an.
»Das waren sie«, sagte Franz.
Sie lächelten.
Nach einigen Minuten hörten sie Schritte auf der Straße. Sie blieben ruhig sitzen. Von draußen kam ein leiser Pfiff. Paul stand auf und machte die Gartentür auf. Zwei Arbeiter kamen herein, das Mädchen war nicht dabei.
»Die Polente ist da«, sagte einer, »sie werden aber nichts mehr finden. Das Nest ist leer.«
»Wo ist das Material?«
»Du hast es aber verdammt eilig.«
Franz nahm die verschnürte Mappe und sah sie an. »Das ist hoffentlich nicht wieder so ein Trick«, sagte er.
Sie lachten alle.
»Mußt noch lange fahren?«
»Es geht.«
»Na also. Mach's gut.«
»Schönen Dank.«
»Und paß auf.«
»Tschüs.« Er griff an die Mütze.
Die Arbeiter sahen ihm nach, bis er verschwunden war.
Die Stadt dehnte sich im Schlafe, und das Getöse der Betriebe jenseits des Bahndamms erfüllte die Luft. Der Regen vermochte das dreckige Kohlennest nicht sauber zu waschen,

und so durchnäßte er nur den Mann, der gerade in den Regen hineinging, nach dem Bahnhof zu, eine verschnürte Mappe unter dem Arm.

FRANZ CARL WEISKOPF
Die Stärkeren

Das erschossene Schweigen

In dem Konzentrationslager P... bei R... im Braunschweigischen erfuhren die Gefangenen, vierhundert Arbeiter aus der Stadt Braunschweig, nur durch einen Zufall, daß Klara Zetkin – die viele von ihnen von Angesicht gekannt hatten und deren letzte, schon im Schatten des Todes gesprochene Reichstagsrede ihnen allen noch gegenwärtig war – vor mehr als einer Woche gestorben und in Moskau an der Kremlmauer neben dem Grabmal Lenins bestattet worden sei.
Sie waren sich gleich darüber einig, daß sie das Andenken der Toten ehren wollten, sie wußten nur nicht wie, und es dauerte einen ganzen Tag, bevor sie zu dem Beschluß kamen, zum Zeichen der Trauer und der Treue den folgenden Tag über kein einziges Wort zu sprechen.
Der Beschluß wurde auf das genaueste durchgeführt, obwohl die Wachmannschaften nichts unversucht ließen, um die Gefangenen, wie sie es nannten, zur Räson zu bringen. Nicht einmal der Lagerkommandant, ein Kapitänleutnant a. D., den eine vieljährige erfolgreiche Führerlaufbahn bei den baltischen und oberschlesischen Freikorps, in der Schwarzen Reichswehr und bei der SA eigentlich dazu hätte befähigen müssen, vermochte den Willen der Gefangenen zu brechen. Alles, was er erzielte, war, daß am Spätnachmittag zwei-

undzwanzig Gefangene wegen gefährlicher Blutergüsse in die Lazarettbaracke geschafft werden mußten.
So stark war die Wirkung, die von dem Schweigen der Vierhundert ausging, daß nach dem Abendbrot, dessen erster Gang, eine wässerige Graupensuppe, allerdings strafweise gestrichen wurde, so daß die Gefangenen diesmal nur den zweiten Gang, das Horst-Wessel-Lied, verabfolgt bekamen, der Lagerkommandant die Posten verdoppeln und die Maschinengewehre auf den Wachtürmen schußfertig machen ließ. Die Nacht verbrachten er und seine Mannschaft schlaflos, in Stiefeln und Kleidern, – ständig die Furcht vor einem unheimlichen, plötzlich über sie hereinbrechenden Unheil im Nacken.
Gegen Morgen ließ der Kapitänleutnant, sei es, daß ihn plötzlich die Furcht übermannte, sei es, daß er sie dadurch zu überwinden glaubte, drei Gefangene, einen alten Metalldreher, von dem man wußte, er sei schon im Krieg Spartakist gewesen, und zwei junge Arbeiter, in deren Wohnung man Flugblätter der Kommunisten gefunden hatte, von den Pritschen holen und, da sie auch vor den Gewehrläufen des Kommandos zur besonderen Verwendung stumm blieben, auf der Flucht erschießen.

Die Internationale

Im Verlaufe einer sogenannten Großfahndung nach den Druckern und Verteilern der Flugschriften, die Tag für Tag von den Dachgärten der Warenhäuser herunterflatterten, in die Briefkästen der Kleinwohnungen fielen, zwischen den Seiten der Telefonbücher in den Fernsprechzellen auftauchten, wurden in der westfälischen Industriestadt E... sechshundert Kommunisten festgenommen und, einem Befehl des Polizeipräsidenten gemäß, nicht ins Untersuchungsgefängnis, sondern in die SA-Kaserne am K...markt eingeliefert.
Den Zweihundert, die sich nach mehrstündigem Verhör noch

auf den Beinen zu halten vermochten, wurde befohlen, im Hof vor der versammelten SA Aufstellung zu nehmen und die Internationale zu singen.

Was mit diesem Befehl bezweckt war: eine bloße Verhöhnung der Verhafteten oder eine Aufreizung der von den Mühen des Verhörs leicht ermüdeten SA-Leute zur Unterdrückung der »Revolte«, ist unbekannt. Der Befehl wurde nicht befolgt. Hätte man von den Arbeitern verlangt, sie sollten das Vaterunser beten oder den Arm zum Hitlergruß heben oder was sonst bei solchen Gelegenheiten in SA-Kasernen und Konzentrationslagern von Gefangenen gefordert wird, sie hätten nach allem, was vorangegangen war, vielleicht gehorcht. Aber sie weigerten sich, das Lied, das sie in hundert Versammlungen, bei tausend Demonstrationen, an all ihren Feiertagen gesungen hatten, hier, auf Befehl der SA, zu singen.

Als die SA darauf mit dem Gewehrkolben antwortete, faßten die Gefangenen sich an den Händen. Einige Kolbenhiebe lang konnten sie sich so, gleichsam ein einziger Körper, noch aufrecht erhalten, dann stürzten sie alle zu Boden. Bald waren sie nur noch ein wirrer Knäuel zerschlagener Leiber.

Aus diesem Knäuel stieg, als die SA schon, in Gruppen rechts schwenkend, zur Essenausgabe abmarschierte, eine einzelne, heisere Stimme empor und sang nun das Lied, das zu singen die Gefangenen sich nicht hatten zwingen lassen.

Die allgemeine Überraschung und eine Zähigkeit, die man dem zerbrochenen Körper des Sängers, eines schmächtigen Burschen mit brandrotem Schopf, nicht zugetraut hätte, ließen es geschehen, daß zwei Strophen der Internationale verklangen, ehe die Stimme zum Schweigen gebracht wurde.

Der letzte Wunsch

Bei der Hinrichtung von vier altonaer Arbeitern, die zum Tode verurteilt worden waren, weil sie sich gegen schießende SA-Männer mit Schüssen gewehrt hatten, kam es zu einem Zwischenfall, von dem in allen Hafenkneipen, Fabrikskantinen und Mietskasernen Hamburgs gesprochen wird.
Als man, unmittelbar vor der Hinrichtung, zu der fünfundsiebzig Gefangene aus ihren Zellen geholt wurden, um das Sterben der Genossen mitanzusehen, den jüngsten der Verurteilten, einen Neunzehnjährigen, fragte, ob er noch einen Wunsch habe, sagte er: ja, den habe er, er wolle sich noch einmal richtig recken, man möge ihm doch die Handfesseln lockern. Der Wachtmeister nahm ihm die Eisen ab. Der junge Arbeiter reckte sich. Mit zum Himmel erhobenen Fäusten stand er einen Augenblick still da; dann schlug er blitzschnell, bevor noch die Umstehenden begriffen, was vorging, dem SA-Führer, der die Wachmannschaft kommandierte, die Vorderzähne ein.
Hierauf legte er den Kopf auf den Block.
Die hamburger Arbeiter verstanden ihn. Sie wußten, er schlug nicht aus ohnmächtiger Wut zu, sondern als Mahnung für die Genossen, an jenem Tag, den er nicht mehr, den aber sie erleben würden, sich seiner letzten Worte zu erinnern:
»Für eure Kinder, für die Genossen, für die Zukunft der Arbeiterklasse – schlagt zu!«

JAN PETERSEN
Die Straße

Die Glut der Mittagshitze liegt flimmernd in der Luft. Die Häuser der engen Straßen stehen in eintöniger Flucht, wie ausgerichtete Soldaten. Als wollten sie sagen, seht her, wir haben ein Gesicht, Narben vom herausgefallenen Mörtel, Geschwüre vom abgeblätterten Putz. Auf der Sonnenseite ist ihr Grau unterbrochen, die langen Fensterreihen werfen das Sonnenlicht gleißend zurück. Einige schmutzige Kinder spielen auf dem Fahrdamm, sonst scheint die Straße ausgestorben zu sein. An der Ecke vor dem Schlächterladen steht angebunden an den Laternenpfahl ein Hund. Maikowskistraße steht in Frakturschrift über ihm auf dem blauen Straßenschild.
Am Knick der Straße neben dem Umformerwerk, das mit tiefem Brummen wie ein beutegieriges Tier im Hinterhalt liegt, schaut das frühere kommunistische Verkehrslokal mit leeren Schaufenstern auf die an der gegenüberliegenden Kneipe flatternde Hakenkreuzfahne. Diese Schaufenster sind wie Augen; Augen, in denen der Haß dunkel glimmt; Augen, deren Gesicht die Straße ist. Man muß lesen können in diesem Gesicht. Es zeigt nach Außen hin jene Gleichgültigkeit, hinter der momentan Schwächere ihre Wachsamkeit verbergen. Und doch strahlt es Wellen eisiger Ablehnung aus, auf denen die schlaff hängende Fahne wie der Hilferuf von Schiffbrüchigen schwimmt. Denn diese Fahne ist ein Stachel im Antlitz der Straße, die immer Fahnen getragen hat, rote, nie solche, die sich ihr Rot gestohlen haben. Sie hat sich geschmückt und zugejubelt, wenn der Freund, sie hat aufgebrüllt und die Zähne gezeigt, wenn der Gegner durchmarschierte.
Jetzt trägt sie neue Schilder und Hakenkreuzfahnen. Die sind wie Öl, das in Wasser gegossen, die Oberfläche schillernd verändert und doch nicht in die Tiefe zu dringen ver-

mag. Denn der Herzschlag der Straße ist der alte geblieben. Sie läßt die Flugblätter und Zeitungen durch die Häuser flattern, sie schreibt mit unsichtbaren Händen Worte an die Wände. Bisweilen ist die Straße wie ein Tier, das sich in Gefahr zusammenrollt und regungslos verharrt, dann wieder wie ein Ameisenhaufen, in den man trat.

So war es, als sie Franz holten. Als der Lastwagen mit den braunen Uniformen kam, setzte der Pulsschlag der Straße, jener Pulsschlag, der die Papierschmetterlinge flattern ließ, blitzschnell aus. Vor den Haustüren standen die Weiber und gestikulierten, die Männer ballten die Hände in den Taschen, daß sie prall wie vollgestopft abstanden. Ein Haus war besetzt und abgeriegelt worden. Einige Stunden schon wurde vom Keller bis zum Boden alles umgedreht, die Ofenröhren wurden abgenommen, Dielen angehoben, ja selbst die Kleidersäume wurden durchleuchtet. Die Straße blieb stumm; doch die Köpfe in den Fenstern, die Gruppen vor den Türen sprachen für den, der zu hören wußte, die stumme Sprache der Solidarität. Die Braunen fanden nichts, trotzdem brachten sie Franz heraus, einfach, weil er als früherer Funktionär bekannt war.

Franz?

Jeder kannte das frische Gesicht mit den blonden Haarsträhnen, die hühnenhafte Gestalt mit den breiten Schultern. Sie stoßen ihn auf das Auto. Schweigend nimmt die Straße von ihm Abschied. Es ist, als ob sich von allen Seiten Arme ausstreckten, ihm die Hand zu drücken. In seinem Gesicht steht ein lächelndes Verstehen.

Es war das letzte Mal, daß wir Franz sahen. Wie das kam? Das weiß niemand genau. Nur daß kurze Zeit darauf ein Schreiben ins Haus flatterte:

»Gestorben im Staatskrankenhaus. Todesursache: Lungenentzündung.

Besichtigung nicht gestattet. Zur Beerdigung freigegeben...«

Die Straße trauert. Nichts Schwarzes ist zu sehen. Aber in den Gesichtern steht der Tod des Kameraden. In den Gesprächen ist er, in den stummen Blicken. Und in diesen Stunden nimmt der tote Franz Abschied von seiner Straße. Er geht in die Häuser, steigt die winkeligen, knarrenden Treppen empor. Klopft nirgends an, keine Tür öffnet sich, doch überall tritt er lautlos ein.
Ein Mütterchen reicht ihm ihre zittrige Hand, Tränen rinnen über das welke Gesicht. Hat ihr oft geholfen, der gute Junge. Etwas getragen, Kohlen geholt.
Ein Kamerad tritt zu ihm. »Weißt du noch? Friedrichshain, Saalschlacht? Neukölln-Reichstreffen, weißt du noch? Leb wohl, Franz, warst einer der Besten...«
Die Straße ist lang, der Häuser sind viele, überall nehmen sie Abschied von Franz, für immer. Und aus den nassen Höfen, den engen Zimmern schwanken rote Punkte, ziehen zur Straße, fließen zusammen, werden eine rote Fahne. Die hängt unsichtbar und doch riesengroß inmitten der Häuserfronten, auf und nieder schwankt der schwarze Flor an der Spitze. Über ihr leuchtet ein Transparent:

Die Straße kämpft weiter!

NACHWORT

»Die Literatur ist keine Einblasung des Heiligen Geistes, sie ist ein geschichtliches Gebilde, sie ist Klassenprodukt, gehört zu der einen oder anderen Klasse, deren Gedanken und Gefühle sie schildert, organisiert und weiterentwickelt.«
»Hatte jede historische Klasse, die ein bestimmtes materielles und geistiges Niveau erreichte, ihre Literatur als Spiegelung ihres Seins, dann muß das revolutionäre Proletariat, Träger der tiefstgehenden Umwälzung in der menschlichen Geschichte, ebenfalls

seine eigene Literatur haben. Diese Literatur, die wir meinen, ist ebenso – aber bewußt – Klassenliteratur, wie es die Literaturen der vergangenen oder untergehenden Klassen waren.«
»Sie entsteht parallel mit dem Klassenkampf, der den imperialistischen Kapitalismus stürzen und mit der Klassenherrschaft des Proletariats, mit der Rätediktatur, den Übergang zur klassenlosen Gesellschaft ermöglichen wird. Unsere Literatur ist also eine Waffe des vorwärtsschreitenden sich verschärfenden Klassenkampfes« [1].

Diese programmatischen Sätze, 1929 in einem der ersten Hefte der »Linkskurve«, dem Organ des Bundes proletarisch-revolutionärer Schriftsteller (BPRS), erschienen, umreißen das Selbstverständnis und den politischen Anspruch der proletarisch-revolutionären Literaturbewegung, zu der die hier vorgestellten Erzählungen gehören. Sie unterschied sich von der bürgerlichen Literatur nicht allein durch ihren Stoffbereich, ihre Formen und ihren Adressaten, sondern vor allem durch ihre bewußte Konzipierung als Instrument des proletarischen Klassenkampfes und durch den organisierten Charakter ihrer Entstehung und Verbreitung. In diesem Sinne war sie ein erster Versuch, unter den besonderen Bedingungen der Weimarer Republik Lenins Forderung nach einer »Parteiliteratur« zu realisieren, einer Literatur, die »überhaupt keine individuelle Angelegenheit« und »von der allgemeinen proletarischen Sache unabhängig« sein dürfe; sie müsse vielmehr »zu einem ›Rädchen und Schräubchen‹ des einen einheitlichen, großen sozialdemokratischen Mechanismus werden, der von dem ganzen politisch bewußten Vortrupp der ganzen Arbeiterklasse in Bewegung gesetzt wird« [2]. Ihre Entfaltung ist daher mit der Entwicklung der Kommunistischen Partei eng verbunden: organisatorischer Ausdruck ihrer Vermittlung mit den konkreten Tageskämpfen der Arbeiter und der kontinuierlichen Parteiarbeit war die Arbeiterkorrespondentenbewegung der KPD; sie bildete den wichtigsten Ausgangspunkt für die proletarisch-revolutionäre Literaturbewegung in der Weimarer Republik.

Nach dem Scheitern der Novemberrevolution setzte während der Stabilisierungsphase innerhalb der revolutionären Arbeiterbewegung ein langwieriger Klärungs- und Selbstkritikprozeß ein, in dessen Verlauf sich die kommunistische Partei allmählich konsolidieren und zur Massenpartei entwickeln konnte. Entscheidend trug dazu die vom 10. Parteitag 1925 beschlossene Umorganisierung der Partei auf der Basis von Betriebszellen bei; damit gewann auch die Berichterstattung der Arbeiterkorrespondenten aus den Betrieben als Hebel der Massenarbeit eine verstärkte Bedeutung: sie ermöglichte es der kommunistischen Presse, »nicht nur kollektiver Propagandist und kollektiver Agitator, sondern auch kollektiver Organisator« (Lenin) zu sein. Schon Ende 1924 hatte die 1. Konferenz der Korrespondenten der »Roten Fahne« gefordert, daß die Presse »einerseits mit der revolutionären Partei des Proletariats aufs engste verbunden und ihr unterstellt ist und andererseits die engste Verbindung mit den Massen« herstellen müsse [3]. Der forcierte Ausbau der Arbeiterkorrespondentenbewegung zum Instrument der Massenpolitik erforderte dann, daß die Berichterstattung nicht allein auf die kommunistischen Arbeiter und Funktionäre beschränkt blieb; es mußte gerade auch die Masse der unorganisierten und sozialdemokratischen Arbeiter in den Betrieben zur Mitarbeit gewonnen werden, damit sie, indem sie ihre Praxis darstellten, zugleich ihre objektiven Interessen zu erkennen und artikulieren lernten. Indem diese Berichte gesammelt und ausgewertet wurden, konnten Einzelerfahrungen und subjektive Eindrücke verallgemeinert werden und zur weiteren Bestimmung der politischen Arbeit in den Betrieben dienen. Die konkrete Aufgabe des Arbeiterkorrespondenten wurde auf der Konferenz so umrissen: »Der Arbeiterkorrespondent, der mit der Arbeiterklasse lebt und arbeitet [...] ist das beste Verbindungsglied zwischen der Zeitung und der Masse der Werktätigen [...] Die Tätigkeit der Arbeiterkorrespondenten besteht vorwiegend in der Berichterstattung über die Zustände im Betrieb, im Arbeiterleben und im bürgerlichen

Staat« [4].

Der Realisierung solcher Bestrebungen stellten sich, auch innerhalb der KPD, anfangs erhebliche Widerstände entgegen. Karl Grünberg, maßgeblicher Organisator der Bewegung, schrieb 1925: Es »darf noch nicht bestritten werden, daß die Arbeiter-Korrespondenten-Bewegung momentan – ›*wieder einmal*‹ – auf einem toten Punkt angelangt ist [...] Eine Arbeiter-Korrespondenten-Bewegung, die diesen Namen verdient und ihren Zweck erfüllt, muß in erster Linie eine *Massenbewegung* sein. Davon konnte bisher noch keine Rede sein. Selbst unter den kommunistischen Arbeitern fühlt nur ein verschwindend kleiner Bruchteil der Genossen in sich die Verpflichtung, an die Parteipresse zu schreiben [...] In der gesamten Partei ist noch immer, ungeachtet einiger schön stilisierter offizieller Artikel, eine Ansicht verbreitet, die die Arbeiterkorrespondenz als eine Art ›*Liebhaberei*‹ betrachtet. Von der Erkenntnis, daß hier sich kein Mitglied und am wenigsten irgendein Funktionär der Mitarbeit entziehen darf, daß die Bewegung auf *alle* Werktätigen ausgedehnt werden muß, davon sind wir noch himmelweit entfernt« [5]. Dennoch entwickelte sich die Arbeiterkorrespondentenbewegung im Rahmen der zunehmenden Verankerung der KPD und nicht zuletzt aufgrund solcher Kritik und Selbstkritik gegen Ende der Weimarer Republik zu einer breiten Massenbewegung. So erfaßte schon 1929 allein die »Rote Fahne« in Berlin etwa 1200 organisierte Korrespondenten und verfügte über Berichte aus 400 Betrieben [6]; viele regionale Parteiorgane folgten diesem Beispiel.

Mit dieser Berichterstattung sind auf verschiedenen Ebenen die ersten und im engeren Sinne ›literarischen‹ Versuche der Arbeiterkorrespondenten verbunden. Die Bewegung bildete ein Reservoir, aus dem auch Versuche bewußter ästhetischer Gestaltung und Übergänge zu literarischen Genres entstanden, zumal schon die 1. Arbeiterkorrespondenten-Konferenz gefordert hatte, »der literarischen Betätigung des Arbeiters überhaupt keine Schranke« zu setzen [7]. Es mußte naheliegen, die Anforderungen, einen Bericht »kurz, prägnant und interessant« [8] zu schreiben, auch für die Ausgestaltung des Feuilletons der proletarischen Presse zu nutzen, denn hier fehlte es an geeigneten Texten. Noch 1928 stellte ein führender Redakteur der »Roten Fahne« lapidar fest: »Das Problem des Feuilletons ist die tägliche Kurzgeschichte« [9]. Und rückblickend schreibt Karl Grünberg: »Der Kulturteil unserer Presse war damals unser großes Schmerzenskind. Entweder war er überhaupt nicht vorhanden, oder die Artikel waren so überspannt, daß der Arbeiterleser nur wenig profitierte. Bei den Werbeaktionen für die Rote Fahne hörten wir immer wieder: ›Wir lesen lieber die Morgenpost, wegen der schönen Geschichten‹« [10]. Die »Rote Fahne« richtete daher eigens eine »Arbeitsgemeinschaft für literarische Kleinformen« aus den Reihen ihrer Korrespondenten ein [11].

Daneben trugen zur Entstehung der proletarisch-revolutionären Literatur maßgeblich Schriftsteller bürgerlicher Herkunft bei, die sich der KPD angeschlossen hatten oder mit ihr sympathisierten. Durch ihre im einzelnen sehr unterschiedlichen und differenziert zu bestimmenden Erfahrungen mit Krieg, Novemberrevolution und der Restabilisierung des Kapitalismus in Deutschland hatten sie erkannt, daß die herrschende Klasse und ihre Literatur weder eine Analyse der tatsächlichen Verhältnisse und der gesellschaftlichen Widersprüche leisten noch eine Perspektive zu ihrer Lösung entwickeln konnten. Gegenüber Vertretern der bürgerlichen Kunst, die die Verbindung mit der Realität längst verloren hatten, forderte Johannes R. Becher, selbst ein Betroffener, 1928 von den fortschrittlichen Schriftstellern: »Geht mit dem Proletariat! Werdet Klassenkämpfer! [...] Gebraucht eure Kunst als Waffe!« [12]. Dies war nicht als voluntaristischer Appell gemeint, sondern reflektierte politische und organisatorische Konsequenzen mit, die zu ziehen den Intellektuellen nicht leicht fallen konnte: »Der Intellektuelle zieht durch keine Triumphpforte in die Partei ein. [...] Der Verschmelzungsprozeß des Intellektuellen mit dem Proletariat ist ein verzweifelter und langwieriger. Das, was die meisten Intellektuellen von der Partei abstößt: das Mitgehen mit dem Proletariat, nicht nur in den großen und heroischen Augenblicken, sondern auch in den kleinsten Alltagsfragen: gerade diese Kleinarbeit ist es, die unmerklich und dauernd den Intellektuellen umformt, ihn restlos von der alten Vergangenheit ablöst, ihn immer unlösbarer, zwingender mit der neuen Klasse, in deren Dienst er sich gestellt hat, verbindet« [13]. Nicht als bürgerliche Intellektuelle, sondern als Verbündete und Mitkämpfer der Arbeiterklasse konnten Schriftsteller wie Becher, Gabor, Renn in die Entwicklung der proletarisch-revolutionären Literatur eingreifen. Zumeist schon seit geraumer Zeit als Schriftsteller tätig, arbeiteten sie auch daran mit, die Schreibversuche proletarischer Autoren zu fördern.

Ein wichtiger Schritt für die Verbreitung der entstehenden Literatur war die Herausgabe der »Proletarischen Feuilleton Korrespondenz« (1927–1929) durch Johannes R. Becher und Kurt Kläber, die programmatisch »nur Gedichte, Erzählungen, Skizzen, Reportagen, Berichte, also Beiträge der operativen Genres« [14] aufnahm. Die für die KP-Presse zu internen Nachdruckzwecken bestimmte Korrespondenz stellte sich die Aufgabe, so die Mitarbeiterin Berta Lask, »die Feuilletonseiten der Arbeiterpresse von den Erzeugnissen bürgerlicher Ideologie [zu] befreien und sie dafür mit der Ideologie des proletarischen Klassenkampfes [zu] füllen, nicht in Leitartikeln, sondern bildhaft, anschaulich, als Ergänzung zum anderen Teil der Zeitung [...] und dadurch jene falschen, verlogenen Bilder bürgerlicher Kitschliteratur zu verdrängen« [15]. Hierdurch wurde es den schreibenden Arbeitern in größerem Umfang ermöglicht, ihre Texte auch tatsächlich zu publizieren und auch kleinere Honorare zu erhalten, was gerade für die zahlreichen Erwerbslosen unter ihnen lebenswichtig war.

Die Gründung des BPRS 1928 und seiner Zeitschrift »Die Linkskurve« (1929–1932) war schließlich sichtbarer Ausdruck für die historische Möglichkeit, aber auch Notwendigkeit einer organisierten sozialistischen Literaturbewegung in der

Weimarer Republik. Als Massenorganisation der Kommunistischen Partei integrierte der Bund zugleich fortschrittliche bürgerliche Schriftsteller in die revolutionäre Arbeiterbewegung und unterstützte die weitere Qualifizierung proletarischer Schriftsteller. Ausgehend von den Bedürfnissen des politischen Kampfes des Proletariats stellte sich ihm die Aufgabe, die Mystifikationen bürgerlicher Massenliteratur zurückzudrängen, auf ideologischem Gebiet die Entwicklung von Klassenbewußtsein unter den Arbeitern zu fördern und unter den kleinbürgerlichen Schichten die Bündnisperspektive mit dem Proletariat zu propagieren. Es ging darum, wie es im Programmentwurf des BPRS heißt, die »wirklichen Probleme der Masse« zu gestalten und »den proletarischen Alltag in Wechselwirkung mit dem Leben der anderen Klassen so allseitig und tief [zu] erfassen, daß in diesem Alltagsleben die großen und treibenden Kräfte der gesellschaftlichen Entwicklung sichtbar und sinnfällig werden« [16]. Der hier geforderte *Realismus* kann nicht bei der Beschreibung von Fakten im Sinne des Naturalismus oder der Neuen Sachlichkeit stehenbleiben, sondern muß gerade die Bedeutung dieser Fakten und die sie bestimmenden Gesetzmäßigkeiten aufzeigen; nicht ›die Welt, wie sie ist‹ abspiegeln, sondern zeigen, warum sie unter kapitalistischen Verhältnissen ›so‹ sein muß und die Perspektive ihrer revolutionären Veränderung angeben. Das heißt auch, daß die proletarisch-revolutionäre Literatur gerade die Kräfte gestaltet, die sich aktiv für diese Veränderung einsetzen. Die Arbeiterklasse tritt in der Literatur nicht mehr nur als Sujet oder als Objekt willkürlicher Herrschaftsverhältnisse, sondern als historisches Subjekt der Veränderung, die den Fortschritt der ganzen Gesellschaft garantiert, in Erscheinung.

Aus der Funktionalisierung der Kunst zur Waffe im Klassenkampf resultiert auch eine Neubestimmung des Verhältnisses von Form und Inhalt; gegen die Apologie der Form in der bürgerlichen Kunst setzt die proletarisch-revolutionäre Literatur den Primat des Inhalts als »dialektische Verschlungenheit des Allgemeinen und des Besonderen«: »Der Grundsatz, daß die Form vom Inhalt bestimmt wird, bedeutet, daß die Form der konkrete Ausdruck dieser Allseitigkeit und Bewegtheit des Inhalts wird, der seine ihm stofflich innewohnende Dialektik zur gestalteten Oberfläche bringt: Sprache, Stil, Dialog, Menschendarstellung, Rhythmus der Handlungsführung, Auswahl, Verdichtung und Weglassung, Proportionierung, Komposition; alle diese Formprobleme, die aber, wie es bereits aus der Aufzählung hervorgeht, auch Inhaltsprobleme sind, müssen sich diesen Forderungen fügen. Je höher die dialektisch-materialistische Handhabung der Form ist, desto weniger kann sie vom Inhalt unterschieden werden und umgekehrt« [17].

Die vorliegenden Erzählungen, Skizzen und Reportagen aus der Weimarer Republik über die Weimarer Republik dokumentieren den politischen Stellenwert parteilicher Literatur, die sich, wie es in der »Linkskurve« hieß, *bewußt* als Klassenliteratur begreift. In ihrer ästhetischen Widerspiegelung der geschichtlichen Realität sind sie nicht einfach historische Quellen, sondern Resultat einer entwickelten revolutionären Politik, die auch die Arbeit im kulturellen Bereich zum Bestandteil des politischen Kampfes macht. Gerade die operativen Kleinformen mußten dieselbe realistische Qualität aufweisen wie etwa der Roman. Die Notwendigkeit, auf tagespolitische Fragen schnell zu reagieren und auf kleinstem Raum ihr Wesen transparent zu machen, durfte kein Vorwand sein für Oberflächlichkeit und Schematismus in der Gestaltung. So hieß es im Programmentwurf des BPRS ausdrücklich: »Diese beweglichen, in den Tageskampf unmittelbar eingreifenden Formen werden sich oft an einen breiteren, klassenmäßig gemischteren Leserkreis wenden als die Werke größeren Formats. Bei der Anwendung der kleinen Formen stehen wir vor der schweren Aufgabe, die Zusammenhänge mit der Gesamtheit infolge der räumlichen Beschränktheit der kleinen Form nur andeuten zu können, und wir dürfen uns trotzdem nicht begnügen, diese Zusammenhänge nur abstrakt parolenhaft auszusprechen. Das Auslassen des Zusammenhangs aber drückt das Schriftwerk der kleinen Form auf das Niveau der banalen Darstellung eines zufälligen Einzelfalls herab und bringt es in die Nähe der seichten Produktion der bürgerlichen Tagespresse. Die kleine Form erfordert deshalb eine ebenso sichere Beherrschung der materialistischen Dialektik wie die große Form. Die Hebung des marxistischen Niveaus ist für uns gerade auch auf diesem Gebiet eine unabweisbare Forderung. Die Schwierigkeiten der gestellten Aufgabe bedeuten keineswegs ihre Unlösbarkeit« [18].

Daß die Qualität dieses Genres tatsächlich mit der »Beherrschung der materialistischen Dialektik« unlösbar verknüpft ist, zeigt seine Entwicklung in der Weimarer Republik. Die ersten wichtigen Erzählversuche – nach Ansätzen schon in den Revolutionsjahren bei Max Barthel, Franz Jung – datieren aus der Stabilisierungszeit Mitte der zwanziger Jahre und stammen von Arbeitern wie Albert Daudistel oder Kurt Kläber, die zunächst ohne Kontakt zur Arbeiterkorrespondentenbewegung waren. In ihren Erzählungsbänden (1924 bzw. 1925) begannen diese Autoren mit einer Darstellung ihrer spontanen und subjektiven Erfahrungen der revolutionären Nachkriegskrise, ohne schon auf einer theoretischen Aufarbeitung der gescheiterten Revolution aufbauen zu können. Sie spiegeln daher den unorganisierten Charakter dieser revolutionären Auseinandersetzungen wider, ohne gerade darin eine wesentliche Ursache für ihr Scheitern zu erkennen und eine perspektivische Kritik zu leisten. Gleichwohl kommt diesen Erzählungen eine Pionierrolle zu, gerade wenn man bedenkt, daß 1925 die Arbeiterkorrespondentenbewegung und die Literaturpolitik der KPD noch wenig entfaltet waren. Es ist allerdings kein Zufall, daß gerade Karl Grünberg zu diesem Zeitpunkt eine Betriebsreportage wie »Ford Motor Company A.G.« (1926) gelingen konnte, in der die Ideologie des Fordismus und der ›Rationalisierung‹ der restabilisierten kapitalistischen Wirtschaft als Intensivierung der

Ausbeutung durch verschärfte Arbeitshetze entlarvt wird. Grünbergs Erfahrung als Arbeiterkorrespondent lassen ihn frühzeitig die Reportage meistern; erfolgreiche Beispiele für die erzählerische Gestaltung des zentralen Themas der Betriebssphäre finden sich erst im Rahmen der organisierten Literaturarbeit gegen Ende der Weimarer Republik. Die Wirklichkeit des Arbeitsplatzes, an dem der Arbeiter seine Ausbeutung tagtäglich sinnlich konkret erfährt, der proletarische Alltag, die Klassenantagonismen der bürgerlichen Gesellschaft werden zum wichtigsten Gegenstand der Erzählungen, ihre Gestaltungsprobleme zunehmend bewältigt. Ein Text wie der »Kalkulator« (1930) von Kurt Huhn arbeitet mit sparsamsten erzählerischen Mitteln die Repräsentanz des Systems an einem kleinen Ausschnitt aus dem Betriebsalltag heraus. Exemplarisch wird der Grundwiderspruch zwischen Kapital und Arbeit an zwei Personen festgemacht und differenziert aus ihrer Stellung im Produktionsprozeß abgeleitet: der Kalkulator als vorgeschobener Agent des Kapitals am Arbeitsplatz – der Arbeiter, ohne den die kapitalistische Maschinerie nicht funktioniert, als aus der Belegschaft herausgegriffenes Testobjekt. Gerade solche Texte haben ihre Aktualität behalten, weil das System, das sie bloßlegen, bis heute dasselbe geblieben ist.

Seit der Weltwirtschaftskrise hatte sich innerhalb eines Jahrfünfts die sozialistische Literatur soweit entfaltet, daß jeder relevante Gesellschaftsbereich vom proletarischen Standpunkt aus thematisiert wurde. Das zeigt sich in den Feuilletons der kommunistischen Presse und in ersten Anthologien wie »Der Krieg« (1929), »Feder und Faust« (1930), »Dreißig neue Erzähler des neuen Deutschland« (1932), nicht zuletzt auch in den Erzählungsbänden von Bauer, Lorbeer, Marchwitza, Seghers, Weiskopf und anderen. Die hier vorgestellten Texte belegen die Variationsbreite der Themen. Sie reicht von der Satire auf korrupte sozialdemokratische Führer (»Maifeier erster Klasse«) bis zu Impressionen über eine vom proletarischen Internationalismus getragene Massendemonstration (»Auf dem Wege zur amerikanischen Botschaft«), vom Ende kleinbürgerlicher Illusionen über ein ›selbständiges Dasein‹ (»Werkmeister Bohnenstroh«), der Entlarvung der Justiz und des Staates als Instrument der herrschenden Klasse (bei Kisch, Gábor, Jung) bis zur sozialen Demagogie der Faschisten (»Spielmann schafft Arbeit«). Immer geht es darum, Determinanten der jeweiligen Klassenexistenz in einer Gesellschaft, die von Klassen nicht mehr redet, aufzuweisen. Daß dazu nicht immer die Darstellung zugespitzer revolutionärer Kämpfe nötig ist, zeigt eine Erzählung wie Tureks »Leben und Tod meines Bruders Rudolf«, in der die besondere Perspektive des Kindes dazu genutzt wird, als selbstverständlich erscheinende Zusammenhänge in Frage zu stellen. Mit einer Mischung aus lakonischer Distanz und bitterer Anklage macht Tureks Erzählung die Unmenschlichkeit des Abtreibungsparagraphen für das Proletariat sinnfällig.

Überblickt man die hier zusammengestellten Texte, so zeigt sich, daß es ihnen gelang, »die Probleme der Zeitperiode und des Tages, die Nöte, Hoffnungen und Wünsche, die Leiden und die Kämpfe der Menschen der ganzen gegenwärtigen Gesellschaft, den Prozeß der Entfaltung und der Verdunkelung des Bewußtseins so zu gestalten, daß der Horizont des Lesers sich erweitert, daß Fragen, die der Leser sich selbst schon stellte und die er sich nicht beantworten konnte, klar und überzeugend beantwortet werden« [19].

Letzteres gilt nicht nur für die zeitgenössischen Leser der Weimarer Republik. Die Erzählungen sind so geordnet, daß sie dem historischen Prozeß folgen. Sie sollten zusammenhängend gelesen werden: so wird ein Stück deutscher Wirklichkeit sichtbar, die zu verändern nicht nur Ziel derjenigen war, von denen die Erzählungen handeln, sondern auch der Erzählungen selbst als einer Waffe im Klassenkampf.

Westberlin, Februar 1973   W. F., H. K., M. R.

ANMERKUNGEN

1 Andor Gábor: Über proletarisch-revolutionäre Literatur. In: Die Linkskurve 1, 1929, Nr 3, S. 3
2 Lenin: Parteiorganisation und Parteiliteratur. In: Lenin: Über Kultur und Kunst. Berlin 1960, S. 60
3 Resolution der Konferenz der Arbeiterkorrespondenten (1924). In: Alfred Klein: Im Auftrag ihrer Klasse. Berlin und Weimar 1973, S. 628
4 ebenda
5 Karl Grünberg: Woher die Schwäche unserer Arbeiterkorrespondentenbewegung? In: Die Rote Fahne 8, 1925, Nr 235
6 Lexikon sozialistischer deutscher Literatur. Halle 1963, S. 61
7 Resolution der Konferenz der Arbeiterkorrespondenten a. a. O. S. 628
8 Karl Grünberg: Die Arbeiterkorrespondenten und ihre Presse. In: K. G.: Episoden. Berlin 1960, S. 178
9 Slang: Was erwartet die Arbeiterpresse vom Bund? (1928). In: Zur Tradition der sozialistischen Literatur in Deutschland. Berlin und Weimar 1967, S. 112
10 Karl Grünberg: Wie ich zu tausend Zungen kam. In: Hammer und Feder. Deutsche Schriftsteller aus ihrem Leben und Schaffen. Berlin (DDR) 1955, S. 125
11 Karl Grünberg: Die Arbeiterkorrespondenten und ihre Presse a. a. O. S. 185
12 Johannes R. Becher: Unser Bund (1928). In: Zur Tradition der sozialistischen Literatur in Deutschland a. a. O. S. 96
13 Johannes R. Becher: Partei und Intellektuelle (1928). In: Zur Tradition der sozialistischen Literatur in Deutschland a. a. O. S. 127f.
14 Lexikon sozialistischer deutscher Literatur a. a. O. S. 408
15 zitiert ebenda S. 407f.
16 Entwurf zu einem Programm des BPRS (1932). In: Zur Tradition der sozialistischen Literatur in Deutschland a. a. O. S. 394
17 ebenda S. 396
18 ebenda S. 395
19 ebenda S. 393

ZU DEN TEXTEN

Lorbeer: die Matrosen sind da!

Nach dem Sieg des Kieler Matrosenaufstandes vom 4. November 1918 fuhren die meisten Matrosen in kleineren Gruppen in ihre Heimatstädte, wo sie, als Deserteure und Meuterer im Sinne der zusammenbrechenden Ordnung verfolgt, die Bevölkerung über die revolutionären Ereignisse aufklärten und lokale Aufstände initiierten und unterstützten.

Plievier: Eine Beichte

Am 3. November 1918 riefen in Kiel revolutionäre Matrosen der Kriegsmarine zu einer Demonstration gegen die Inhaftierung ihrer Kameraden auf, die das letzte Auslaufen der Hochseeflotte verhindert hatten. Es kam zu blutigen Zusammenstößen, die die revolutionäre Massenbewegung auflösten. Am 4. November wurde in Kiel der erste Soldatenrat gebildet. – Das Buch, auf das der Besucher in der Erzählung anspielt, ist Plieviers Roman »Der Kaiser ging, die Generäle blieben« (Berlin 1932), der den Ausbruch der Matrosenrevolte erzählt.

Daudistel: Der Parlamentär

Am 11. November 1918 stellten sich über 500 in Berlin anwesende Matrosen als »Volksmarinedivision« dem Berliner SPD-Stadtkommandanten Wels zum Schutz der Revolution zur Verfügung und bezogen Quartier in den Gebäuden des Schlosses und des Marstalls. Im Dezember 1918 machte Wels die Auszahlung der Löhne vom Abzug aus dem Schloß abhängig. Als die Matrosen sich weigerten und im Schloß verschanzten, ließ der Rat der Volksbeauftragten am 24. Dezember mehrere noch nicht demobilisierte, vor Berlin stehende Truppen (darunter die Gardekavallerie-Schützendivision) mit Artillerie gegen das Schloß vorgehen. Die Aktion verstärkte unter den revolutionären Arbeitern das Mißtrauen gegen die sich als ›Matrosenmörder‹ decouvrierenden Volksbeauftragten; sie bildete einen ersten Höhepunkt der Kollaboration der Sozialdemokratie mit den reaktionären Kräften des Kaiserreichs.

Kisch: Rettungsgürtel an einer kleinen Brücke

Die für die Ermordung von Rosa Luxemburg und Karl Liebknecht verantwortliche Gardekavallerie-Schützendivision hatte ihr Stabsquartier im Berliner Eden-Hotel bezogen und wurde schnell zu einem Zentrum aller Spitzelorganisationen, die, angestachelt durch die offene Mordhetze der weißen Truppen und der Sozialdemokratie, Jagd auf die führenden Köpfe der Revolution machten. – Die wichtigsten Einzelheiten über den Hergang der Morde deckte die »Rote Fahne« am 12. Februar 1919 auf. Auf sie stützt sich auch die Kisch-Reportage. – Der Prozeß gegen die Mörder, der am 8. Mai 1919 begann, war ein eklatantes Beispiel für die Weimarer Klassenjustiz. Obwohl es der SPD-Regierung juristisch möglich gewesen wäre, den Fall einem Zivilgericht zu übergeben, berief sie sich auf die Militärgerichtsbarkeit und übertrug die Untersuchungen eben jener Gardekavallerie-Schützendivision, der die Mörder selbst angehörten. Das Urteil lautete auf Freispruch von der Anklage des Mordes für die Angeklagten Gebrüder Pflugk-Harttung, Rittgen, Stiege und Schulz; Liepmann und Vogel wurden wegen verschiedener Dienstvergehen verurteilt, von aller Mitschuld an den Morden jedoch freigesprochen. Der Jäger Runge, als einziger nicht Offizier, erhielt 2 Jahre Gefängnis und 2 Wochen Haft.

Lask: Die Radfahrkolonne vom Unstruttal

Die mitteldeutschen Märzkämpfe 1921 wurden dadurch ausgelöst, daß der Oberpräsident der Provinz Sachsen, Hörsing (SPD), unter dem Vorwand zunehmender »Werks- und Felddiebstähle« am 19. März Sicherheitspolizei aus Berlin in das Gebiet um Mansfeld einrücken ließ. Die VKPD proklamierte am 21. den Generalstreik, dem sich auch die besonders im Leuna-Werk einflußreichen linkskommunistischen Organisationen KAPD und AAU anschlossen. Am 23. kam es zu den ersten bewaffneten Kämpfen. Die Arbeiter hatten sich meist spontan erhoben und waren unzureichend bewaffnet; die einzelnen Aktionen, von proletarischen Rebellen wie Max Hoelz (1889–1933) und Karl Plättner (1893–ca. 1933) geleitet, blieben unkoordiniert und ohne Lenkung durch die politischen Parteien. Mit dem Fall des Leuna-Werks am 28. März brach der Aufstand faktisch zusammen.

Grünberg: Ford Motor Company A. G.

Die Stabilisierung der deutschen Wirtschaft durch das amerikanische Kapital beruhte nicht zuletzt auf der Importierung der fortgeschrittenen amerikanischen Produktionsweise in die durch den Krieg ruinierte und veraltete deutsche Industrie, also vor allem auf Intensivierung und Rationalisierung der Produktion. Das durch Arbeitslosigkeit und Inflation an der Grenze des Existenzminimums lebende Proletariat wurde mit relativ hohen Löhnen geködert, um alle klassenkämpferischen Erhebungen im Keim zu ersticken und die Ausbeutung zu verschärfen. Ein Musterbeispiel für diese amerikanischen Investitionen war die Errichtung des ersten deutschen Zweigwerks der 1903 in Detroit gegründeten »Ford Motor Company« 1926 in Berlin. Zur Legende des »Fordismus« als einer sozialpolitischen ›Korrektur‹ des Kapitalismus trug der Gründer der Firma, Henry Ford (1863–1947) selbst durch seine Autobiographie »Mein Leben und Werk« bei, die 1923 in deutscher Sprache erschien und während der Weimarer Republik hohe Auflagen erreichte.

Marchwitza: Kumpel Woitek

Als Folge der Rationalisierung und Intensivierung der Produktion stieg während der Stabilisierungsphase der Weimarer Republik die Zahl der Betriebsunfälle sprunghaft an. Während 1919–1923 durchschnittlich 38,4 ‰ aller versicherten Arbeiter Betriebsunfälle erlitten, zeigt die Statistik von 1924–1928 folgende Ziffern:

    1924:   49,7 ‰
    1925:   60,2 ‰
    1926:   76,0 ‰
    1927:   88,7 ‰
    1928:   92,6 ‰

Seghers: Auf dem Wege zur amerikanischen Botschaft

Am 22. August 1927 wurden in den USA die Arbeiter Nicola Sacco und Bartolomeo Vanzetti hingerichtet. Die beiden aus Italien stammenden anarchistischen Arbeiter waren 1920 unter falschen Anschuldigungen verhaftet und später unschuldig zum Tode verurteilt worden. Das Vorgehen der amerikanischen Klassenjustiz löste in der ganzen Welt Protestbewegungen aus. – Der Fall wurde mehrfach literarisch verarbeitet. Vgl. Erich Mühsams Drama »Staatsräson« (Berlin 1928) und Upton Sinclairs Roman »Boston« (Berlin 1929).

Kläber: Streik in Korea

Korea, das vor 1895 unter chinesischem, dann unter russischem Einfluß gestanden hatte, geriet seit dem russisch-japanischen Krieg 1905 in die Machtsphäre des japanischen Imperialismus. 1910 wurde es offiziell annektiert und zum japanischen Generalgouvernement erklärt. Als die japanische Armee 1931 von Korea aus in die Mandschurei einmarschierte, lebte der Anfang der Zwanziger Jahre blutig niedergeschlagene Befreiungskampf der Koreaner wieder auf. Eine kommunistische Befreiungsbewegung begann den Guerillakampf. Erst nach dem 2. Weltkrieg wurde 1948 nördlich des 38. Breitengrades die Koreanische Volksdemokratische Republik gegründet.

Seghers: Der Führerschein

Nach der Thronbesteigung von Kaiser Hirohito 1926 entwickelte der japanische Imperialismus seine Strategie der planmäßigen Expansionspolitik mit dem Ziel der Beherrschung Asiens. Militärisch provozierte »Zwischenfälle« wurden zum Anlaß wiederholter Angriffe auf das seit 1928 unter der Kuomintang geeinte China: nach dem Einmarsch in die Mandschurei und der Errichtung des von Japan abhängigen Staates Mandschukuo (1932) besetzten die Japaner Shanghai (1932) und die chinesischen Nordprovinzen Jekol und Charar (1933). Die Schießerei zwischen japanischen und chinesischen Soldaten auf der Marco-Polo-Brücke bei Peking führte schließlich 1937 zum Ausbruch des chinesisch-japanischen Krieges. Erst nach dem Sturz der Militärdiktatur Tschiang-Kai-Scheks durch die Kommunisten unter Mao Tse-Tung und der Proklamation der Volksrepublik China 1949 war der japanische Einfluß in China beendet.

Gábor: Der Blutmai

Am 1. Mai 1929 folgten in Berlin über 200 000 Arbeiter dem Demonstrationsaufruf der KPD, obwohl der sozialdemokratische Polizeipräsident von Berlin, Zörgiebel, ein generelles Demonstrations- und Versammlungsverbot unter freiem Himmel auch für die traditionelle Maikundgebung nicht aufgehoben hatte. Die SPD arrangierte stattdessen eine Saalveranstaltung. Nachdem es zu blutigen Polizeieinsätzen gegen die Arbeiter gekommen war, gingen diese am Abend besonders in Neukölln und Wedding zur bewaffneten Abwehr über und errichteten Straßenbarrikaden. In den Kämpfen, die teilweise bis zum 3. Mai andauerten, fanden 33 Arbeiter den Tod. Das Massaker des 1. Mai 1929 signalisierte das politische Ende der Stabilisierungsphase und die Verschärfung der Klassenkämpfe in der Weltwirtschaftskrise. – Vgl. den Roman von Klaus Neukrantz: Barrikaden am Wedding. (Berlin 1931, Nachdruck Oberbaum-Verlag 1970).

Brecht: Der Arbeitsplatz

Das Ansteigen der Arbeitslosigkeit durch die Weltwirtschaftskrise zeigt folgende Statistik über die bei den Arbeitsämtern im Jahresdurchschnitt gemeldeten Arbeitslosen:
   1929: 1,89 Millionen
   1930: 3,08
   1931: 4,52
   1931: 4,52
   1932: 5,58
   1932: 6,13 (Febr.)

Im Jahresdurchschnitt 1932 betrug der Anteil der arbeitslosen Arbeiter und Angestellten 44,4 %. Darüberhinaus waren 22,6 % aller Arbeiter in Kurzarbeit beschäftigt. Arbeitslosenunterstützung erhielten 1932 nur 4,58 Mill. Arbeiter, davon waren wiederum nur 23,7 % Hauptunterstützungsempfänger, 31,6 % bezogen nur die Krisenunterstützung. Fast die Hälfte aller Arbeitslosen (44,7 %) erhielt, meist weil sie die maximale Unterstützungsdauer von 5 Jahren bereits überschritten hatte, kein Arbeitslosengeld. Sie waren auf die öffentliche Wohlfahrt angewiesen. Insgesamt waren 1932 nur rund ein Drittel aller Arbeiter voll beschäftigt.

Die »Antifaschistische Aktion« war eine im Mai 1932 angesichts des zunehmenden Einflusses der Faschisten von der KPD gegründete Massenorganisation, die nichtkommunistische, besonders sozialdemokratisch und gewerkschaftlich organisierte Arbeiter für eine antifaschistische Einheitsfront ›von unten‹ gewinnen wollte. Sie war in Betriebsgruppen und örtliche Einheitsausschüsse gegliedert, die einen zentralen Reichseinheitsausschuß wählten.

ZU DEN AUTOREN

Bauer, Walter (geb. 1904 in Merseburg). Sohn eines Leuna-Arbeiters, finanzierte den Besuch eines Lehrerseminars mit Fabrikarbeit, wanderte 1925 durch Deutschland, Österreich und Italien; arbeitete zunächst in verschiedenen Berufen, seit 1929 als Volksschullehrer im mitteldeutschen Industriegebiet. Annäherung an die revolutionäre Arbeiterbewegung. – 1933 Verbot seiner Bücher; später Rückzug aus der politischen Arbeit; ab 1940 Soldat. 1952 aus Opposition gegen die Remilitarisierung in der BRD nach Kanada, wo er als Schriftsteller und Universitätslektor arbeitet.
Bauers literarische Tätigkeit begann gegen Ende der Weimarer Republik mit Gedichten und Skizzen in der Tagespresse; 1929 veröffentlichte er seinen ersten Gedichtband ›Kameraden, zu euch spreche ich‹. 1930 erschien die Prosa- und Lyriksammlung ›Stimme aus dem Leunawerk‹. In dem Roman ›Ein Mann zog in die Stadt‹ (1931) wird das Leben einer mitteldeutschen Arbeiterfamilie von der Jahrhundertwende bis zum Märzaufstand 1921 geschildert. Nach dem Krieg u. a. Jugendbücher, Essays, Tagebücher.
   Hiob wird Lehrling, das Werk nimmt ihn an aus Walter Bauer: Stimme aus dem Leunawerk. Verse und Prosa. Berlin 1930, S. 54–60

Becher, Johannes Robert (1891 München – 1958 Berlin/DDR). Sohn eines hohen Münchner Richters; gehörte während des Studiums zur Bohème in München und Berlin; entzog sich 1914 dem Kriegsdienst, Mitglied der USPD, des Spartakusbundes, seit 1919 der KPD. Aufgrund der Veröffentlichung seiner Gedichtsammlung ›Der Leichnam auf dem Thron‹ (1925) und des Romans ›Levisite‹ (1926) wegen Vorbereitung zum Hochverrat angeklagt. 1927 erster Besuch der Sowjetunion, 1927–29 Herausgeber der › Proletarischen Feuilleton-Korrespondenz‹, 1928 Mitbegründer des BPRS und Mitherausgeber der ›Linkskurve‹; wichtigster Organisator der proletarisch-revolutionären Literaturbewegung. 1932/33 Feuilletonredakteur der ›Roten Fahne‹. – 1933 Emigration über Österreich, Schweiz, Tschechoslowakei, Frankreich in die Sowjetunion (Ende 1935). In Moskau 1935–45 Chefredakteur der ›Internationalen Literatur‹. 1945 Rückkehr nach Deutschland, aktiv in zahlreichen kulturpolitischen Institutionen der SBZ und DDR, ab 1954 Minister für Kultur.

Becher begann während der Studienzeit als expressionistischer Lyriker, seit 1912 Mitarbeiter der ›Aktion‹. Zahlreiche Lyrikbände; Sammlung antifaschistischer Erzählungen ›Der verwandelte Platz‹ (1934), autobiographischer Roman ›Abschied‹ (1940). Daneben umfangreiche literatur- und kulturpolitische Arbeiten sowie Tagebücher.

Zweierlei Väter aus: Berlin am Morgen 1931, Nr 45 (22. Februar) (Vorstudie zu ›Abschied‹)

Braune, Rudolf (1907 Dresden - 1932 beim Baden im Rhein ertrunken). Sohn eines Eisenbahnbeamten, während der Gymnasialzeit in einem revolutionären Schülerrat. 1924 Mitglied des Kommunistischen Jugendverbandes (KJV), gab 1925 die revolutionäre Zeitschrift ›Der Mob‹ heraus; 1926 Übersiedlung nach Düsseldorf, 1928 Mitglied der KPD und seither als Volontär, dann Redakteur am Düsseldorfer KP-Organ ›Freiheit‹.

Braune begann mit tagespolitischen Artikeln, schrieb für Betriebszeitungen und Agitprop-Gruppen Kurzgeschichten, Reportagen, auch Gedichte. Ab 1930 mehrere Erzählungen u. a. in der ›Weltbühne‹, der ›Literarischen Welt‹, der ›Linkskurve‹, der ›Welt am Abend‹, der ›Roten Fahne‹. Sein erster Roman ›Der Kampf auf der Kille‹ erschien vermutlich 1928 in der ›Freiheit‹. 1930 folgte die Geschichte einer Berliner Angestellten ›Das Mädchen an der Orga-Privat‹, 1932 sein letzter Roman ›Junge Leute in der Stadt‹.

Der Kurier aus: Dreißig neue Erzähler des neuen Deutschland. Junge deutsche Prosa. Hrsg. von Wieland Herzfelde. Berlin 1932, S. 273–292

Brecht, Bertolt (1898 Augsburg – 1956 Berlin/DDR). Studium von Literatur, Philosophie, Medizin in München, Ende des Krieges Soldat, 1918 Mitglied des Augsburger Soldatenrates, 1924 Übersiedlung nach Berlin. 1926/27 Beginn der Marxismus-Studien. – 1933 über Österreich, Schweiz, Frankreich nach Dänemark ins Exil. Ab 1936 Mitherausgeber von ›Das Wort‹ (Moskau). 1941 über Schweden, Finnland, Sowjetunion in die USA, 1947 Rückkehr nach Berlin, 1949 ›Berliner Ensemble‹; Mitarbeit in kulturpolitischen Institutionen der DDR.

Der Arbeitsplatz oder Im Schweiße deines Angesichts sollst du kein Brot essen aus Bertolt Brecht: Gesammelte Werke. Frankfurt/M. 1967. Bd 11, S. 224–229 (geschrieben um 1933, aus dem Nachlaß)

Daudistel, Albert (1890 Frankfurt/M. – 1955 Reykjavik). Sohn eines Fleischermeisters, verließ nach der Volksschule das Elternhaus, durchquerte als Tramp und Matrose die halbe Welt. Während des Krieges Marinesoldat, 1915 wegen Meuterei zu zehn Jahren Militärgefängnis verurteilt, 1917 entlassen und erneut eingezogen. Im November 1918 u. a. in Kiel, Berlin und München an den Aktionen revolutionärer Matrosen beteiligt, nach der Niederschlagung der Münchner Räterepublik 1919 fünf Jahre in Festungshaft. Anfangs Mitglied des BPRS, 1930 wegen seiner unklaren Haltung zum Republikschutzgesetz ausgeschlossen. – 1933 Emigration nach Island, wo er bis zu seinem Tode blieb.

Daudistel begann während der Festungshaft zu schreiben, vor allem über seine Kriegs- und Revolutionserlebnisse. Neben Skizzen und Erzählungen u. a. im ›Kulturwille‹, der ›Welt am Abend‹, dem ›Bücherkreis‹, der ›Roten Fahne‹ und der ›AIZ‹ entstanden in diesen Jahren die Erzählungen ›Die lahmen Götter‹ (1924) und der Revolutionsroman ›Das Opfer‹ (1925), die, trotz linksradikaler Grundvorstellungen, zu den frühesten Versuchen der proletarisch-revolutionären Literatur gehören.

Der Parlamentär aus: Heimstunden. Proletarische Tribüne für Kunst, Literatur und Dichtung 3, 1925, Nr 6, S. 174 f.

Gábor, Andor (1884 Ujnép/Ungarn – 1953 Budapest). Sohn eines Beamten, studierte in Budapest Philosophie, wandte sich nach 1917 der Arbeiterbewegung zu. In der ungarischen Räterepublik (1919) Arbeit im Volkskommissariat für Kultur unter Georg Lukács, während des Horthy-Regimes Emigration über Wien nach Frankreich nach Deutschland, von 1925 bis 1933 in Berlin. Verschiedene Funktionen in der KPD. Gründungsmitglied des BPRS, 1929 Mitherausgeber der ›Linkskurve‹, förderte vor allem die Schreibversuche junger Arbeiter. Zahlreiche theoretische Arbeiten zur proletarisch-revolutionären Literatur. – 1934 Emigration über Prag in die Sowjetunion, 1945 Rückkehr nach Ungarn.

Gábor begann als bevorzugter Autor des ungarischen Vorkriegsbürgertums, schrieb nach 1919 zunächst Agitprop-Stücke (›Vor dem Tore‹ 1920, ›Horthys Lager‹ 1924), seit 1926 in der deutschen revolutionären Presse Erzählungen, Skizzen, Satiren, gegen Ende der 20er Jahre Reportagen für die ›Pravda‹ aus Deutschland. Sammlungen: ›Die Topfriecher‹ (1935) und ›Die Rechnung und andere Erzählungen aus dem Dritten Reich‹ (1936).

Der Blutmai. Erster Mai 1929 aus Andor Gábor: Der rote Tag rückt näher. Reportagen und Skizzen 1928–1932. Berlin 1959 (= bb-Taschenbücher. Bd 30), S. 39–54

Glaser, Georg (geb. 1910 in Guntersblum/Rhein). Sohn eines zum Beamten avancierten Handwerkers. Verweigerte sich den väterlichen kleinbürgerlichen Aufstiegsambitionen, lebte nach Besuch der höheren Schule von Gelegenheitsarbeiten; Trennung vom Elternhaus, Vagabundenleben, Beziehungen zu anarchistischen und kommunistischen Jugendorganisationen. Internierung im Fürsorgeheim. Gab mit seinem Bruder die linksradikale Verwahrlosten-Zeitung ›Der Bespresorny‹ heraus. – 1933 Emigration nach Frankreich; lebt in Paris als Goldschmied.

Glaser hat zwischen 1931 und 1934 einige Prosaarbeiten veröffentlicht, neben Erzählungen u. a. in der ›Linkskurve‹, der ›Welt am Abend‹ und den ›Neuen Deutschen Blättern‹ vor allem den autobiographischen Roman ›Schluckebier‹ (1932). 1953 erschienen seine Erinnerungen ›Geheimnis und Gewalt‹.

Die junge Alte aus: Die Linkskurve 4, 1932, Nr 5, S. 17–19

Grünberg, Karl (1891 Berlin – 1972 Berlin/DDR). Sohn eines sozialdemokratischen Schuhmachers, war zunächst ungelernter Arbeiter, dann Chemielaborant; Gewerkschaftsmitglied, 1911 SPD-Beitritt, 1915–1918 Soldat. 1919 in der USPD, Teilnahme an den Revolutions- und Kapp-Kämpfen in Berlin, 1920 Übertritt zur KPD, Mitarbeit an der ›Roten Fahne‹. Wichtiger Organisator der Arbeiterkorrespondentenbewegung; 1924 Mitherausgeber einer der ersten deutschen Betriebszellenzeitungen (›Die Borsiglokomotive‹). Später Lokalredakteur an der ›Welt am Abend‹, 1928 Mitbegründer des BPRS, 1. Sekretär der Berliner Ortsgruppe. 1929–1931 Reisen in die Sowjetunion, 1930 Veröffentlichung der Anthologie deutscher revolutionärer Dichtung ›Feder und Faust‹ in Moskau. – 1933/34 Verhaftungen, KZ, erneute Arbeit als Laborant. Bekleidete seit 1945 in der SBZ und der DDR verschiedene kulturpolitische Funktionen, zuletzt freier Schriftsteller in Berlin. Grünberg begann seine literarische Tätigkeit schon in den frühen 20er Jahren mit Skizzen, Glossen, Gedichten für die proletarische Jugendpresse. Mit dem Roman ›Brennende Ruhr‹ (1928) schrieb er den ersten Roman über den Kampf der Roten Ruhrarmee gegen den Kapp-Putsch, der eine Zäsur in der Entwicklung der proletarisch-revolutionären Literatur bedeutete. 1960 Sammlung von Reportagen und Skizzen in ›Episoden‹ und ›Mit der Zeitlupe durch die Weimarer Republik‹.

Ford Motor Company A. G. aus: Die Rote Fahne 9, 1926, Nr 218 (1. Oktober, anonym)

Spielmann schafft Arbeit aus Karl Grünberg: Mit der Zeitlupe durch die Weimarer Republik. Berlin 1960. (= rdr. Bd 12), S. 163–169 (zuerst in der ›Fanfare‹ 1932)

Huhn, Kurt (geb. 1902 in Elbing). Entstammt einer Metallarbeiterfamilie, trat 1917 der Sozialistischen Arbeiterjugend (SAJ) und 1923 der KPD bei. Lernte Schlosser, war zunächst arbeitslos und ging auf Wanderschaft, dann mehrere Gelegenheitsarbeiten. Seit 1925 Betriebsschlosser und ständiger Mitarbeiter der kommunistischen Presse. Mitbegründer und Vorstandsmitglied des BPRS, zusammen mit J. R. Becher Leiter der Arbeitsgemeinschaft Lyrik. – Nach 1933 Widerstandsarbeit, 1938–40 KZ. Nach 1945 kulturpolitische Arbeit in der DDR, lebt als freier Schriftsteller in Berlin/DDR.

Huhn gehört zu den ersten und wichtigsten aus der Arbeiterkorrespondentenbewegung hervorgegangenen Lyrikern. 1923 veröffentlichte er seine Gedichtbände ›Rhythmus der Zeit‹ und ›Kampfruf‹ sowie den Sprechchor ›Tat befreit‹. Seit 1927/28 begann Huhn auch Reportagen und Kurzgeschichten aus der Betriebssphäre zu schreiben, die u. a. in der ›Linkskurve‹, der ›Roten Front‹, der ›Welt am Abend‹ und der ›Jungen Garde‹ erschienen, aber auch in Organen wie der ›Dachdecker-Zeitung‹, dem ›Steinklopfer‹ u. a. Ein 1930 begonnener Roman ›Blut und Eisen‹ konnte nach 1933 nicht mehr erscheinen.

Der Kalkulator aus: Die Linkskurve 2, 1930, Nr 4, S. 9 f.

Jung, Franz (1888 Neiße – 1963 Stuttgart). Sohn eines Uhrmachermeisters, Studium von Jura und Ökonomie, 1911 in München Anschluß an Mühsams anarchistischer Gruppe ›Tat‹, seitdem in der Münchner und dann Berliner Bohème (›Aktions‹-Kreis). 1914/15 Soldat, Desertion, Festungshaft. Aktive Teilnahme an der Novemberrevolution, 1919 Mitglied der KPD, 1920 der KAPD, in deren Auftrag zu politischen Verhandlungen nach Moskau zur Komintern. 1921 Teilnahme am Mitteldeutschen Aufstand, Inhaftierung, 1921–1924 Aufbauarbeit in Sowjetrußland im Rahmen der ›Internationalen Arbeiter-Hilfe‹ (IAH). Dann zeitweilig im Berliner ›Verlag für Literatur und Politik‹, entfernte sich von der Arbeiterbewegung. Tätigkeit als Handelsjournalist, Dramaturg und Schriftsteller. – Nach 1933 antifaschistische Tätigkeit im Umkreis der ›Roten Kämpfer‹ und der ›Grünen Berichte‹. 1936 Verhaftung, Flucht über Prag und Wien nach Budapest. Dort 1945 Verhaftung durch ungarische Faschisten und Internierung im KZ Bozen. 1945–1948 in Italien, dann USA, 1960 Rückkehr in die BRD. Jung begann mit zahlreichen expressionistischen Prosaarbeiten, Anfang der 20er Jahre proletarisch-revolutionäre Erzählungen, Romane und Stücke, die zu den ersten gehören, in denen die zeitgenössischen Klassenauseinandersetzungen gestaltet werden (u. a. ›Joe Frank illustriert die Welt‹, ›Proletarier‹, ›Die Rote Woche‹, ›Die Eroberung der Maschinen‹ 1921–23); daneben Rußlandberichte. 1961 erschien erstmals die Autobiographie ›Der Weg nach unten‹ (= ›Der Torpedokäfer‹).

Floyd David aus dem Nachlaß, bisher unveröffentlicht. Geschrieben um 1930

Kisch, Egon Erwin (1885 Prag – 1948 Prag). Sohn eines Tuchhändlers, Studium in Prag, dort seit 1904 Journalist und Lokalreporter; 1913 nach Berlin, Dramaturg und Mitarbeiter am ›Berliner Tageblatt‹, 1914–1917 Soldat, 1918 beteiligt am Wiener Januar-Streik, im November Leiter der Roten Garde in Wien, 1919 Eintritt in die KPÖ. 1921 erneut nach Berlin, Mitarbeiter an der Arbeiterpresse (›Rote Fahne‹, ›Welt am Abend‹, ›AIZ‹, ›Linkskurve‹ u. a.). Tätigkeit in der ›Roten Hilfe‹, Vorträge in der ›Marxistischen Arbeiter-Schule‹ (MASCH), Mitbegründer des BPRS. Während der 20er Jahre ausgedehnte Reisen durch viele Länder Europas, zweimal nach Sowjetrußland (1925/26 und 1930/31), nach Nordafrika, USA, China. – 1933 in der Nacht des Reichstagsbrandes verhaftet, nach Prag abgeschoben, dann Übersiedlung nach Paris. 1937/38 als Agitator in den Internationalen Brigaden in Spanien, 1940–1946 in Mexiko, 1946 Rückkehr nach Prag.

Kisch zählt zu den Pionieren der parteilichen, sozialistischen Reportage: ›Der rasende Reporter‹ (1925), ›Hetzjagd durch die Zeit‹ (1926), ›Zaren, Popen, Bolschewiken‹ (1927), ›Paradies Amerika‹ (1930), ›Asien gründlich verändert‹ (1932), ›China geheim‹ (1933) u. a.

Rettungsgürtel an einer kleinen Brücke aus: Die Weltbühne 24, 1, 1928, S. 823–826

Kläber, Kurt (1897 Jena – 1959 Carona/Schweiz). Sohn eines Zeiss-Werkmeisters, verließ das Gymnasium, Schlosserlehre, arbeitete als Mechaniker, wanderte vor dem Weltkrieg durch mehrere Länder Europas, 1914–1918 Soldat. Wurde Mitglied des Spartakusbundes, später der KPD, aktiv an der Novemberrevolution in Berlin, Halle und Hamburg beteiligt, 1923 ein Jahr in den USA, dann als Bergarbeiter im Ruhrgebiet. Leiter der Volkshochschule Bochum. Seit 1924 als freier Schriftsteller in Berlin, Mitbegründer des BPRS und Mitherausgeber der ›Linkskurve‹, Leiter des ›Internationalen Arbeiter-Verlages‹, gab 1929 die Sammlung ›Der Krieg‹ heraus. Publikationen in zahlreichen kommunistischen Organen. – 1933 Verhaftung, Verbot seiner Bücher. Emigration in die Schweiz, nach 1938 Abwendung von der KPD, schrieb unter dem Pseudonym Kurt Held sozialkritische Kinderbücher (›Die rote Zora und ihre Bande‹ 1941).

Kläber begann mit spätexpressionistischen Gedichten (›Neue Saat‹

1919); veröffentlichte 1925 erste proletarisch-revolutionäre Erzählungsbände über spontane Streiks, Demonstrationen und Barrikadenkämpfe: ›Revolutionäre‹, ›Empörer! Empor!‹, ›Barrikaden an der Ruhr‹; 1927 folgte der Roman ›Passagiere der III. Klasse‹.
Die Jungen aus Kurt Kläber: Revolutionäre. Erzählungen aus den Kämpfen des Proletariats 1918–1925. Leipzig 1925, S. 6–16
Streik in Korea aus: Feder und Faust. Almanach proletarisch-revolutionärer Lyriker und Erzähler Deutschlands. Hrsg. von Karl Grünberg. Moskau 1930, S. 123–126

Lask, Berta (1878 Wadowice/Galizien – 1967 Berlin/DDR). Tochter eines Fabrikanten, genoß eine großbürgerliche Erziehung; kam als Frau eines Arztes nach Berlin, wo sie die Lage des Industrieproletariats kennenlernte. Nach dem Krieg schloß sie sich der Arbeiterbewegung an, trat 1923 der KPD bei, besuchte 1925 die Sowjetunion. Mitbegründerin und Vorstandsmitglied des BPRS, literarische und literaturtheoretische Arbeiten in der kommunistischen Presse. – 1933 Verhaftung, Emigration in die UdSSR, 1953 Rückkehr nach Berlin/DDR.
Berta Lask begann bereits vor dem Krieg mit sozialer Mitleidsdramatik, schrieb ab 1915 dem Expressionismus verpflichtete pazifistische Gedichte. Seit Mitte der 20er Jahre neben Sprechchören proletarisch-revolutionäre Dramen und Massenspiele (›Thomas Münzer‹ 1925, ›Leuna 1921‹ 1927, ›Giftgasnebel über Sowjetrußland‹ 1927) sowie Kinderbücher (›Auf dem Flügelpferde durch die Zeiten‹ 1924, ›Wie Franz und Grete nach Rußland reisten‹ 1926), daneben gelegentlich Erzählungen. 1955 erschien ihre autobiographische Romantrilogie ›Stille und Sturm‹.
Die Radfahrkolonne aus dem Unstruttal. Erzählung aus dem mitteldeutschen Aufstand im März 1921 aus: Die Junge Garde 13, 1931, Nr 27, 28, 31, 32 (zuerst in: Die Rote Front 5, 1928, Nr 7, 8)

Lorbeer, Hans (geb. 1901 Klein-Wittenberg). Als Sohn eines Dienstmädchens geboren, wuchs bei proletarischen Pflegeeltern auf, begann eine Installateurlehre, wurde Fabrikarbeiter. Zunächst Mitglied eines christlichen Jugendvereins, trat 1918 der Freien sozialistischen Jugend, 1920 dem Kommunistischen Jugend-Verband und 1921 der KPD bei. 1925 aus politischen Gründen aus dem Betrieb entlassen, bis 1933 erwerbslos. 1928 Mitbegründer des BPRS, reiste mit der ersten Delegation des Bundes 1929 nach Sowjetrußland. Publikationen in zahlreichen KP-Organen. 1931 als ›Brandlerianer‹ aus der KPD ausgeschlossen und 1932 Mitglied der KP-Opposition (KPO), für die er schon vorher publizistisch tätig war (Beiträge in der ›Arbeiterpolitik‹). – Während der Nazizeit in Deutschland, zweimal verhaftet (1933/34 und 1937–1939), antifaschistische Tätigkeit. 1945–1950 Bürgermeister von Piesteritz, seit 1951 freischaffender Schriftsteller.

Lorbeer begann 1922 in ersten Gedichten und Skizzen seine Erfahrungen im kapitalistischen Großbetrieb zu artikulieren. 1925 erschien sein erster Gedichtband ›Gedichte eines jungen Arbeiters‹, später Szenenfolgen für Sprechchor und Agitprop-Gruppen (u. a. ›Liebknecht-Luxemburg-Lenin‹ 1927), 1928 der Erzählungsband ›Wacht auf!‹. Nach 1945 u. a. Romantrilogie um Martin Luther ›Die Rebellen von Wittenberg‹ (1956–1963).

Die Matrosen sind da! Erzählung aus: Die Rote Fahne 10, 1927, Nr 166 (17. Juli)

Marchwitza, Hans (1890 Scharley b. Beuthen – 1965 Potsdam). Sohn eines Bergmanns, mit 14 Jahren Kohlenschlepper im oberschlesischen Revier, ab 1920 Bergarbeiter im Ruhrgebiet; 1915–1918 Frontsoldat, 1919 Mitglied der USPD, 1920 beim Kapp-Putsch Zugführer in der Roten Ruhrarmee, danach Eintritt in die KPD, 1923 am Ruhrkampf aktiv beteiligt; später erwerbslos; 1928 Mitglied des BPRS, Vorsitzender der Essener Ortsgruppe des Bundes, ab 1930 Mitherausgeber der ›Linkskurve‹. – 1933 Emigration in die Schweiz, 1936–1938 in den Internationalen Brigaden in Spanien, 1939 in Frankreich interniert, 1941 Flucht in die USA. 1946 Rückkehr zunächst nach Stuttgart, dann Babelsberg, an hervorragender Stelle in zahlreichen kulturpolitischen und diplomatischen Funktionen am Aufbau in der DDR beteiligt.

Marchwitza, einer der talentiertesten und bedeutendsten der aus der Arbeiterkorrespondentenbewegung hervorgegangenen Schriftsteller, begann nach den Ruhrkämpfen als Arbeitsloser für das KP-Organ ›Das Ruhrecho‹ zu schreiben. Wurde für die gleiche Zeitung Korrespondent. Daneben literarische und publizistische Beiträge in zahlreichen kommunistischen Organen, die z. T. gesammelt erschienen in den Bänden ›Vor Verdun verlor ich Gott‹

(1932) und ›Janek und andere Erzählungen‹ (1934). 1928/29 schrieb Marchwitza seinen ersten Roman ›Sturm auf Essen‹, der 1930 als erster Band der Reihe ›Der Rote 1-Mark-Roman‹ im Internationalen Arbeiter-Verlag erschien. Weitere Romane: ›Schlacht vor Kohle‹ (1931), ›Walzwerk‹ (1932), die ›Kumiak‹-Trilogie (1934, 1952, 1959), ›Roheisen‹ (1955). 1947 erschien der autobiographische Roman ›Meine Jugend‹.

Vor Verdun verlor ich Gott aus Hans Marchwitza: Vor Verdun verlor ich Gott und andere Erzählungen. Berlin 1932, S. 3–25
Kumpel Woitek aus: Dreißig neue Erzähler des neuen Deutschland. Junge deutsche Prosa. Hrsg. von Wieland Herzfelde. Berlin 1932, S. 189–212

Petersen, Jan (d. i. Hans Schwalm) (1906 Berlin – 1969 Berlin/DDR). Sohn eines Maurers; als Kaufmann, Dreher und Werkzeugmacher tätig, seit 1921 Mitglied der Arbeiterjugendbewegung, seit Ende der 20er Jahre in zahlreichen Agitprop-Gruppen, gründete den Sprechchor der ›Internationalen Arbeiter-Hilfe‹ (IAH). Trat 1930 der KPD bei. Seit 1931 im BPRS. – 1933–1935 Leiter der illegalen Berliner Gruppen des BPRS und verantwortlicher Redakteur der illegalen Zeitung des Bundes ›Stich und Hieb‹, anonymer Mitredakteur der Prager ›Neuen Deutschen Blätter‹. 1935 auf dem Pariser Internationalen Schriftstellerkongreß zur Verteidigung der Kultur Sprecher der in Deutschland lebenden antifaschistischen Schriftsteller. Seit 1935 als Emigrant in Frankreich, der Schweiz, England. 1946 Rückkehr nach Berlin, Mitglied zahlreicher kulturpolitischer Institutionen in der DDR.

Petersen schrieb seit 1930 Gedichte und Erzählungen für die Arbeiterpresse, u. a. für die ›Rote Fahne‹, ›Arbeiterstimme‹, ›Illustriertes Volksecho‹. 1933/34 verfaßte er im faschistischen Berlin den 1936 in Moskau erschienenen Roman ›Unsere Straße‹. Die ersten Jahre des antifaschistischen Widerstandes thematisieren auch die Erzählungen ›Und ringsum Schweigen‹ (1940) und der Roman ›Sache Baumann und andere‹ (1939). 1970 erschien postum der autobiographische Schlüsselroman ›Die Bewährung‹.

Die Straße aus: Neue Deutsche Blätter 1, 1933/34, Nr 2 (Oktober 1933), S. 106 f. (unter dem Pseudonym »Halm«)

Plievier (bis 1933: Plivier), Theodor (1892 Berlin – 1955 Avegno/

Schweiz). Entstammte einer Berliner Arbeiterfamilie, begann eine Stukkateurlehre, die er bald abbrach; vagabundierte durch Europa und fuhr zur See. Bekam früh Kontakt zu syndikalistischen und anarchistischen Gruppen. 1914–1918 in der Kriegsmarine, aktiv beteiligt am Matrosenaufstand in Wilhelmshaven; in den ersten Jahren der Weimarer Republik als Wanderredner und anarchistischer Agitator tätig, Gründung und Leitung des ›Verlag der Zwölf‹ (1918–1924), in dem neben anarchistischen Klassikern auch eigene Flugschriften erschienen. Später erneut zur See, zahlreiche Gelegenheitsberufe, nach der Rückkehr nach Deutschland freier Schriftsteller. – 1933 Emigration über die Tschechoslowakei, Schweiz, Frankreich, Schweden in die Sowjetunion. 1945 Rückkehr nach Weimar, 1947 Abwendung vom Sozialismus und Übersiedlung nach Wallhausen/Bodensee, später in die Schweiz.
Plievier veröffentlichte bereits 1909 seine erste literarische Skizze in dem syndikalistischen Organ ›Der freie Arbeiter‹. Sein Roman ›Des Kaisers Kuli‹ über die Matrosenrevolte 1917/18 erschien 1928 als Vorabdruck in der ›Roten Fahne‹ und 1930 als Buch (Übersetzungen in 18 Sprachen). Ihm folgten u. a. ›Der Kaiser ging, die Generäle blieben‹ (1932) und ›Stalingrad‹ (1945).
Eine Beichte aus: Dreißig neue Erzähler des neuen Deutschland. Junge deutsche Prosa. Hrsg. von Wieland Herzfelde. Berlin 1932, S. 739–754

Renn, Ludwig (d. i. Arnold Friedrich Vieth von Golßenau) (geb. 1889 in Dresden). Renn entstammt einer altadeligen Familie, wurde Offizier, im Krieg Kompanie- und Bataillonsführer. Nach den Erfahrungen in einer Polizeisicherungstruppe während des Kapp-Putsches Quittierung des Dienstes. Danach ausgedehnte Studien und Reisen. Hinwendung zum Marxismus. 1928 Beitritt zur KPD und zum RFB, Mitbegründer des BPRS, dessen Sekretär er bis 1932 war, Mitherausgeber der ›Linkskurve‹ und der proletarischen militärpolitischen Zeitschrift ›Aufbruch‹, 1929/30 Reisen in die Sowjetunion. Dozent an der Marxistischen Arbeiter-Schule (MASCH) in Berlin. – 1933–1935 Gefängnishaft, Anfang 1936 Flucht in die Schweiz, 1936/37 Führer des Thälmann-Bataillons und Stabschef der 1. Internationalen Brigade im spanischen Befreiungskampf. Dann Vortragsreisen in den USA, 1939–1947 Exil in Mexiko, danach Rückkehr nach Dresden, Mitarbeit in mehreren kulturpolitischen Institutionen in der DDR. Lebt als freier Schriftsteller in Berlin-Kaulsdorf.

1928 erschien Renns Tatsachenroman ›Krieg‹ (in 23 Sprachen übersetzt). Weitere Werke – Romane, Reiseberichte, Kinder- und Jugendbücher, militärtheoretische Schriften –, u. a.: ›Nachkrieg‹ (1930), ›Adel im Untergang‹ (1944), ›Rußlandfahrten‹ (1932), ›Kriegführung und Propaganda‹ (1939), ›Der spanische Krieg‹ (1955).

Deutschland, Deutschland über alles aus: Der Krieg. Das erste Volksbuch vom großen Krieg. Hrsg. von Kurt Kläber. Berlin 1929, S. 34–36

Scharrer, Adam (1889 Klein-Schwarzenlohe/Bayern – 1948 Schwerin). Sohn des Gemeindehirten, absolvierte eine Schlosserlehre, wanderte als Geselle durch Europa, wurde Mitglied der Gewerkschaft und der SPD, im 1. Weltkrieg Infanterist, nach einer Verwundung Arbeit in der Rüstungsindustrie, beteiligt am Berliner Munitionsarbeiterstreik 1918. Mitglied des Spartakusbundes, der KPD und seit ihrer Gründung der KAPD, in der er während der ganzen Weimarer Republik organisiert blieb. Seit Anfang der 20er Jahre Redakteur an der ›Kommunistischen Arbeiter-Zeitung‹ und dem ›Proletarier‹, den Organen der KAPD. – 1933 Flucht nach Prag, 1935–1945 in der Sowjetunion, 1945 Rückkehr nach Deutschland in die SBZ.

Scharrer begann erst spät und ohne organisatorische Bindung an die Arbeiterkorrespondentenbewegung oder den BPRS zu schreiben. 1930 erschien sein erster Roman ›Vaterlandslose Gesellen‹, das »erste Kriegsbuch eines deutschen Arbeiters« (Untertitel). Der stark autobiographische Roman über die Jahre des Krieges aus der Sicht eines revolutionären Arbeiters fand weiteste Verbreitung und Beachtung. Weitere Romane: ›Aus der Art geschlagen‹ (1930), ›Der große Betrug‹ (1931), ›Maulwürfe‹ (1933), ›Familie Schuhmann‹ (1939), Erzählungen u. a. ›Dorfgeschichten – einmal anders‹ (1948).

Werkmeister Bohnenstroh und seine Erfahrungen aus: Der Bücherkreis 6, 1930, Nr 4, S. 45–51

Seghers, Anna (d. i. Netty Radvanyi, geb. Reiling) (geb. 1900 in Mainz). Entstammt dem Bildungsbürgertum, studierte 1919–1924

Philologie und Kunstgeschichte, Promotion über Rembrandt. Ausgedehnte Studienreisen. 1928 KPD-Beitritt, Mitglied des BPRS. – 1933 Verhaftung und Flucht nach Paris, Mitherausgeberin der ›Neuen Deutschen Blätter‹ in Prag, Arbeit in der antifaschistischen Volksfront, 1940 Flucht über Marseille nach Mexiko. 1947 Rückkehr nach Berlin, Inhaberin hoher kulturpolitischer Ämter, lebt als freie Schriftstellerin in Berlin/DDR.

Auf dem Wege zur amerikanischen Botschaft aus Anna Seghers: Auf dem Wege zur amerikanischen Botschaft und andere Erzählungen. Berlin 1930, S. 101–146

Der Führerschein aus: Die Linkskurve 4, 1932, Nr 6, S. 25

Slang (d. i. Fritz Hampel) (1895 Crimmitschau – 1932 Koserow). Sohn eines Maschinenmeisters, wurde Volksschullehrer in Leipzig, 1914–1918 Soldat, begann nach der Novemberrevolution mit journalistischen Arbeiten in linksbürgerlichen Zeitungen und satirischen Kabaretts. 1922 Eintritt in die KPD, 1923 Teilnahme an den revolutionären Kämpfen in Sachsen und Thüringen, seither Mitarbeiter an der kommunistischen Presse, zunächst für die ›Sächsische Arbeiterzeitung‹. 1924 Aufgabe des Lehrerberufs, Übersiedlung nach Berlin, wo er zunächst als Karikaturist, dann als verantwortlicher Lokalredakteur an der ›Roten Fahne‹ arbeitete. Veröffentlichte Glossen und Satiren in fast allen proletarischen Organen. War 1928 Mitbegründer des BPRS, wurde wiederholt wegen »literarischen Hochverrats« angeklagt und saß während der Weimarer Republik insgesamt zweieinhalb Jahre im Gefängnis.

Slang, neben Erich Weinert einer der populärsten sozialistischen Satiriker der Weimarer Republik, hatte größten Anteil an der Entwicklung des Feuilletons in der kommunistischen Presse. Seine fast täglichen ›Glossen vom Tage‹ in der ›Roten Fahne‹ erschienen 1932 auch gesammelt. Daneben schrieb Slang zahlreiche Theater-, Film- und Literaturkritiken und die auf authentischen Quellen beruhende Propagandaschrift ›Panzerkreuzer Potemkin‹ (1926).

Maifeier erster Klasse aus: Die Rote Fahne 15, 1932, Nr 94 (1. Mai) (zuerst in: Roter Pfeffer 5, 1932, Nr 4)

Turek, Ludwig (geb. 1898 in Stendal). Sohn eines Schlossers, lernte Schriftsetzer und Buchdrucker, arbeitete in zahlreichen Berufen. Seit 1912 Mitglied der Sozialistischen Arbeiterjugend, während des

Krieges der USPD, seit ihrer Gründung der KPD. 1916 Einzug zum Kriegsdienst, Desertion, Festungshaft. Danach subversive Tätigkeit in Freikorps, 1920 in der Roten Ruhrarmee gegen die Kapp-Truppen. Mitglied des BPRS, 1930–32 Reise in die Sowjetunion, anschließend mit einem Segelboot von der Wolga zur Riviera. – Blieb nach 1933 in Frankreich, 1939 Internierung, ab 1940 illegale antifaschistische Tätigkeit in Deutschland. Seit 1945 freier Schriftsteller in Berlin/DDR.

Turek begann zu schreiben als Mitarbeiter der Betriebszeitung ›Rote Aale‹ (Spamersche Druckerei) und als Arbeiterkorrespondent der ›Sächsischen Volkszeitung‹ in Leipzig. Sein autobiographischer Erstling, ›Ein Prolet erzählt‹ (1930), blieb sein bedeutendstes Buch. Weitere Werke u. a. ›Die letzte Heuer‹ (1935), ›Klar zur Wende‹ (1949).

Leben und Tod meines Bruders Rudolf aus: Literatur der Weltrevolution 1, 1931, Nr 1, S. 69–73

Uhse, Bodo (1904 Rastatt – 1963 Berlin/DDR). Stammte aus einer preußisch-schlesischen Offiziersfamilie, nahm als 16jähriger Zeitfreiwilliger am Kapp-Putsch teil, war später Mitglied des reaktionären ›Bund Oberland‹ und der NSDAP, zu deren oppositionellem Strasser-Flügel er sich rechnete. Redakteur einer Nazi-Zeitung. 1930 Bruch mit den Faschisten, Zusammenarbeit mit Claus Heim in der antifaschistischen Bauernbewegung. Anschluß an die KPD. – 1933 Emigration nach Frankreich, 1936/37 in den Internationalen Brigaden in Spanien, dann über Frankreich 1939 in die USA und 1940 nach Mexiko. 1949 über Leningrad Rückkehr nach Deutschland, zahlreiche kulturpolitischen Aktivitäten in der DDR.

Uhse begann erst gegen Ende der Weimarer Republik, in den Jahren seiner Hinwendung zum Sozialismus, zu schreiben. Sein erster Roman ›Söldner und Soldat‹ (1935) ist eine Abrechnung mit der sozialen Demagogie der Nazis. Weitere Werke: ›Leutnant Bertram‹ (1944), ›Die Patrioten‹ (1. Teil 1954, Fragment des 2. Teils postum 1965).

Worte und Waffen aus: Unsere Zeit 6, 1933, Nr 15

Weiskopf, Franz Carl (1900 Prag – 1955 Berlin/DDR). Sohn eines Bankbeamten, nach Besuch deutscher Schulen 1918 Militärdienst. Germanistik- und Geschichtsstudium in Prag und Promotion. 1919 im linken Flügel der SPD in der Tschechoslowakei, 1921 Gründungsmitglied der KPČ. 1927 Teilnahme am 1. Kongreß revolutionärer Schriftsteller in Moskau, 1928 Übersiedlung nach Berlin. Feuilletonredakteur der proletarischen Zeitung ›Berlin am Morgen‹, Mitglied des BPRS. In der Leitung des ›Schutzverbandes Deutscher Schriftsteller‹ (SDS), 1926 und 1932 Rußlandreisen. – 1933 Ausweisung, Fortsetzung der journalistischen Arbeit als Chefredakteur der ›AIZ‹ in Prag, Mitarbeit an den ›Neuen Deutschen Blättern‹. 1939 über Paris nach New York, 1947 Rückkehr in die Tschechoslowakei, bis 1952 im diplomatischen Dienst, 1953 Übersiedlung in die DDR.

Bereits seine erste Veröffentlichung ›Es geht eine Trommel‹ (Gedichte, 1923) enthält u. a. ein Bekenntnis zur Oktoberrevolution. Danach entstanden die Rußland-Reportagen ›Umsteigen ins 21. Jahrhundert‹ (1927) und ›Zukunft im Rohbau‹ (1932). Neben Erzählungen ›Wer die Wahl hat, hat die Qual‹ (1928) und ›Der Traum des Friseurs Cimbura‹ (1930) schrieb Weiskopf den Roman ›Das Slawenlied‹ (1931), der autobiographische Züge trägt und den Prozeß des Übergangs eines Intellektuellen zum Proletariat thematisiert. Weitere Werke u. a. ›Die Versuchung‹ (1937), ›Himmelfahrtskommando‹ (1944).

Die Stärkeren aus: Neue Deutsche Blätter 1, 1933/34, Nr 1 (September 1933), S. 6–8

LITERATURHINWEISE

Zur Geschichte der Weimarer Republik

Geschichte der deutschen Arbeiterbewegung. Hrsg. vom Institut für Marxismus-Leninismus beim ZK der SED. Berlin (DDR) 1966, Bd 3 (1917–1923) und Bd 4 (1924–1933)

Jürgen Kuczynski: Darstellung der Lage der Arbeiter in Deutschland von 1917/18 bis 1932/33. Berlin (DDR) 1966 (auch als Raubdruck)

Arthur Rosenberg: Entstehung und Geschichte der Weimarer Republik. Frankfurt/M. 1961 (2 Bde)

Wolfgang Ruge: Deutschland von 1917–1933. Berlin (DDR) 1967
Lernen subversiv. Geschichte der Weimarer Republik. Frankfurt/M. 1971 (Verlag Roter Stern)

Zur proletarisch-revolutionären Literatur

Aktionen Bekenntnisse Perspektiven. Berichte und Dokumente vom Kampf um die Freiheit des literarischen Schaffens in der Weimarer Republik. Berlin und Weimar 1966
Zur Tradition der sozialistischen Literatur in Deutschland. Eine Auswahl von Dokumenten. Berlin und Weimar 1967
Marxismus und Literatur. Eine Dokumentation. Hrsg. von F. J. Raddatz. Reinbek 1969, Bd 2
Literatur im Klassenkampf. Zur proletarisch-revolutionären Literaturtheorie 1919–1923. Eine Dokumentation. Hrsg. von W. Fähnders u. M. Rector. München 1971
Deutsches Arbeitertheater 1918–1933. 2., erw. Auflage. Hrsg. von L. Hoffmann u. D. Hoffmann-Ostwald. Berlin (DDR) 1972, zugleich München 1973
Veröffentlichungen deutscher sozialistischer Schriftsteller in der revolutionären und demokratischen Presse 1918–1945. Bibliographie. Berlin und Weimar 1966
Friedrich Albrecht: Deutsche Schriftsteller in der Entscheidung. Wege zur Arbeiterklasse 1918–1933. Berlin und Weimar 1970
Literatur der Arbeiterklasse. Aufsätze über die Herausbildung der deutschen sozialistischen Literatur (1918–1933). Berlin und Weimar 1971
Alfred Klein: Im Auftrag ihrer Klasse. Weg und Leistung der deutschen Arbeiterschriftsteller. Berlin und Weimar 1972
Helga Gallas: Marxistische Literaturtheorie. Kontroversen im Bund proletarisch-revolutionärer Schriftsteller. Neuwied und Berlin 1971 (= SL Bd 19)
Sozialistische Zeitschrift für Kunst und Gesellschaft 1972, Heft 11/12: Literatur und Parteilichkeit 1. Der Bund proletarisch-revolutionärer Schriftsteller (BPRS) 1929–1933
Die Linkskurve. Jg. 1–4, 1929–1932. Hrsg. von J. R. Becher, K. Kläber, E. Weinert, L. Renn, A. Gábor (bis Jg 2, Nr 4), H. Marchwitza (seit Jg 2, Nr 5). Reprint durch: Druck-Verlags-Vertriebs-Kooperative Frankfurt/M. 1971 (4 Bde.)

Anthologien proletarisch-revolutionärer Prosa

Der Krieg. Das erste Volksbuch vom Großen Krieg. Hrsg. von Kurt Kläber. Berlin, Wien und Zürich 1929

Volksbuch 1930. Streifzüge durch die proletarische Literatur. Hrsg. von Otto Katz. Berlin 1930

Deutsche Dichter im Kampf. Sammlung revolutionärer Dichtung. Hrsg. von Heinz Cagan. Moskau 1930

Feder und Faust. Almanach proletarisch-revolutionärer Lyriker und Erzähler Deutschlands. Hrsg. von Karl Grünberg. Moskau 1930

Dreißig neue Erzähler des neuen Deutschland. Junge deutsche Prosa. Hrsg. von Wieland Herzfelde. Berlin 1932

Hammer und Feder. Deutsche Schriftsteller aus ihrem Leben und Schaffen. Berlin (DDR) 1955

Die Zeit trägt einen roten Stern. Deutsche Schriftsteller berichten über Revolution und Klassenkampf. Hrsg. von I. M. Lange und Joachim Schreck. Berlin (DDR) 1958

Wir sind die Rote Garde. Sozialistische Literatur 1914 bis 1935. Hrsg. von Edith Zenker. Leipzig 1959; 2., erw. Auflage 1967 (= Reclams Universal-Bibliothek. Bd 68 und 69)

Feuilleton der roten Presse 1918–1933. Hrsg. von Konrad Schmidt. Berlin (DDR) 1960 (= Kämpfende Kunst)

Das Wort, das nicht verzeiht. Verse und Prosa aus der proletarisch-revolutionären Literatur Mecklenburgs. Hrsg. von Klaus Heydeck. Rostock 1960

Für Euch ist das Wort. Die Gestalt des Arbeiters in der proletarisch-revolutionären Literatur Deutschlands 1918–1933. Hrsg. von Paul Günter Krohn und Heinz Neugebauer. Berlin (DDR) 1962

Traum von Rätedeutschland. Erzählungen deutscher Schriftsteller 1924–1936. Berlin und Weimar 1968

Klassenbuch 3. Ein Lesebuch zu den Klassenkämpfen in Deutschland 1920–1971. Darmstadt und Neuwied 1972 (= SL Bd 81)

›Vorwärts und nicht vergessen‹. Ein Lesebuch. Klassenkämpfe in der Weimarer Republik. Hrsg. von Heiner Boehncke. Reinbek 1973 (= rororo. Bd 6805)

Ende 1973 erscheint im westberliner Oberbaum-Verlag die Anthologie »Proletarisch-revolutionäre Erzählungen 1918–1933«

Wir danken folgenden Rechtsinhabern für ihre Erlaubnis zum Abdruck der Texte:

Walter Bauer, Georges Glaser, Dora Grünberg, Kurt Huhn, Cläre M. Jung, Ludwig Lask, Hans Lorbeer, Margret Morel-Plievier, Ludwig Renn, Anna Seghers, Ludwig Turek,
Artisjus (Andor Gábor), Aufbau Verlag (Franz Carl Weiskopf, Bodo Uhse, Jan Petersen, Hans Marchwitza, Johannes R. Becher, Egon Erwin Kisch, Adam Scharrer), Sauerländer Verlag (Kurt Kläber), Suhrkamp Verlag (Bertolt Brecht).

SAMMLUNG LUCHTERHAND

76 Hans-Albert Walter, Bedrohung und Verfolgung bis 1933
   Deutsche Exilliteratur 1933–1950, Band 1
77 Hans-Albert Walter, Asylpraxis und Lebensbedingungen
   in Europa. Deutsche Exilliteratur Band 2
78 Herbert Marcuse, Vernunft und Revolution
79 Enzensberger / Nitsche / Roehler / Schafhausen (Hrsg.)
   Klassenbuch 1
   Ein Lesebuch zu den Klassenkämpfen in Deutschland
   1750–1850.
80 Enzensberger / Nitsche / Roehler / Schafhausen (Hrsg.)
   Klassenbuch 2
   Ein Lesebuch zu den Klassenkämpfen in Deutschland
   1850–1920.
81 Enzensberger / Nitsche / Roehler / Schafhausen (Hrsg.)
   Klassenbuch 3
   Ein Lesebuch zu den Klassenkämpfen in Deutschland
   1920–1970.
82 Friederike Mayröcker, Arie auf tönernen Füszen
   Metaphysisches Theater
83 Hans Frick, Mulligans Rückkehr
84 Günter Herburger, Die Eroberung der Zitadelle
85 Dahm / Luhmann / Stoodt, Religion – System und
   Sozialisation
86 Georg Lukács, Die ontologischen Grundprinzipien
   nach Marx
87 Dieter Richter, Das politische Kinderbuch
88 Hans-Eckehard Bahr (Hrsg.), Politisierung des Alltags
89 Franz Jung, Joe Frank illustriert die Welt
   Die roten Jahre 1
90 Christa Wolf, Lesen und Schreiben
91 Dirk-Dieter Hartmann, Willkürverbot und
   Gleichheitsgebot
92 Georg Lukács, Ontologie – Arbeit
93 Friedrich Tomberg, Polis und Nationalstaat

94 Max von der Grün, Menschen in Deutschland (BRD)
95 Bernd Rüster, Rassenbeziehungen in den USA
96 Franz Jung, Die Eroberung der Maschinen
   Die roten Jahre 2
97 Gustav Klaus, Marxistische Literaturkritik aus England
98 Hans-Jürgen Benedict, Von Hiroshima bis Vietnam
99 Helmut Heißenbüttel, Gelegenheitsgedichte und
   Klappentexte
100 Wolfgang Weyrauch, Mit dem Kopf durch die Wand
101 Konrad Farner, Kunst als Engagement
102 Anna Seghers, Erzählungen Band 1
103 Heinrich Vogeler, Das Neue Leben
104 Friedrich Tomberg, Politische Ästhetik
105 Hans G Helms, Fetisch Revolution
106 Carl Sternheim, Erzählungen. Werkauswahl Band 3
107 Bruno W. Reimann, Psychoanalyse
108 Anna Seghers, Das siebte Kreuz
109 Juristenausbildung in Bremen
110 Leo Kofler, Geschichte und Dialektik
111 Götz Dahlmüller / Wulf D Hund / Helmut Kommer,
    Kritik des Fernsehens
112 Carl Sternheim, Essays. Werkauswahl Band 4
113 Günter Ammon, Dynamische Psychiatrie
114 Ulrich Paetzold / Hendrik Schmidt (Hrsg.),
    Solidarität gegen Abhängigkeit
115 Fritz Vilmar, Strategien der Demokratisierung
    Band 1 und 2
116 Uri Rapp, Handeln und Zuschauen
117 Sammlung proletarisch-revolutionärer Erzählungen
118 Walter R. Heinz / Peter Schöber (Hrsg.),
    Theorien kollektiven Verhaltens Band 1
119 Walter R. Heinz / Peter Schöber (Hrsg.),
    Theorien kollektiven Verhaltens Band 2
120 Hans-Heinz Heldmann, Ausländerrecht in der
    Bundesrepublik
121 Ernst Jandl, dingfest